rowohlts monographien

HERAUSGEGEBEN

VON

KURT KUSENBERG

OSCAR WILDE

IN
SELBSTZEUGNISSEN
UND
BILDDOKUMENTEN

DARGESTELLT
VON
PETER FUNKE

ROWOHLT

Dieser Band wurde eigens für «rowohlts monographien» geschrieben
Die Bibliographie besorgte Helmut Riege
Herausgeber: Kurt Kusenberg · Redaktion: Beate Möhring
Umschlagentwurf: Werner Rebhuhn
Vorderseite: Oscar Wilde im Jahre 1892
(Radio Times Hulton Picture Library, London)
Rückseite: Karikatur auf Oscar Wilde.
Aus der Zeitschrift «Punch», 25. Juni 1881 (Rowohlt Archiv)

1.–15. Tausend	Januar 1969
16.–20. Tausend	September 1970
21.–23. Tausend	April 1973
24.–26. Tausend	Juli 1974

Veröffentlicht im Rowohlt Taschenbuch Verlag GmbH,
Reinbek bei Hamburg, Januar 1969

Gesetzt aus der Linotype-Aldus-Buchschrift
und der Palatino (D. Stempel AG)
Gesamtherstellung Clausen & Bosse, Leck/Schleswig
Printed in Germany
ISBN 3 499 50148 1

INHALT

Oscar Wilde nach seiner Ankunft in New York. Fotografie von Sarony

DAS PROBLEM

Die Urteile über Oscar Wilde reichen von höchstem Lob bis zur tiefsten Verachtung. Robert Sherard, sein früher Freund und erster Biograph, beschrieb ihn 1902 als «den reinsten Menschen in Wort und Tat», dem er je begegnet sei, obwohl Richter Wills sieben Jahre zuvor Wilde als «das Zentrum eines Kreises ausgedehnter Korruption der abscheulichsten Art» verurteilt hatte. Christopher Sclater Millard, unter dem Pseudonym Stuart Mason der erste Bibliograph Wildes, sah in ihm «den brillantesten Schriftsteller des 19. Jahrhunderts»; George Saintsbury, der bekannte englische Literarhistoriker, erwähnt ihn in keiner seiner beiden Literaturgeschichten des 19. Jahrhunderts, die 1907 und 1908 erschienen. Gewiß, Wilde hatte ihn 20 Jahre zuvor wegen seines schlechten Stils heftig angegriffen, aber Saintsbury spiegelt auch die Haltung seiner Zeit.

In England war Wilde nach 1895, dem Jahr seiner gerichtlichen Verurteilung und seiner gesellschaftlichen Verbannung, und noch lange nach seinem Tode im Jahre 1900, ein Name, den man nicht erwähnte. Und mit dem Menschen war sein Werk verdammt, trotz der vorsichtigen Bemühungen seiner (sich gegenseitig leidenschaftlich befehdenden) Freunde, nach seinem Tode Mitleid, Interesse und Würdigung für den zu wecken, der noch kurz vor seiner Verfemung die höchsten gesellschaftlichen Triumphe gefeiert hatte.

Was seine Freunde in England nicht erreichten, gelang einer Reihe von Kritikern, Übersetzern, Intendanten und Verlegern in Deutschland. Während Wilde in England totgeschwiegen wurde, setzte in Deutschland eine Phase der Wilde-Vergötterung ein. In der Zeit zwischen 1900 und 1934 wurden seine Werke zweihundertfünfzigmal aufgelegt, mehr als die irgendeines anderen britischen Autors. (Selbst Dickens erreichte in der gleichen Zeit nur 220 Auflagen.) Daneben standen die Erfolge seiner Bühnenstücke, die trotz der Konkurrenz von Hauptmann, Sudermann und Ibsen im Theaterjahr 1903/04 zweihundertachtundvierzigmal gespielt wurden, *Salome* allein einhundertelfmal. Erst mit dem Ersten Weltkrieg traten die Gegenstimmen stärker hervor, und 1919 forderte H. Mutschmann die deutsche Kritik auf, endlich Wilde als das zu würdigen, was er wirklich sei: der Causeur, der die Oberflächlichen wohl zu blenden vermöge, innerlich aber faul sei bis ins Mark. Dabei hatten sowohl H. G. Wells als auch G. B. Shaw Wilde für eine Liste der britischen «Unsterblichen» vorgeschlagen, zu einer Zeit, als er bereits im Gefängnis saß und sein Name von der englischen Gesellschaft nicht mehr genannt wurde.

Wer war also jener Oscar Wilde, der sich selbst in seinen Briefen mit Apollo, mit Nero, mit Don Quijote und sogar mit Franz von Assisi verglich, jener *süße Sünder Englands* von *kindlich einfachem Wesen*, jener *berüchtigte St. Oscar von Oxford*, der als König des Lebens genauso bekannt wurde wie als Meister der Sprache und Hohepriester des Ästhetizismus, als Zuchthäusler und Päderast, Dichter und Plagiator, Dandy und Märtyrer?

Eine nähere Untersuchung dieser verschiedenen Urteile und Reaktionen zeigt, daß drei Aspekte sie hervorgerufen haben: Wildes gesellschaftlicher Ruhm als Meister der Konversation, seine literarischen Werke und sein Skandal. Alle drei Aspekte haben gleich starkes Interesse auf sich gezogen, wenn auch nicht immer im gleichen Publikum. So hat die Beurteilung eines Aspekts häufig zu einer Gesamtbeurteilung geführt, ohne den beiden anderen Aspekten gerecht zu werden. Dazu kam, daß Wilde noch lange nach seinem Tode mehr emotionale Reaktion hervorgerufen hat als sachliche Kritik.

Erst nach dem Ende des Zweiten Weltkriegs, als sich der hundertjährige Geburtstag Wildes näherte, begannen die irrationalen und emotionalen Vorurteile abzuklingen. Eine Reihe neubearbeiteter Editionen seiner Werke erschien: der vollständige Text von *De Profundis*, die Vier-Akt-Fassung von *The Importance of Being Earnest* [*Bunbury*] und die erste Gesamtausgabe seiner Briefe; zusammen mit dem Bemühen seines Sohnes Vyvyan Holland bereiteten sie den Weg für eine sachlichere Einordnung des Phänomens Wilde. Dabei zeichnen sich drei Faktoren ab, die Wildes Leben und sein Werk maßgebend beeinflußt haben: sein Elternhaus, sein Studium in Oxford und seine Auseinandersetzung mit der Gesellschaft seiner Zeit.

DIE ELTERN

Am 16. Oktober 1854 (und nicht 1856, wie häufig zu lesen ist) wurde Oscar Wilde in der Westland Row 21 in Dublin geboren. Nach dem Bericht seines Sohnes stammen die Vorfahren von einem holländischen Offizier ab, der nach der glorreichen Revolution von 1688 mit Wilhelm von Oranien nach England kam und für seine Verdienste mit irischem Land belohnt wurde. Durch seine und spätere Heiraten kam irisches Blut in die Familie, so daß sich Oscar Wilde mit Recht auf keltische Abstammung berufen konnte. Seine Phantasie, seine Trägheit und seine Unsicherheit in Fragen der englischen Grammatik führte er gern darauf zurück. Jedoch setzte er sich nie, auch nicht später in der Zeit seines Ruhms, für die politischen Rechte Irlands ein, obwohl die Frage der irischen Selbstverwaltung und Un-

Das Portal des Geburtshauses in Dublin: 21, Westland Row. Oben links die Gedenkplakette

abhängigkeit gerade in jenen Jahren heftig diskutiert wurde. Aber Wilde war kein Politiker und auch kein Nationalist wie seine Mutter. *Ich bin im Herzen Franzose, der Abstammung nach Ire und von den Engländern dazu verurteilt, die Sprache Shakespeares zu sprechen,* schrieb er 1891 in einem schmeichlerischen Brief an Edmond de Goncourt.[1]*

Sein Vater, Sir William Robert Wills Wilde (1815–76), war in jeder Hinsicht ein außergewöhnlicher Mensch von starker Vitalität

* Die hochgestellten Ziffern verweisen auf die Anmerkungen S. 160 f.

Der Vater: Sir William Wilde. Zeitgenössische Fotografie

und vielseitigen Interessen. Als Sohn eines Landarztes hatte er schon mit siebzehn Jahren in Dublin den Beruf des Vaters zu erlernen begonnen. Zwei Reisen führten den jungen Arzt erst in den östlichen Mittelmeerraum und später nach London und Wien. Über jede der beiden Reisen schrieb er ein Buch, das erste, mit über 600 Seiten, erreichte sogar eine zweite Auflage. In Dublin ließ er sich schließlich als Augen- und Ohrenarzt nieder, eröffnete eine eigene Klinik und erwarb sich bald den Ruf eines führenden Spezialisten. Über Ohrenchirurgie wie über irische Frühgeschichte schrieb er bedeutende Bücher. Königliche Patienten suchten seinen Rat, zahlreiche Ehrungen zeugten von seinem Ruhm. Er wurde Mitglied der Königlich-Irischen Akademie, Leibarzt der Königin Victoria, und schließlich 1864 geadelt. Dennoch starb er als gebrochener Mensch, von der Gesellschaft, um die er sich verdient gemacht hatte, gemieden. Ein Prozeß hatte Sir William ruiniert. Die Tochter eines Professors am Trinity College in Dublin, ein Fräulein Mary Josephine Travers, verfolgte ihn mit dem Rachegefühl einer verschmähten Geliebten und der Behauptung, daß er sich an ihr mit Hilfe von Chloroform vergangen habe. Der Einspruch Lady Wildes führte schließlich zu einem Prozeß und – obwohl das klagende Fräulein entlarvt wurde – zu Sir Williams gesellschaftlichem wie finanziellem Ruin.

Eine Reihe unehelicher Kinder, von denen ein Sohn später seine Klinik übernahm, bezeugen seine leidenschaftliche Natur. Dabei stand dies in schwer verständlichem Gegensatz zu seinem äußeren Wesen. Er war klein von Gestalt, und sein Gesicht erhielt trotz der hohen Stirn durch sein zurückfliehendes Kinn einen fuchsähnlichen Ausdruck, den er in späteren Jahren durch einen Bart zu tarnen suchte. Als «Dr. Quilp» wurde er von seiner verschmähten Geliebten

Die Mutter: Jane Francesca Wilde, geb. Elgee, im Alter von 38 Jahren. Gemälde von Bernard Mulrenin

nach einer Romanfigur, einem häßlichen, verkrüppelten, boshaften Zwerg aus Dickens' «Old Curiosity Shop», verspottet. Auf Karikaturen erscheinen seine Haare als ungekämmte Mähne, und der gern zitierte Rätselwitz «Warum sind Dr. Wildes Fingernägel so schwarz? – Weil er sich kratzt» weist auf seine ungepflegte Erscheinung hin.

Eine völlig andere Erscheinung, wenn auch eine ebenso ausgeprägte Persönlichkeit, war Oscar Wildes Mutter, Lady Wilde. Sie wird übereinstimmend als hochgewachsene, dunkelhaarige, imposante Erscheinung mit edlen Zügen geschildert, ein Bild, das sehr wohl ihre eigene Behauptung unterstrich, sie habe florentinisches Blut in sich. Stets auffällig gekleidet, wird sie mit «sechs Fuß reich geschmückter Weiblichkeit» beschrieben, die «übertreibt, was an ihr ungewöhnlich ist, weil sie gern auffällt»[2].

«Die Wildes erscheinen». Karikatur von Harry Furniss

Jane Francesca Elgee war ihr Mädchennahme, und unter verschiedenen Pseudonymen hatte sie vor ihrer Heirat mit flammenden Streitschriften zum Kampf für die Freiheit Irlands aufgerufen. Als «Speranza» erwarb sie sich einen Ruf, der mit der irischen Freiheitsbewegung der späten vierziger Jahre eng verbunden war. Daß diese jugendlich nationalistische Begeisterung sie nicht daran hinderte, sich später vom englischen Gouverneur empfangen zu lassen, zeigt jedoch, daß die Triebkraft ihres leidenschaftlich-romantischen Wesens wohl ausgeprägter gewesen sein muß, als ein überzeugendes Gerechtigkeitsgefühl. Schon vor ihrer Ehe verlor sie das Interesse an dieser patriotischen Rolle; später, als Gattin des berühmten Dr. Wilde, spielte sie eine andere. Sie sammelte um sich junge Künstler, Intellektuelle und andere interessante Bohemiens und unterhielt nach französischem Vorbild einen Salon, der durch seinen geistreichen und großzügigen Umgangston über die Grenzen Dublins hinaus bekannt war. Daneben stand ihr Ruf als Literatin. 1848 erschien ihre Übersetzung des deutschen Romans «Sidonia von Bork, die Klosterhexe» von Wilhelm Meinhold (1847), eines Buches, das nach der Meinung von Sir Edmund Gosse erst durch Lady Wildes Übersetzung literarisches Leben erhielt.

Gern werden die markanten Eigenschaften der Lady Wilde, ihr Geltungsdrang, ihre Betonung von Äußerlichkeiten, ihre Neigung zu theatralischen Effekten, ihr Mangel an Respekt gegenüber den Gesetzen, ja selbst ihre etwas linkische Größe in Parallele zu Oscar Wilde gesehen, nicht zuletzt, um den Sohn von der Verantwortung für sein eigenes Leben zu entlasten.[3]

Tatsächlich war Wildes Bindung an seine Mutter und damit seine innere Abhängigkeit von ihr enger als die an seinen Vater. Seine Briefe spiegeln dieses unterschiedliche Verhältnis zu seinen Eltern deutlich. Der einzige überlieferte Brief an seinen Vater ist in dem Ton eines höflichen, aber doch distanziert sachlichen Berichts geschrieben. Die Briefe an seine Mutter zeigen dagegen eine gewisse Leichtigkeit und Wärme, die auf ein innigeres Verhältnis zwischen beiden schließen lassen. Mit Bedauern stellte Wilde auf seiner Rückreise aus Italien als Student fest, daß er erst einen Brief von ihr erhalten habe und einen von Sir William. *Alle Dichter lieben ihre Mutter, und da ich die meinige anbete, kann ich Ihre Gefühle verstehen*, schrieb er als Vierunddreißigjähriger an einen Freund, der seine Mutter verloren hatte.[4]

Den Tod der Mutter erlebte er im Gefängnis und klagte in seinem Gefängnisbrief *De Profundis* seinem Freund Lord Alfred Douglas, wie innig er sie geliebt und verehrt habe. *Ihr Tod traf mich so schrecklich, daß ich, einst Meister der Sprache, keine Worte finde, um meinen Kummer und meine Scham auszudrücken. Niemals, selbst in den vollkommensten Tagen meiner künstlerischen Entwicklung, hätte ich geeignete Worte finden können, um eine so erhabene Last zu ertragen oder um mich mit genügend musikalischer Würde durch das purpurne Schauspiel meines unaussprechlichen Schmerzes zu bewegen.*[5] Trotz aller gespielten Emotionen, die diesen Brief durchziehen und auch in dem Zitat anklingen, war es eine echte, tiefe Bindung, die er zu ihr verspürte. Ob es allerdings die Bindung eines charakterlich schwächeren Jungen an eine willensstarke Mutter war, die zu seinen späteren homosexuellen Gepflogenheiten führte, kann hier nicht entschieden werden.

Oscar war ihr zweiter Sohn, dessen voller Name, Oscar Fingal O'Flahertie Wills Wilde, auf die Vorliebe der Eltern für die sagenhafte Frühzeit Irlands weist. Mit Ausnahme von Wills, einem der Vornamen des Vaters, sind die drei anderen Vornamen den gäli-

Der Dreijährige in Mädchenkleidung. Kolorierte Daguerreotypie

schen Heldensagen entnommen. Die Familienversion von der Wahl des Namens Oscar, die sogar sein Sohn berichtet, ist schwer zu glauben. Denn wenn tatsächlich Oskar I., der den Wildes angeblich zu Dank verpflichtete König von Schweden, Oscar Wildes Taufpate gewesen war, ist es unverständlich, warum der so königstreue und königsliebende Oscar sich an keiner Stelle dieser Tatsache rühmte. Obwohl Namen ihn – nach Wildes eigenen Worten – *schrecklich faszinierten,* begann er sich schon während seiner Universitätszeit in Oxford seiner drei mittleren Namen zu entledigen. *Ein Name, der in aller Munde kommen soll, darf nicht zu lang sein. Es wird zu teuer auf den Plakaten. Wenn man unbekannt ist, sind eine Anzahl von Namen nützlich, vielleicht notwendig. Wenn man berühmt wird, trennt man sich von einigen, genau wie ein Ballonfahrer, wenn er höher steigt, unnötigen Ballast abwirft ...*[6]

Nach dem Wunsch der Mutter hatte Oscar ein Mädchen werden sollen, und gern wird ein Zusammenhang zwischen der Tatsache, daß sie ihn noch bis in sein sechstes Lebensjahr hinein als Mädchen kleidete und seinen späteren Neigungen gesehen. Doch einmal war es in Irland üblich, als Schutz vor den Feen, kleine Jungen als Mädchen zu verkleiden, «denn die Feen sind natürlich nur an kleinen Jungen interessiert»; zum anderen kam die gewünschte Tochter ungefähr drei Jahre nach Oscars Geburt.[7]

Wildes Zuneigung zu seiner Schwester, Isola Francesca, die von der ganzen Familie geliebt wurde, war Anlaß zu einem Gedicht, das er vermutlich acht Jahre nach ihrem Tod auf seiner ersten Reise nach Italien in Avignon schrieb.

Requiescat

Tread lightly, she is near
Under the snow,
Speak gently, she can hear
The daisies grow.

All her bright golden hair
Tarnished with rust,
She that was young and fair
Fallen to dust.

Lily-like, white as snow,
She hardly knew
She was a woman, so
Sweetly she grew.

Coffin-board, heavy stone,
Lie on her breast,
I vex my heart alone,
She is at rest.

Peace, peace, she cannot hear
Lyre or sonnet,
All my life's buried here,
Heap earth upon it.

Requiescat

Tritt sanft auf, sie ist nah
Unter dem Schnee,
Sprich leise, denn sie hört
Die Gänseblümchen wachsen.

Ihr helles, goldenes Haar
Matt vom Verfall.
Sie, die jung und schön war
Zerfallen zu Staub.

Lilien-gleich, weiß wie Schnee,
Sie wußte kaum,
Daß sie eine Frau war, so
Lieblich wuchs sie.

Sargbretter, schwerer Stein
Liegen auf ihrer Brust,
Ich quäle mein Herz allein,
Sie hat nun Ruh'.

Ruhe, Ruhe, sie kann nicht hören
Lyra oder Sonett,
Mein ganzes Leben liegt hier begraben,
Häuft Erde darauf.

Im Gegensatz zu den meisten anderen Gedichten des jungen Wilde ist *Requiescat* – trotz einiger Anklänge an den englischen Dichter Thomas Hood – keine Nachahmung.[8] Von dem zeitgenössischen irischen Dichter W. B. Yeats war es für eine Sammlung irischer Gedichte ausgewählt worden und erschien auch in dem «Oxford Book

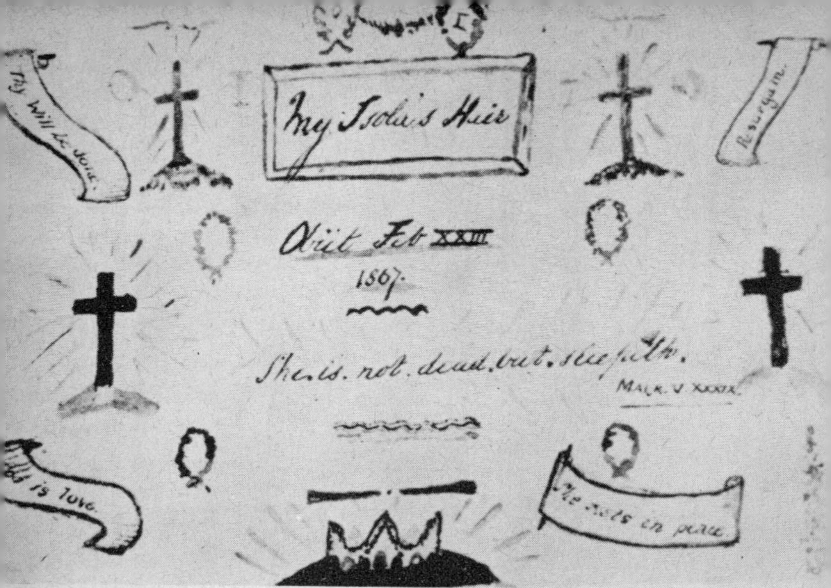

Kuvert, vom zwölfjährigen Oscar beschriftet und gezeichnet. Es enthielt eine Locke seiner verstorbenen Lieblingsschwester Isola Francesca.

of Victorian Verse». Sein Reiz liegt in dem Gegensatz zwischen dem leichtfüßigen Rhythmus der Verse, die dem zarten Wesen der jungen Schwester angemessen sind, und der schwermütigen Totenklage.

Daneben enthält das Gedicht schon deutliche Züge des späten Wilde. Abgesehen von seiner Vorliebe, Gegensätzliches miteinander zu verbinden, von der Verwendung romantischer Klischees (*Schnee* und *goldenes Haar*) sind es vor allem die Lieblingsblumen der Ästheten, das Gänseblümchen und die Lilie, die hier bereits erscheinen. (In *The Picture of Dorian Gray* [*Das Bildnis des Dorian Gray*] zupft Lord Henry immer wieder an Gänseblümchen.) Auch der Aufbau der ersten Strophe erinnert an den Stil der späteren Lyrik. Trotz seiner frühen Entstehung zählt dieses zu den besten Gedichten Wildes.

Die direkten Äußerungen Wildes über sein Elternhaus sind gering, seine Epigramme über Familienverhältnisse dagegen zahlreich. Doch wäre es irreführend, wollte man den Mangel der einen durch den Reichtum der anderen ersetzen. Nehmen wir zum Beispiel die Bemerkung Lord Gorings in *An Ideal Husband* [*Ein idealer Gatte*]: *Väter sollen weder gesehen noch gehört werden.* Dies ist gewiß eine witzige Bemerkung, die geschickt eine englische Erziehungsregel, «Kinder sollten gesehen und nicht gehört werden», auf das oft zitierte Spannungsverhältnis zwischen Vater und Sohn überträgt. Sie wirkt ferner dadurch witzig, daß sie den traditionellen Respekt der Kinder

vor ihren Eltern genauso umkehrt wie Gwendolen in *The Importance of Being Earnest*: *Wenige Eltern achten heutzutage auf das, was ihre Kinder sagen. Der altmodische Respekt vor der Jugend stirbt rapide aus.* Für Wildes Bild seiner Eltern jedoch sind diese Epigramme wertlos, denn er verehrte seine Eltern. Sie *hatten mir einen Namen vermacht, der nicht nur in der Literatur, der Kunst, der Archäologie und Naturwissenschaft geadelt war und verehrt wurde, sondern auch in der Geschichte meines eigenen Landes auf seinem Wege der Entwicklung zu einer Nation,* versichert er in *De Profundis*.[9]

Über Wildes Jugend und Schulzeit wissen wir wenig von anderen und noch weniger von ihm selbst. Auch später, in seinen Briefen aus dem Gefängnis und dem Exil, hat er nichts darüber geschrieben – ein Umstand, aus dem die meisten Biographen ableiten, daß diese Jahre glücklich gewesen sein müssen. Unglückliche Erlebnisse, folgert man, hätte er später sicher zu seiner Entlastung erwähnt.

Seine Schulzeit, zuerst auf der Königlichen Schule zu Portora, Enniskillen (1864–71), dem Eton Irlands, und dann auf der protestantischen Universität Irlands, dem Trinity College in Dublin (1871 bis 1874), wurde von mehreren brillanten Erfolgen eher geschmückt als gekrönt. Denn Wilde war kein Streber, der in schulischen Erfolgen sein höchstes Ziel sah. Er hatte ein außergewöhnliches Gedächtnis und lernte, was ihn interessierte, mit einer Leichtigkeit, die auch spä-

Das Trinity College in Dublin.
Aquatinta von James Malton, 1797

ter seine Freunde immer wieder verblüffte. Den klassischen Sprachen ergeben, mied er die naturwissenschaftlichen Fächer, eine Abneigung, die ihn sein ganzes Leben hindurch begleiten sollte. Unförmig, linkisch und träge, wie er war, verabscheute er – obwohl kein Schwächling – alle disziplinierten sportlichen Betätigungen, nach deren Leistung der Wert eines Jungen unter Jungen gemessen wurde.

Den bedeutendsten Einfluß übte in dieser Zeit ein Lehrer am Trinity College in Dublin aus, der durch sein Fachwissen wie durch seine Persönlichkeit Wilde in seinen Bann zog. Der Reverend Sir John Pentland Mahaffy, 32 Jahre alt, als Wilde ihm begegnete, war Professor für Alte Geschichte und zugleich einer der bedeutendsten Gräzisten seiner Zeit. Obwohl als Priester der anglikanischen Kirche geweiht, war seine geistige Heimat das alte Griechenland. Als Tutor Wildes stärkte er in diesem die Liebe zur Antike. Es war eine Wahlverwandtschaft, die beide verband, denn Mahaffy verkörperte die Eigenschaften, in deren Pflege ihn Wilde im Laufe seines Lebens noch übertrumpfte. Seine Kunst der Konversation, seine Vorliebe für adlige Gesellschaft und überhaupt seine Haltung als Snob fanden in Wilde einen Schüler, der schon von sich aus in diese Richtung neigte. Das Leitbild war das eines Gentleman, der sich in jeder Art von Gesellschaft ungezwungen bewegt, der geistreich zu plaudern versteht und die gesellschaftsfähigen Sportarten, wie Tennis, Kricket, Jagen und Angeln, beherrscht. Es war nicht das Ideal eines christlichen, demütig-hilfreichen Gentleman, wie es Kardinal Newman zwei Jahre vor Wildes Geburt bei einer Antrittsrede in Dublin formuliert hatte, sondern das eines Gentleman hellenistischer Prägung, der liebenswürdig, aber arrogant als Snob in eine Gesellschaftsschicht aufzusteigen bemüht ist, zu der er von Geburt nicht gehört. Ein solcher Aufstieg bedingt die Unterordnung der eigenen Wesensart unter die Lebensformen dieser Gesellschaftsschicht. Diese gespielte, künstliche Lebenshaltung führte dazu, daß Wilde mit großer Leidenschaft und wenig Geschick Tennis spielte. Jagen und Angeln dagegen hatte er schon am irischen See Lough Corrib gelernt, wo sein

Reverend Sir John Pentland Mahaffy in späteren Jahren. Zeitgenössische Fotografie

Vater ein Landhaus besaß. Es war noch nicht der Dandy, der in dieser Zeit gezüchtet wurde, aber der Boden dafür wurde bereitet.

Aus dem Lehrer-Schüler-Verhältnis entwickelte sich bald eine Freundschaft zwischen Mahaffy und Wilde, die die gemeinsame Zeit in Dublin überdauerte. Noch von Oxford aus folgte Wilde Mahaffys Führung auf zwei Mittelmeer-Reisen, zuerst nach Italien und später nach Griechenland. Aus der Zeit seiner großen dramatischen Erfolge stammt ein Dankesbrief Wildes, in dem er als alter Schüler und alter Freund Mahaffy mit Zuneigung und Bewunderung als seinen ersten und besten Lehrer grüßt, als einen Mann hoher und ehrwürdiger Bildung und als Gelehrten, der ihn gelehrt habe, den Hellenismus zu lieben.

Wilde verließ mit Auszeichnungen das Trinity College in Dublin und begann mit einer Auszeichnung, einem Stipendium, im Oktober 1874 sein Studium an der Universität Oxford.

OXFORD

Über seine vier Jahre in Oxford, der ältesten der englischen Universitäten, schrieb Wilde 20 Jahre später im Gefängnis: *Ich möchte dahin kommen, daß ich ganz schlicht und ohne Künstelei sagen kann: Die zwei großen Wendepunkte meines Lebens waren da, als mein Vater mich nach Oxford schickte und als die Gesellschaft mich ins Gefängnis steckte.*[10] Doch wie alle blendenden Formulierungen Wildes über sich selbst muß auch diese kritisch betrachtet werden. Wie seine Mutter liebte es Wilde zu dramatisieren, vor allem, wenn es sich um die eigene Person handelte. Ein Wendepunkt war Oxford für Wilde keinesfalls, genausowenig wie die Gefängniszeit ihm die

Das Magdalen College in Oxford. Fotografie, um 1860/70

innere Wandlung brachte, die er in *De Profundis* ankündigte. Er neigte schon viel zu sehr in die Richtung, in die er durch seine Begegnungen in Oxford geführt wurde. Jedoch übten sie einen entscheidenden Einfluß auf ihn aus. So wie in Dublin Wildes Interesse an klassischer Kultur und an einem kultivierten Lebensstil durch seinen Lehrer Mahaffy geweckt wurde, so wurde in Oxford darüber hinaus seine Liebe zur Kunst und zum Schönen in die Richtung des Ästhetizismus gelenkt.

Zwei Lehrer waren es, deren Persönlichkeit und Schriften Wilde in dieser Zeit besonders beeinflußten: John Ruskin und Walter Horatio Pater. Von beiden war Ruskin der in jener Zeit berühmtere, während Pater den stärkeren Einfluß auf Wilde ausübte.

Schon bevor Ruskin 1869 als erster auf den neugestifteten Lehrstuhl für Schöne Künste an der Universität Oxford gerufen worden war, galt er als der führende Kunstkritiker seiner Zeit. Seinen Ruhm hatte er als Vierundzwanzigjähriger mit der Veröffentlichung einer Untersuchung und Verteidigung der modernen Maler, insbesondere der Spätwerke des englischen Impressionisten Joseph M. W. Turner, begründet. In seinen Veröffentlichungen und Vorträgen vertrat er den Gedanken, daß Malerei, wie Kunst überhaupt, eine edle, ausdrucksvolle Sprache sei, die die Aufgabe habe, den Betrachter zu erbauen. Der Grad der Erbauung wiederum wurde zum Wertmaßstab sowohl der Kunst als auch des Künstlers. Es folgte, daß Schönheit nur aus einer Haltung des Guten und Reinen geschaffen wie gewürdigt werden sollte und nur der gute Mensch ein wirklich bedeutender Künstler sein konnte.

Die Verbindung von Kunst und Moral ist offensichtlich. Das Schöne, das Wahre und das Gute waren für Ruskin untrennbar verbunden, und die reinste Verschmelzung dieser drei Faktoren sah er in dem gotischen Stil der mittelalterlichen Architektur. Am Beispiel Venedigs («Stones of Venice», 1851–53) zeigte er – irrtümlicherweise –, daß diese Kunst aus einer Haltung reinen Glaubens und reiner Tugend entstanden war.

Die Wendung zum Sozialreformer in einer Zeit wachsender Industrialisierung und Mechanisierung lag nahe. Ruskin vollzog sie, nachdem er sich vorher mit Nationalökonomie befaßt hatte. Er verkündete in zahlreichen Schriften und Vorträgen die Rückkehr zum schöpferischen Handwerk, zum Kunstgewerbe, und versuchte – meist vergeblich – seine Lehren in verschiedenen sozialen Reformprojekten zu verwirklichen.

Man weiß heute, daß Ruskins vielseitige und rastlose Tätigkeit jenem Grenzgebiet zuzuschreiben ist, das zwischen Genie und Pathologie liegt. Damals jedoch war sein Ansehen überragend und sein Ein-

John Ruskin. Zeitgenössische Fotografie

fluß auf den englischen Geschmack durchdringend, getragen von der vollendeten Form seiner Prosa, der Intensität seiner Überzeugung und dem Glanz seiner Rhetorik.

Diesen Fähigkeiten ist es zuzuschreiben, daß selbst der von Natur träge Wilde als junger Student bei einem Straßenbauprojekt mitarbeitete, das, wie Ruskin selbst später scherzend zugestand, die schlechteste Straße der drei Königreiche hervorbrachte. Doch folgte keine Bekehrung zur Sozialarbeit; vielmehr nutzte Wilde diese Episode lediglich, um damit seine Vorträge in Amerika zu würzen. Später, als er Ruskin seinen ersten Märchenband mit der Bitte um Beurteilung zusandte, schrieb er: *Die liebsten Erinnerungen meiner Ox-*

Oscar Wilde in Oxford

forder Tage sind meine Spaziergänge und Unterhaltungen mit Ihnen, und von Ihnen lernte ich nichts als Gutes. Wie hätte es anders sein können? In Ihnen ist etwas von einem Propheten, einem Priester und einem Dichter, und Ihnen gaben die Götter Eloquenz wie keinem anderen, so daß ihre Botschaft zu uns gelangen konnte mit dem Feuer der Leidenschaft und dem Wunder der Musik, um die Tauben zum Hören zu bringen und die Blinden zum Sehen.[11]

Ruskin stand damals auf dem Höhepunkt seines Ruhms – wie auch in der fast völligen Gefangenschaft seiner geistigen Krankheit. In der Reihe der Briefe, mit denen Wilde für sein erstes Prosawerk Resonanzen berühmter Persönlichkeiten (u. a. des früheren Premierministers Gladstone) sammelte, sind diese Zeilen in ihrer überschwenglichen Art charakteristischer für Wilde als für Ruskin. Es sind nicht die Zeilen der tiefen Verehrung eines dankbaren Schülers, sondern eher Schmeicheleien eines Unbeteiligten, die dadurch unpersönlich wirken, daß sie übertrieben sind. Immerhin schrieb Wilde in jener Oxforder Zeit, die Erneuerung der Kultur sei Ruskins Verdienst.[12]

Während Wilde Ruskin zu einer Zeit begegnete, als jener den Weg von der Ästhetik zur Sozialreform bereits gegangen war, geriet er unter den Einfluß Paters, als dieser (1873), vierunddreißigjährig, gerade sein erstes bedeutendes Werk zur Ästhetik veröffentlicht hatte. War für Ruskin alles Schöne aus dem Guten geboren, so ging Pater davon aus, daß Schönheit relativ sei, und untersuchte die Wirkung, die ein Kunstwerk auf den Betrachter ausübt. Er zerlegte es dabei in eine Reihe von einzigartigen Impressionen, die zu empfangen die Aufgabe des Kunstkritikers sei. Er folgerte, daß dessen Bildung in dem Maße wächst, wie es ihm gelingt, seine Empfindsamkeit für diese Eindrücke zu schärfen.

Die Ergebnisse seiner «Studien zur Renaissance», jenes Buches, von dem Wilde schrieb, daß es einen eigenartigen Einfluß auf sein Leben ausgeübt habe, faßte Pater in einem Nachwort zusammen. Ausgehend von dem Gedanken, daß alle Dinge in stetem Fluß sind, hob er die Bedeutung des Augenblicks, des einzelnen Eindrucks hervor. Doch so, wie die physische Welt, die uns umgibt, in einzelne Impressionen aufgelöst ist, erwächst die Welt der Gedanken aus dem Zufluß einzelner Sinneseindrücke. «Jede dieser Impressionen ist eine Impression des isolierten Individuums, jeder lebt als einsamer Gefangener in seiner eigenen Traumwelt.»[13] In jedem Augenblick nimmt ein Eindruck, ein Gedanke, ein Gefühl, eine Leidenschaft Gestalt an, um im folgenden Augenblick wieder zu zerfließen. Jeder Augenblick wird daher zur Wirklichkeit, und es gilt, die Wirklichkeit des Lebens im Augenblick zu empfinden. Nicht die Frucht der Erlebnisse, sondern

Walter Pater. Zeichnung von Will Rothenstein. Slg. Sir John Lane

die Erlebnisse selbst sind das Ziel. Das Leben meistern heißt, immer den Zustand dieser Ekstase erhalten. Wir alle sind – Pater zitiert hier Victor Hugo – zum Tode verurteilt, doch ist die Vollstreckung auf unbestimmte Zeit hinausgeschoben. Diese Frist gilt es zu nutzen, auszudehnen und auszukosten. Große Leidenschaften können dieses Lebensgefühl steigern – Liebesschmerz und andere Formen der Begeisterung. Vergewissere dich nur, appelliert Pater am Ende seines Nachworts an den Leser, daß es wirklich eine Leidenschaft ist, die in dir brennt, daß sie dir diese Frucht eines geschärften, vielfältigen Bewußtseins bringt. Die dichterische Leidenschaft, die Sehnsucht nach Schönheit und die Liebe zur Kunst um ihrer selbst willen sind es, die unter den Leidenschaften besonders hervorragen.

Dieses Nachwort löste einen solchen Sturm der Entrüstung aus, daß Pater es aus der zweiten Auflage strich und es erst später in leicht veränderter Form wieder einfügte. Denn es verkündete nicht allein die schon verdächtige Lehre einer Kunstvergötterung im Sinne von l'art pour l'art, sondern zugleich eine neue, gefährliche Form der sinnlichen Genußsucht. Doch nicht genug! In seinen Essays klang die gleiche dekadente Freude am Bösen, am Verfall und am Tode an, die vorher schon in Baudelaires «Fleurs du mal» und Swinburnes Gedichten die viktorianische Gesellschaft schockiert hatte.[14]

Dabei glich Pater selbst eher einem weltfremden Gelehrten als einem weltmännischen Ästheten. Er lebte zurückgezogen, von wenigen schönen Dingen umgeben, und besaß weder die Redefähigkeit noch die persönliche Dynamik eines Ruskin. Auch sein Äußeres entsprach – sehr zu seinem Verdruß – nicht seinem Schönheitsideal. Auf den Rat seiner Studienfreunde hatte er sich einen Schnurrbart wachsen lassen, um seinem Gesicht ein männliches Profil zu geben.

Ruskin war ein Mensch der Tat, voller Reformeifer, der ausgezogen war, um das viktorianische Bürgertum Kunst zu lehren. Zwar scheiterten seine utopischen Reformprojekte, aber in Fragen des Kunstgeschmacks war sein Urteil oberstes Gesetz, wie Whistlers Prozeß gegen ihn deutlich zeigte.[15] Pater dagegen, der kontemplative Spötter, verehrte das Schöne um des Schönen willen und kümmerte sich wenig um seine Umwelt. Wenn Ruskin lehrte, strömte das Publikum herbei. Nur wenige Schüler saßen zu Paters Füßen.

Beide Männer gehörten jener Strömung an, die unter dem Namen Ästhetizismus bekannt und verspottet wurde, doch stand jeder auf einem anderen Flügel. Ruskin hatte sich Anfang der fünfziger Jahre der Verteidigung der Präraffaeliten angenommen, einer Bruderschaft (sie nannte sich «Pre-Raphaelite Brotherhood»), die, wie ihr Name besagt, in den italienischen Meistern v o r Raffael ihre Vorbilder sah. Sie war gegen Ende der vierziger Jahre von einer kleinen Gruppe von Malern (Dante Gabriel Rossetti, John Everett Millais, William Holman Hunt und dem Bildhauer Thomas Woolner) gegründet worden und hatte es verstanden, sich mit Ruskins Hilfe zur führenden Kunstrichtung der Zeit zu erheben. Im Gegensatz zur vorherrschenden englischen Schule der Malerei bestand sie darauf, daß der Künstler male, was er sehe, und sich nicht den Regeln und Vorschriften einer bestimmten Schule beuge. Ihr Bemühen um getreue Wiedergabe der Natur ging bis ins kleinste Detail, ignorierte jedoch weitgehend die zeitgenössische Welt und ihre Probleme. Sie bevorzugte statt dessen eine idealisierte, heroische Welt des Mittelalters. Obwohl sie anfangs von Ruskin gestützt worden war, bestand sie, im Gegensatz zu seinen späteren Lehren, darauf, daß es nicht die Aufgabe des Künstlers sei, seine Zeit zu reformieren, sondern das Schöne, das Reine und das Gute zu suchen und darzustellen.

Während Ruskin also mehr auf seiten der Präraffaeliten stand, neigte Pater zu der Strömung des Ästhetizismus, die aus Frankreich herübergekommen war und in den Gedichten Algernon Swinburnes bereits 1866 die Alten schockiert und die Jungen begeistert hatte.

Beata Beatrix. Gemälde von Dante Gabriel Rossetti

Swinburne sang in wohlklingender Lyrik von den Brüsten der Nymphen, den leidenschaftlichen Freuden des Tages und der Nacht, von schlanken Gliedern und faszinierenden Sünden. Es war eine Beleidigung aller viktorianischen Werte; selbst das Christentum wurde nicht verschont. Aber die Form der Lyrik war vollendet. L'art pour l'art hatte England erreicht. Pater folgte dieser Richtung und führte sie weiter. Aus l'art pour l'art wurde «Schönheit um der Schönheit willen». «Warum müssen wir gut sein, Mr. Pater?» wird als Frage eines Studenten berichtet, auf die Pater geantwortet haben soll: «Weil es so schön ist.» Auch der Ausspruch «Es ist ganz gleich, was gesagt wird, solange es schön formuliert ist» wird ihm zugeschrieben.[16]

Blau-weiße Porzellanvase aus China

Die Ideen des Ästhetizismus waren also in Oxford bereits verbreitet, als Wilde zu studieren begann. Er nahm sie auf, weil sie seinem Wesen entsprachen, seinem künstlerischen Temperament, das er – wie ein Freund es formulierte – «in excelsis et profundis»[17] besaß. Ermutigt durch seine Lehrer und begünstigt durch die Atmosphäre einer Universität, die Exzentrik wie Genialität tolerierte, begann Wilde seine Persönlichkeit zu entfalten. Nicht explosiv, sondern allmählich, mit zunehmender Selbstsicherheit, schälten sich in den vier Studienjahren Wesenszüge heraus, die sein ganzes Leben sichtbar blieben. Andererseits äußerte er in dieser Zeit Gedanken, die auf den ersten Wilde, den Wilde der ersten Phase, beschränkt blieben.

Wildes Leidenschaft für schöne Gegenstände läßt sich an der Wahl seiner Wohnräume verfolgen. Nach zwei Jahren und zweimaligem Umzug übernahm er von einem Studienfreund die schönsten Zimmer des Magdalen College, die für ihren Blick über den Cherwell-Fluß berühmt waren. *Ich freue mich schrecklich über Deine Räume*, schrieb er ihm. *Im inneren Raum habe ich Porzellan, Bilder, ein Portefeuille und ein Klavier – und einen grauen Teppich auf dem gebeizten Fußboden. Der ganze Staat wird viel bewundert und sonntagabends auch leicht verspottet. Die Räume sind entzückender, als ich je erwartet hatte – der Sonnenschein, die schreienden Krähen und die wogenden Zweige und der leichte Wind am Fenster sind wirklich bezaubernd.*[18]

Porzellan war damals eine seiner Leidenschaften, blaues chinesisches Porzellan des 17. und 18. Jahrhunderts. Allerdings war Wilde

Der Student. Fotografie, um 1878

in seiner Wahl nicht originell, sondern griff auf den Geschmack Rossettis zurück, der die Schönheit dieses Porzellans in den sechziger Jahren in Frankreich entdeckt und in England verbreitet hatte, wo es zuerst zögernden, später jedoch begeisterten Anklang fand.[19] Originell dagegen war Wildes Ausspruch *Oh, könnte ich doch die Schönheit meines blauen Porzellans in meinem Leben verwirklichen!* (*Oh, would that I could live up to my blue China!*) Diese Begeisterungsfähigkeit Wildes, die sich hier an der Schönheit seines blauen Porzellans entzündete, ein anderes Mal an der Pracht weißer Lilien (d e r Blume der Ästheten) oder roter Rosen (*Ich kann mein Gesicht darin begraben und davon träumen . . .*[20]), bedient sich auch gelegentlich des Jargons der Ästheten. «Intense» war ihre Haltung, «intense» war auch ihr höchstes Lob. «Intense» war für den jungen Wilde Elizabeth Barrett Brownings «Aurora Leigh», ein Werk, das er Shakespeares «Hamlet» und Tennysons «In Memoriam» gleichstellte.

Bemerkenswert für den jungen Wilde ist jedoch nicht so sehr, daß er «Aurora Leigh», eine Romanze, für die Virginia Woolf nur ablehnende Worte finden konnte, *bei weitem für das größte Werk unserer Literatur* hielt, sondern daß er es deshalb so schätzte, weil es *direkt vom Herzen geschrieben* war. Diese Art Bücher ermüden nie, *weil sie aufrichtig sind*, schrieb er an seinen Freund William Ward.[21] *Wir werden der Kunst überdrüssig, aber nicht der Natur, nach all unserer ästhetischen Erziehung.* Eine breite Kluft trennt hier noch den jungen Wilde von dem Wilde der *Intentions* [*Fingerzeige*], in denen die Kunst zur alleinigen Göttin erhoben wird. Hier ist die Natur noch unerreicht. . . . *schließlich entzieht sich die Natur selbst den größten Meistern der Lyrik. Sie läßt sich nicht beschreiben, sie läßt sich nur anbeten: liegt doch mehr vollendete Schönheit, so will mir scheinen, in einer einzigen weißen Wiesennarzisse als in allen Chören des Euripides oder selbst im «Endymion» des großen Keats.*

John Keats war einer der Lieblingsdichter Wildes, zusammen mit Tennyson, Matthew Arnold, Rossetti und Swinburne. Seine Begeisterung für ihn, den *Priester der Schönheit*, brach 1877 anläßlich eines Rom-Besuchs hervor und fand ihren Niederschlag in einem Sonett und Plädoyer für die Verschönerung der Grabstätte. Beide, vor allem in ihrer Verbindung, waren charakteristisch für Wilde. Das Grab war Anregung für den Dichter Wilde, zugleich Anlaß für den Kunstkritiker und Mittel einer geschickten, untergründigen Werbung für seinen Namen. Denn Wilde sandte das Sonett nicht nur an Lord Houghton, der selbst ein Dichter und Herausgeber der Werke von Keats war, sondern zusammen mit einem kurzen Artikel, der verschiedene Formulierungen des Sonetts schon enthält, an die Zeitschrift «Irish Monthly», zusammen mit dem Hinweis, daß das Sonett in der Glencree-Erziehungsanstalt neunmal am Tage seiner Ankunft rezitiert worden sei.[22] Dennoch war seine Verehrung für Keats aufrichtig. Sie begleitete ihn sein ganzes Leben, und noch im Gefängnis erbat er sich die Werke dieses Dichters, *des obersten und perfekten Künstlers*, den er als Keim jener Renaissance der Kunst sah, als deren Teil er sich selbst betrachtete.

Seine Neigung zu Schönheit und Kunst hatte Wilde vom Elternhaus mitgebracht. Doch sein Spiel mit dem Katholizismus, das in Oxford begann, forderte den elterlichen Zorn heraus. Der Vater drohte ihn zu enterben, und sein Halbbruder kürzte ihm auf Grund seiner katholischen Neigungen die Erbschaft und vermachte ihm diese auch nur unter der Bedingung, daß er dem Protestantismus treu bliebe. Aber die Anziehungskraft der katholischen Kirche, die seit der Mitte des Jahrhunderts das viktorianische England, vor allem in Oxford, in Scharen anlockte, war sehr stark. *Ich bin mehr denn je in den Schlingen des Weibes im Scharlachgewand*, schrieb Wilde mehrmals seinen Studienfreunden.[23] Es war die Kirche als Institution, die ihn faszinierte. *Sei davon berührt, fühle die schreckliche Faszination dieser Kirche, ihre außerordentliche Schönheit und Stimmung, und laß dein Wesen ganz darin aufgehen.* Als ästhetischen Genuß und zur Erbauung empfahl er sie seinen Freunden, zur eigenen Besserung spielte er mit dem Gedanken an einen Übertritt. *Wenn ich auch nur die leiseste Hoffnung hegen könnte, daß die Kirche in mir etwas Ernsthaftigkeit und Reinheit erweckte, würde ich schon auf diesen Verdacht hin, wenn aus keinem anderen Grunde, übertreten.* Aber er war nicht fähig, sich selbst aufzugeben und den Schritt zum Glauben zu vollziehen. *...nach Rom überzutreten, bedeutet meine zwei großen Götter «Geld und Ehrgeiz» zu opfern und aufzugeben.* So brachte seine Reise nach Rom auch nicht, was er sich erhofft hatte, *einen Einschnitt, eine Krise*, sondern nur ein Erlebnis, bei dem ihn das Grab von Keats genauso beeindruckte wie der Vatikan.

Neben dieser ästhetischen Faszination stand allerdings auch seine Sehnsucht nach innerem Frieden und Ruhe. *Ich träume von einem Besuch Newmans, von den heiligen Sakramenten in einer neuen Kirche und von Ruhe und Frieden danach in meiner Seele.*[24] Diese Sehnsucht nach einem inneren Halt erklärt seinen Eintritt in eine Freimaurerloge, der am 27. November 1876 stattfand, also noch vor seinem Rom-Besuch. Seine Reise nach Griechenland unter der Führung seines früheren Tutors Mahaffy, die dem Rom-Besuch voranging, und überhaupt seine Begeisterung für den Hellenismus können ebenfalls in diesem Lichte gesehen werden.

Eine andere Seite seines Wesens trat gegen Ende der Oxforder Zeit in Wildes Briefen immer stärker hervor: nüchterne Berechnung und sachliche Geschäftstüchtigkeit. Beide dienten seinem Streben nach Anerkennung und Ruhm, nicht allein zur eigenen Befriedigung, sondern zugleich aus einer existentiellen Notwendigkeit heraus. Das Erbe seines Vaters, der 1876 starb, war zu klein, um ihm ein ausreichendes Einkommen für den Rest seines Lebens zu garantieren. Es blieb die Notwendigkeit, *irgendwelche schreckliche Arbeit zu tun, um Brot zu verdienen*, eine Tätigkeit, die seinen natürlichen Neigungen nicht entsprach.[25] So scheint schon in dieser Zeit der Entschluß gereift zu sein, als Kunstkritiker und Dichter sich Geld und Ruhm zu verschaffen. *Ich beabsichtige, das Leben eines Kritikers zu führen,*

Oscar Wilde (links) in altvenetianischer Tracht

schrieb er 1877 an den Herausgeber der Zeitschrift «Dublin University Magazine» mit großem Selbstvertrauen. *Bitte lassen Sie alle meine Korrekturen erledigen. Einige von ihnen sind lediglich stilistische Korrekturen, die für einen Oxford-Mann immer erledigt werden müssen.*[26]

Schon hier achtet er streng auf die äußere Form eines veröffentlichten Gedichts. *Ich möchte Ihnen nur mitteilen, daß mein Sonett g a n z i n G r o ß b u c h s t a b e n gedruckt werden muß: so wie es jetzt dasteht, sieht es schlecht aus und liest sich auch schlecht,* schrieb er an den Herausgeber der Zeitschrift «Irish Monthly» und fügte genaue Anweisungen zum Erscheinungsbild des Sonetts wie des voranstehenden Artikels bei. Das ist verständlich, denn *es ist natürlich eine der großen Sorgen des jungen Künstlers, daß man immer Kleinigkeiten aus seinen Artikeln «expurgiert», ausgerechnet die Kleinigkeiten, die er für besonders gelungen hält*[27]. Verständlich ist auch, daß er geschickt seine irische Abstammung und seine elterlichen Beziehungen heranzog, um seine Gedichte veröffentlicht zu bekommen.

In einem anderen Licht jedoch erscheint sein künstlerischer Drang, betrachtet man den Brief, mit dem Wilde eines seiner Sonette an den ehemaligen und späteren Premierminister Gladstone schickte, in dem es heißt: *Ich bin fast noch ein Schuljunge* (Wilde war damals 22 Jahre alt) *und habe keine literarischen Verbindungen in London, aber vielleicht, wenn S i e etwas Gutes in den Zeilen sehen, die ich Ihnen schicke, wird irgendein Verleger (der Zeitschrift «Nineteenth Century» vielleicht oder des «Spectator») sie eventuell veröffentlichen: und ich bin überzeugt, daß Sie die große Sehnsucht eines jungen Menschen nachempfinden können, das eigene Wort für die Älteren gedruckt zu sehen.*[28]

Das Sonett, das Wilde beifügte, beschrieb ein Blutbad, das die Türken ein Jahr zuvor unter den Christen in Bulgarien angerichtet hatten und das in je halbjährigem Abstand zwei Pamphlete Gladstones ausgelöst hatte. *Sir, Ihre edlen und leidenschaftlichen Proteste, geschrieben und gesprochen, gegen das Blutbad unter den Christen in Bulgarien haben mein Herz so sehr bewegt, daß ich es wage, Ihnen ein Sonett zu schicken, das ich über das Thema geschrieben habe.*[29] Das Sonett war offensichtlich von Gladstone wohlwollend aufgenommen worden. Jedenfalls dankte ihm Wilde drei Tage später in einem zweiten Brief – nicht ohne ihm gleich ein zweites Sonett beizufügen – und schrieb: *Ich habe die Sonette* (Gladstone hatte bisher erst eines gesehen!) *an den Herausgeber des «Spectator» geschickt und erwähnt – wie Sie es mir erlaubt hatten –, daß sie nach Ihrer Ansicht zu einigen Hoffnungen berechtigen.*[30]

Die Gedichte sind jedoch nie im «Spectator» erschienen. Wahrscheinlich erinnerte das erste der beiden zu stark an John Milton, jenen bedeutenden puritanischen Dichter des 17. Jahrhunderts, dem Wilde – trotz aller Verschiedenheit zwischen beiden – ein Sonett gewidmet hatte. Da die Ähnlichkeit zwischen beiden Sonetten unter anderem später, als es (leicht verändert) in Wildes Gedichtsammlung erschien, zu dem Vorwurf des Plagiats geführt hat, scheint ein Vergleich der beiden hier angebracht.

Oscar Wilde: On the Recent Massacres of the Christians in Bulgaria

Christ, dost thou live indeed? or are thy bones
Still straitened in their rock-hewn sepulchre?
And do we owe thy rising but to Her
Whose love of thee for all her sins atones?
For here the air is heavy with men's groans,
The priests that call upon thy name are slain;
Dost thou not hear the bitter wail of pain
From those whose children lie upon the stones?

Our prayers are nought: impenetrable gloom
Covers God's face: and in the starless night
Over thy Cross the Crescent Moon I see.
If thou in very truth didst burst the tomb,
Come down, O Son of Man, and show thy might
Lest Mahomet be crowned instead of Thee.

Auf das jüngste Blutbad unter den Christen in Bulgarien

Christus, lebst Du wirklich? oder sind Deine Gebeine
Noch eingepfercht in ihrer steinernen Gruft?
Und verdanken wir Dein Auferstehen nur Ihr,
Deren Liebe zu Dir all ihre Sünden sühnt?
Denn hier ist die Luft schwer von menschlichem Stöhnen,
Die Priester, die Deinen Namen anrufen, sind erschlagen;
Hörst Du nicht die bitteren Schmerzensklagen
Von denen, deren Kinder auf den Steinen liegen?

Unsere Gebete sind nutzlos: undurchdringliches Dunkel
Verdeckt das Antlitz Gottes: und in der sternenlosen Nacht
Sehe ich über Deinem Kreuz den Halbmond.

Wenn Du wahrhaftig das Grab gesprengt hast,
Steige herab, O Menschensohn, und zeige Deine Macht
Sonst könnte statt Deiner Mohamet gekrönt werden.

John Milton: On the Late Massacre in *Piemont*

Avenge, O Lord, thy slaughter'd Saints, whose bones
Lie scatter'd on the Alpine mountains cold,
Ev'n them who kept thy truth so pure of old
When all our Fathers worship't Stocks and Stones,
Forget not: in thy book record their groans
Who were thy Sheep and in their ancient Fold
Slain by the bloody *Piemontese* that roll'd
Mother with Infant down the Rocks. Their moans
The Vales redoubl'd to the Hills, and they
To Heav'n. Their martyr'd blood and ashes sow
O'er all th'*Italian* fields where still doth sway
The triple Tyrant: that from these may grow
A hundredfold who having learnt thy way
Early may fly the *Babylonian* woe.

(1655)

Auf das jüngste Blutbad in Piemont

Räche, o Herr, Deine geschlachteten Heiligen, deren Gebeine
Auf den kalten Bergen der Alpen verstreut liegen;
Gerade die, die Deine Wahrheit von alters her so rein hielten,
Als alle unsere Väter Bäume und Steine anbeteten,
Vergiß nicht; in Dein Buch trage ihre Schmerzensklagen ein,
Die Deine Herde waren und in ihrer alten Hürde
Von den blutigen Piemontesen erschlagen wurden, die
Mutter mit Kind die Felsen hinunterrollten. Ihre Klagen
Warfen die Täler den Hügeln zurück, und diese
Gen Himmel. Ihr Märtyrerblut und ihre Asche säe
Über alle italienischen Felder, wo noch
Der dreifache Tyrann herrscht; so daß aus ihnen
Hundertfach diejenigen erwachsen mögen, die auf Deinen Wegen
Rechtzeitig dem babylonischen Leid entfliehen können.

Bereits ein erster Vergleich der beiden Gedichte zeigt die starke Ähnlichkeit in der Thematik wie in der Form. Beide beklagen ein Blutbad unter Christen, beide halten Zwiesprache mit Gott, beide wählen die Form des Sonetts, und selbst einzelne Wörter sind identisch. Der Einfluß Miltons auf Wilde ist nicht zu leugnen. Erst eine nähere Analyse offenbart die Unterschiede. Obwohl beide Gedichte mit der direkten Anrede beginnen, forderte Milton Vergeltung von Gott, dem Herrn, dem er so selbstsicher gegenübertrat, daß er ihn an eine Pflicht gemahnen konnte. Dahinter steht der feste Glaube eines Puritaners an einen ihm persönlich verbundenen, mehr alttestamentarischen Gott der Rache und Gerechtigkeit. Die Form ist geprägt durch eine von Milton bewußt in Anlehnung an Petrarca gewählte Versart und Versfolge, deren Aussage noch durch Alliteration, Assonanz und Diktion sowie durch die lebendigen Bilder unterstrichen wird. Das Ganze war eine politische Geste, eine Drohung gegen die tyrannischen Katholiken wie eine Ermunterung der protestantischen Waldenser.

Wildes Gedicht dagegen wendet sich an den lebendigen Christus und beginnt mit der zweifelnden Frage nach seiner Realität, angesichts des bitteren Schmerzensgeschreis hier auf Erden. War die Auferstehung Christi nur eine Lüge? *Die dritte und vierte Zeile ist vielleicht ein wenig dunkel, die Anspielung bezieht sich natürlich auf Maria Magdalena, die als erste unseren Herrn nach seiner Auferstehung erblickte und den Aposteln die Botschaft brachte; Renan sagt an einer Stelle, dies sei die göttlichste Lüge, die je ausgesprochen wurde,* schreibt Wilde in seinem zweiten Brief an Gladstone.[31]

Die Frageform beherrscht die Aussagen, die hier gemacht werden, und spiegelt die Unsicherheit des Fragenden, die in dem ersten der beiden abschließenden Terzette der Verzweiflung weicht und danach mit einer angedrohten Forderung nach einem Existenzbeweis endet. Im Gegensatz zu Miltons Sonett steht hier kein überzeugender Glaube hinter den Aussagen und auch keine tiefe Empörung, die der Sprache Überzeugung verliehen hätte. Im Gegenteil, die Sprache Wildes in diesem Sonett kann eine gewisse Freude ihres Schöpfers an der gelungenen Formulierung nicht leugnen. *... and in the starless night / Over thy Cross the Crescent Moon I see* ist ein gelungenes Bild, nur hat es leider mit der beschriebenen Ausgangssituation nicht viel zu tun. Formulierungen, die gut sind, aber nicht überzeugen, durchziehen das ganze Gedicht, das im Klang weit hinter dem Sonett Miltons steht. Die Empörung ist anempfunden, intellektuell entwickelt und kunstvoll formuliert.

Mit einem anderen Gedicht seiner Oxforder Zeit hatte Wilde größeren Erfolg. *Ravenna* war das Thema des Newdigate-Preisgedichtes, das Wilde 1878 gewann, nicht zuletzt, weil er persönliche Eindrücke seines Ravenna-Besuchs im Jahr davor verwerten konnte. Es war ein Beweis seiner intellektuellen Fähigkeiten, genauso wie die

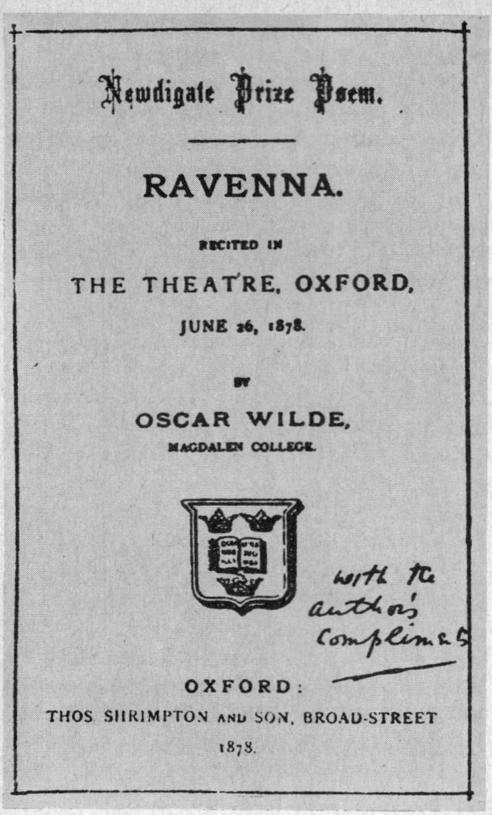
Newdigate Prize Poem.

RAVENNA.

RECITED IN

THE THEATRE, OXFORD,

JUNE 26, 1878.

BY

OSCAR WILDE,

MAGDALEN COLLEGE.

with the author's compliments

OXFORD:

THOS SHRIMPTON AND SON, BROAD-STREET

1878.

brillanten Examen, mit denen er sein Studium abschloß. Sowohl im Zwischenexamen nach zwei Jahren als auch im Abschlußexamen erhielt er die besten Noten – Erfolge, die er nach außen mit der gespielt arroganten Überlegenheit eines Snobs quittierte, seinen Freunden gegenüber jedoch mit ehrlicher Freude. Daß diese Erfolge ihm nicht in den Schoß fielen, sondern daß er hart dafür gearbeitet haben muß, zeigt die Tatsache, daß er das Irland-Stipendium, um das er sich 1877, ein Jahr vor seinem Abschluß, bewarb, nicht erhielt, weil er sich nicht genügend vorbereitet hatte. *Mein Gott! wie habe ich hier mein Leben vergeudet! Wenn ich zurückblicke auf Wochen und Monate der sinnlosen Vergnügungen, des leichtsinnigen Geschwätzes und äußersten Müßiggangs, empfinde ich eine so tiefe Verbitterung, daß ich den Glauben an mich selbst verliere. Ich werde einfach zu leicht verleitet.*[32] Auch

Florence Balcombe. Zeichnung von Oscar Wilde

1885

wenn diese Worte den Katzenjammer eines Examenskandidaten wiedergeben, so weisen sie doch auf einen Zug seines Wesens, den ein sehr guter Freund dieser Oxforder Zeit in seinen Erinnerungen bestätigte. «Den launischen Einfall akzeptierte er offen als seinen Diktator.»[33] Es ist die Abneigung gegen jede Reglementierung, die, von außen an ihn herangetragen, sein Leben in eine bestimmte Bahn zu zwingen drohte. Oxford bot dem jungen Wilde ein Minimum an Reglementierung bei einem Maximum an Anregung. Es war, wie er später einem jungen Bekannten schrieb, *die blumenhafteste Zeit des Lebens. Wir sehen die Schatten der Dinge in silbernen Spiegeln. Später sehen wir das Gorgonenhaupt, und wir leiden, weil es uns nicht in Stein verwandelt.*[34]

In diese Oxforder Zeit fiel seine erste bedeutende Liebesaffäre, die zwei Jahre dauerte, *zwei süße Jahre – die süßesten aller Jahre meiner Jugend*[35]. Florence Balcombe, die Tochter eines pensionierten Offiziers in Dublin, war siebzehn Jahre alt, als Wilde sie kennenlernte, mit *dem allerschönsten Gesicht, das ich je sah, und keinem Groschen Geld*, und galt später als eine der drei schönsten Frauen ihrer Zeit.[36] Ihre Heirat mit einem anderen beendete die Affäre. *Wenn Du es auch nicht der Mühe wert fandest, mich von Deiner bevorstehenden Heirat zu unterrichten, so kann ich Irland doch nicht verlassen, ohne Dir meine besten Wünsche für Dein weiteres Glück zu senden; was auch immer geschieht, ich wenigstens werde Deinem Wohlergehen niemals gleichgültig gegenüberstehen können: dazu sind unsere Lebenswege zu lange nebeneinander hergelaufen.*[37] Über die Gründe ihrer Trennung ist nichts bekannt, doch geht aus einer späteren Geste Wildes hervor, daß er sie nach drei Jahren noch nicht vergessen hatte, während sie sich mit dem Eindruck von ihm trennte, er habe sie nie geliebt.

DIE SONNENBLUMENZEIT

Im Rückblick auf seine Oxforder Zeit schreibt Wilde in seiner Lebensbeichte *De Profundis*, daß er mit dem Wunsch, das Leben voll auszukosten, die Universität verlassen habe. *Ich wollte die Früchte aller Bäume in dem Garten der Welt essen und ... ging hinaus in die Welt mit dieser Leidenschaft in meiner Seele.*[38] So sehr dieser Wunsch seinem Wesen entsprochen haben mochte, so wenig war Wilde in der Lage, ihn sogleich zu verwirklichen. Denn es fehlte das gesicherte Einkommen für ein Leben ohne berufliche Bindungen, das nur der Erfüllung seiner Wünsche gewidmet war. Das väterliche Erbe war gering, und so trat er der Welt als *Professor der Ästhetik und Kunst-*

Lily Langtry. Fotografie von W. und D. Downey, London

kritiker entgegen, eine vielversprechende Bezeichnung, die er sich jedoch selbst verliehen hatte.[39] Hesketh Pearson berichtet, daß Wilde sich um eine Fellowship an der Universität beworben habe, für die er – allerdings vergebens – den Essay *The Rise of Historical Criticism* [*Die Anfänge der historischen Kritik*] schrieb.[40] Fest steht, daß er nach London ging und dort versuchte, sich einen Namen zu schaffen und ein Einkommen zu sichern.

Für Wilde begann damit die Auseinandersetzung mit der englischen Gesellschaft, jener schwer zu definierenden Macht, die ihn im Laufe der nächsten fünfzehn Jahre erst zu höchsten Triumphen emportrug und dann in Elend und Vergessenheit stürzte. Wildes Versuch, in die Gesellschaft einzudringen und von ihr akzeptiert zu werden, bestimmte die nun folgenden Jahre, seine Auseinandersetzung mit ihr – bewußt oder unbewußt – den Rest seines Lebens. Sie war für ihn Widersacher wie Verbündeter, Publikum und Geldgeber. Erst allmählich erkannte er, daß sie ihn am ehesten zu tragen bereit war, wenn er sie unterhielt, daß sie am leichtesten zu unterhalten war, wenn er sie belustigte, und daß er sie am besten belustigen konnte, wenn er ihr den Spiegel vors Gesicht hielt und sie verspottete. So entstand mit der Zeit jenes dualistische Verhältnis Wildes zu der Gesellschaft seiner Zeit, das sein Leben formte. Sie war ihm sowohl Gegenstand seiner Verehrung als auch Zielscheibe seines Spottes. Je mehr sie ihm zujubelte, desto mehr machte er sich über sie lustig, je mehr er an ihr verdiente, desto mehr verachtete er sie – bis sie sich schließlich rächte und ihn vernichtete.

Doch das geschah sechzehn Jahre später. Vorerst umwarb er sie, um von ihr aufgenommen zu werden. Geschickt verstand er es, mit Schmeicheleien Bekanntschaften anzuknüpfen und zu einem dichten Netz gesellschaftlicher Beziehungen zu verweben. Er lud ein, stellte vor, wurde selbst eingeladen oder lud sich gelegentlich sogar selbst ein. Schon damals galt Wilde als guter Unterhalter, der sich mit feinem Einfühlungsvermögen seiner Umgebung anzupassen wußte und sie mit geistreicher, wenn auch noch etwas forcierter Konversation amüsierte, ohne sie zu beherrschen. *Tee und Schönheiten* bot er seinen Gästen als Attraktion seiner Geselligkeiten.[41]

Unter diesen Schönheiten befand sich auch Mrs. «Lily» Langtry, «Jersey Lilie», die in dem Ruf stand, die schönste Frau ihrer Zeit zu sein. Für sie schrieb er seine Gedichte *The New Helen* [*Die neue Helena*] und *To L. L.*, das ursprünglich unter dem Titel *Roses and Rue* [*An Mrs. Langtry*] erschienen war. Die folgende Strophe der ursprünglichen Fassung deutet darauf, daß er eng mit ihr befreundet war oder zumindest sein wollte.[42]

I had wasted my boyhood, true,
But it was for you,
You had poets enough on the shelf,
I gave you myself!

Ich hatte meine Jugend vergeudet, es ist wahr,
Aber es war für Dich,
Du hattest genügend Dichter auf dem Regal,
Ich gab Dir mich selbst!

Neben Schönheiten suchte er die Bekanntschaft von Schauspielern und traf mit den berühmtesten seiner Zeit zusammen, mit Sir Henry Irving und Ellen Terry. Beiden widmete er Gedichte, genauso wie Sarah Bernhardt, die er bei ihrem ersten Besuch in England mit einem Armvoll weißer Lilien begrüßte. *Um heutzutage in die beste Gesellschaft zu gelangen, muß man die Leute entweder füttern, belustigen oder schockieren – das ist alles.*[43]

Schwieriger als gesellschaftlichen Erfolg zu erlangen, war es, als Literat und Kunstkritiker anerkannt zu werden, weil nämlich Wilde als öffentlicher Verfechter jenes Ästhetizismus auftrat, den er als Student in Oxford kennengelernt hatte und der – wenn auch in anderer Form – bereits zehn Jahre früher heftige Angriffe der viktorianischen Gesellschaft ausgelöst hatte. 1866 war Algernon Swinburnes Gedichtsammlung «Poems and Ballads» erschienen, gefolgt 1870 von Dante Gabriel Rossettis «Poems». Beide waren zusammen mit Baudelaire als die «sinnliche Schule der Dichtkunst» (The Fleshly School of Poetry) angeprangert worden. Die amoralischen, antichristlichen Klänge sinnlich-körperlicher Lebensfreude waren es, die den viktorianischen Philister schockierten, dessen Lebenshaltung von Anstand und Moral, von Ernsthaftigkeit und materiellem Wohlstand getragen wurde. Obwohl die Kontroverse inzwischen abgeklungen

Sarah Bernhardt, um 1885

war und die Gedichte Swinburnes wie Rossettis ein immer breiteres Publikum fanden, blieben die Ideen suspekt, waren sie doch geeignet, die Grundfesten der viktorianischen Gesellschaft zu untergraben.

Die Angriffe, denen der junge Wilde ausgesetzt war, waren anderer Art. Sie betrafen nicht so sehr die Ideen selbst, die er verkündete, als die Art der Präsentation. Die Ideen waren nichts grundsätzlich Neues. Schon die Präraffaeliten hatten eine neue Konzeption von Schönheit verkündet, Ruskin hatte sie eloquent unterstützt, und ihre Nachfolger, wie William Morris, Sir Edward Burne-Jones und James Abbott McNeill Whistler, schafften aus diesem Geist. Die 1877 in der Bond Street in London eröffnete Grosvenor Gallery war das Hauptquartier der Maler dieser Richtung. *In der Grosvenor Gallery können wir die höchste Entwicklung des modernen Geistes sehen, genauso wie seine besonders betonten Tendenzen,* hieß es in Wildes Besprechung der Ausstellung von 1879.[44]

Im Gegensatz zu den Werken der Präraffaeliten, ihren Vorläufern, bildete die Wahl und Zusammenstellung der Farben das vorherrschende Merkmal der Gemälde dieser jüngeren Vertreter des Ästhetizismus, *das Schema und die Symphonie der Farben, die befriedigende Schönheit der Anordnung ... Denn die Qualität ihrer exquisiten Gemälde erwächst lediglich aus der einfallsreichen und schöpferischen Handhabung von Linie und Farbe, aus einer bestimmten*

Form bewußt gewählter künstlerischer Gestaltung, die, indem sie alle literarischen Anspielungen und alle metaphysischen Ideen verwirft, selbst schon das ästhetische Empfinden völlig befriedigt und somit – wie die Griechen sagen würden – Selbstzweck ist.[45] Schon diese Charakteristik Wildes verrät, wie sehr sich die jüngeren Vertreter dieser Richtung von den Lehren Ruskins entfernt hatten. Wie Swinburne und Rossetti in ihren Gedichten betonten diese Maler die Form gegenüber dem Inhalt. Doch während bei jenen, wie Swinburne es in seinem Essay über Wordsworth und Byron formuliert hatte, «die zwei wesentlichsten Eigenschaften der Dichtung Phantasie und Harmonie» waren, herrschten bei diesen Farbe und Komposition vor. Bei beiden war es Kunst, die um ihrer selbst willen geschaffen wurde und sich ihre Thematik unabhängig von dem Geschmack der Zeit dort suchte, wo sie den Vorstellungen von Schönheit am besten zu dienen versprach.

In einem Vorwort zu der Gedichtsammlung «Rose Leaf and Apple Leaf» von James Rennell Rodd hat Wilde diese Abwendung von Ruskin verkündet. *Dieses verstärkte Gefühl für den vollkommen befriedigenden Wert schöner künstlerischer Gestaltung, diese Anerkennung der primären Bedeutung des sinnlichen Elements in der Kunst, diese Liebe der Kunst um ihrer selbst willen ist der Punkt, an dem wir uns von der jüngeren Schule und von den Lehren Mr. Ruskins abgewendet haben: endgültig und entschieden. Er wird uns zweifellos immer der Meister des edlen Lebens und der Weisheit aller geistigen Dinge bleiben, denn wir wissen, daß er es war, der uns in Oxford durch den Zauber seiner Gegenwart und die Musik seiner Lippen jene Begeisterung für Schönheit gelehrt hat, die das Geheimnis des Hellenismus ist, und jene Sehnsucht, etwas zu schaffen, die das Geheimnis des Lebens ist. Er war es, der einige von uns wenigstens mit dem erhabenen und leidenschaftlichen Ehrgeiz erfüllte, in ferne Länder hinauszuziehen mit einer Botschaft für die Nationen und einem Auftrag für die Welt. Und dennoch teilen wir nicht mehr seine kunstkritischen Gedanken, seine Vorstellung von Freude in der Kunst, seine ganze Art der Kunstbetrachtung, denn der Grundstein seines ästhetischen Systems ist immer ethisch. Immer beurteilt er ein Bild nach der Stärke der edlen moralischen Ideen, die es ausdrückt; für uns jedoch sind die Wege, über die alle edle Malerei die Seele berühren kann und auch berührt, nicht jene der Wahrheit des Lebens oder metaphysische Wahrheiten.*[46]

Die Schönheit der Erscheinung bestimmt nun den Wert eines Kunstwerks, nicht mehr der moralische, metaphysische oder literarische Gehalt. *Denn denen, die Kunst um ihrer selbst willen lieben, werden alle anderen Dinge geschenkt*, formulierte Wilde in biblischem Stil.[47] Für den Künstler ist also nicht die Bedeutung wesentlich, sondern die ästhetische Wirkung. So ist es zu verstehen, daß James McNeill Whistler, der extremste Maler dieser Richtung, seinen Bildern nichtssagende Namen gab, die lediglich das Farbelement beschreiben: «Arrangement in Schwarz und Weiß», «Harmonie in Blau und Gelb», und selbst Porträts erhielten diese Bezeichnung: «Harmonie in Hautfarbe und Rosa» hieß zum Beispiel ein lebensgroßes Porträt der Mrs. H. B. Meux.

Diese ästhetischen Theorien beschränkten sich nicht auf Malerei und Dichtung. In der Architektur fanden sie ihren Ausdruck in der Wiederbelebung des Queen-Anne-Stils (1703–14). Als Inneneinrichtung galten Chippendale-Möbel, altes Messing und schmiedeeiserne Arbeiten, farbige Bleifenster, altes chinesisches Porzellan und mittelalterliche Lampen als «intense». Weiche Vorhänge mit unauffälliger, feiner, harmonisch abgestimmter Tönung lösten die schweren Brokatvorhänge ab, genauso wie Spiegel mit feiner Goldlinie auf schwarzem Rahmen die schweren, überreich vergoldeten Spiegel der viktorianischen Prunksucht ersetzten. Statt der aufdringlichen Tapeten erschienen schlichte, in sanften Farben gestrichene Wände.

Auch die Mode der Damen wurde von dieser Kunstrichtung ergriffen. Sie folgte dem Ideal weiblicher Schönheit, wie es auf den Gemälden der Präraffaeliten und ihrer Nachfolger dargestellt war. Blasse, sorgenvolle Gestalten erschienen mit dichtem, dunkelbraunem Haar, das im Überfluß über die Stirn quoll, mit dunkelumrandeten Augen, die nach Liebe oder aus fiebernder Verzweiflung schmachteten, mit schmalen Wangen und starkem Kiefer, hervorstehenden Oberlippen und eingezogenen Unterlippen, langen Schwanenhälsen, flachen Brüsten und langen, schmalen, nervigen Händen. In dem Maße, in dem diese Kunstrichtung zum Kult wurde, entwickelten sich ihre fanatischen Vertreter zur Karikatur. So entstand die durch die satirische Zeitschrift «Punch» verbreitete Meinung, daß es sich bei den Anhängern dieses Kultes um eine künstlich gezüchtete «Gesellschaft zur gegenseitigen Bewunderung» handle.[48] Ein eigener Sprachstil, durchwoben mit leicht übertriebenen Metaphern und solchen Lieblingswörtern wie «intense, utter, consummate, precious, sublime», meist sogar im Superlativ gebraucht, unterstützten diesen Eindruck.

Wilde selbst wurde in diesem Licht gesehen, als er sich zum Apostel dieser «englischen Renaissance der Kunst» machte. *Ich nenne es unsere englische Renaissance, weil es in der Tat eine Art Wiedergeburt des menschlichen Geistes ist, wie die große italienische Renaissance des 15. Jahrhunderts, mit ihrer Sehnsucht nach körperlicher Schönheit, ihrer ausschließlichen Beachtung der Form, ihrem Streben nach neuen Themen der Dichtkunst, neuen Ausdrucksformen der Kunst, neuen geistigen und phantasievollen Vergnügen.*[49]

James Abbott McNeill Whistler. Zeichnung von Leslie Ward

«Gesellschaft für gegenseitige Bewunderung». Spottzeichnung aus dem «Punch», 9. Oktober 1880

Wenn Wilde in Vorträgen und Aufsätzen von dieser Erneuerung der Kunst sprach, benutzte er stets die erste Person Plural, wie in jenem Vorwort zu der Gedichtsammlung «Rose Leaf and Apple Leaf». Doch schon dieses *wir* war strenggenommen eine Verfälschung der Tatsachen, denn Wilde war keineswegs ein schöpferischer Künstler oder gar Begründer dieser Kunstrichtung, wie Morris, Rossetti, Burne-Jones und Whistler. Aber er verstand es, durch den Gebrauch des *wir* den Anschein zu erwecken, daß er selbst zu dieser schöpferisch führenden Gruppe von Künstlern gehörte, eine Tatsache, die zu den Ursachen der späteren Auseinandersetzung mit Whistler zählte.

Durch die Verbindung von gesellschaftlichen und künstlerischen Ambitionen und vor allem durch die spektakuläre Art seines Auftretens gelang Wilde bald der Aufstieg zum führenden Exponenten des Ästhetizismus. Bei Abendgesellschaften erschien er in einem mit Borte umfaßten Samtjakkett, in Kniehosen, schwarzen Seidenstrümpfen, einem weichen Hemd mit weitem Kragen und einer auffälligen grünen Krawatte. Gelegentlich pflegte er im Knopfloch eine Lilie oder eine Sonnenblume zu tragen, denn beide Blumen waren die Abzeichen der Ästheten, *weil diese beiden lieblichen Blumen in England die beiden höchst vollkommenen Modelle sind, die sich am natürlichsten für die ornamentale Kunst eignen – die prunkhafte, löwenartige Schönheit der einen und die kostbare Lieblichkeit der anderen bereiten dem Künstler höchst vollständige und vollkommene Freuden*[50]. Eine betont graziöse Haltung, einer Pose gleich, verbunden mit solchen frivolen Bemerkungen, daß eine Kleiderreform wichtiger sei als eine Glaubensreform, erweckten den Verdacht seiner Kritiker, daß er es nicht ernst meine mit seinen Lehren. Dazu kam, daß «Punch» auf ihn aufmerksam wurde und begann, ihn in der Gestalt des Dichters Jellaby Postlethwaite oder des Malers Maudle zu verspotten.

Der Verdacht, Wilde sei ein Poseur, wurde verstärkt durch die

Aufnahme, die sein erster Gedichtband fand. Auf Kosten Wildes im Juni 1881 veröffentlicht, erreichte er zwar innerhalb eines Jahres fünf Auflagen, die insgesamt jedoch nur 750 Exemplare ausmachten. Es war größtenteils eine Zusammenstellung, zum Teil in abgeänderter Form, seiner bisher in verschiedenen Zeitschriften gedruckten Gedichte, die nach dem Urteil von Arthur Ransome keine neue Gattung der Literatur darstellten, sondern die Lyrik seiner Zeit zusammenfaßten.[51] Was er damit meinte, geht wohl klarer aus der Kritik hervor, die in «Punch» erschien. «Eine gewisse Originalität zeichnet den Einband aus [er bestand aus weißem Pergament mit goldener Schrift], was mehr ist, als man über den Inhalt des Bandes sagen kann. Mr. Wilde mag ein Ästhet sein, aber er ist nicht originell. Dies ist ein Band voller Echos, ein verwässerter Swinburne, während man hier und da bemerkt, daß sich der Verfasser an Mr. Rossetti und Mrs. Browning erinnert hat.»[52] Wie das bereits interpretierte Gedicht zeigt, waren die Anklänge vielseitiger, als «Punch» es darstellte, und das Pauschalurteil wird der Vielfalt dieser Dichtversuche nicht gerecht. Aber bedeutende Dichtung war es nicht. Selbst da, wo Wilde origi-

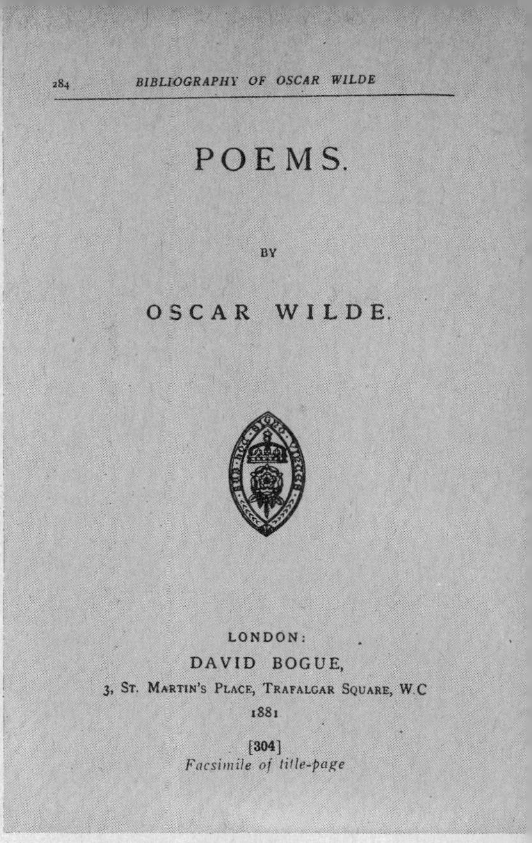
284 BIBLIOGRAPHY OF OSCAR WILDE

POEMS.

BY

OSCAR WILDE.

LONDON:
DAVID BOGUE,
3, ST. MARTIN'S PLACE, TRAFALGAR SQUARE, W.C
1881

[304]
Facsimile of title-page

nelle Ansätze macht, den impressionistischen Stil Whistlers dichterisch nachzuahmen, wie in seinem *Impression du Matin*, versteht er es nicht, sich von sentimentalen Klischees zu befreien, wie zum Beispiel in der letzten Zeile: *with lips of flame and heart of stone* (*mit flammenden Lippen und steinernem Herzen*). So gilt auch noch heute das Urteil der literarischen Zeitschrift «Athenaeum»: «Wenn die Zeit ihrer berüchtigten Popularität erschöpft ist, werden Mr. Wildes Gedichte trotz einer gewissen Anmut und Schönheit einen Platz im Bücherschrank lediglich derer finden, die nach dem Kuriosen in der Literatur jagen.»[53]

Es mag verwundern, daß Wilde trotz seines preisgekrönten *Ravenna* und seines anmutigen *Requiescat* nichts Originelleres in seiner Gedichtsammlung veröffentlichen konnte. Kam es daher, daß er seine eigentliche Thematik und Form noch nicht gefunden hatte? Oder beherrschte sein gesellschaftlicher Ehrgeiz sein Leben so sehr, daß für sein künstlerisches Schaffen kein Raum blieb? An Matthew Arnold schickte er seinen Gedichtband mit folgenden Worten: *Ich habe erst jetzt, zu spät vielleicht, herausgefunden, daß alle Kunst Einsamkeit als ihren Begleiter braucht; erst jetzt kenne ich die herrliche Schwierigkeit dieser großartigen Kunst, deren erlauchter und oberster Meister Sie sind.*[54] Gerade diese Voraussetzung der Einsamkeit stand im Gegensatz zu seinem anderen Bestreben, zum Mittelpunkt der Gesellschaft zu werden.

Allerdings bemühte er sich auch um ernsthafte Kritik seiner Ge-

Wilde, als «Ästhet» gekleidet. Am 28. Juni 1882 in Alabama fotografiert

[STRICTLY PRIVATE.]

VERA;

OR, THE NIHILISTS.

A Drama

IN FOUR ACTS.

BY

OSCAR WILDE

from her sincere friend and admirer the author

Sept. 1880.

LONDON:
RANKEN & CO., PRINTERS, DRURY HOUSE,
ST. MARY-LE-STRAND, W.C.

1880.

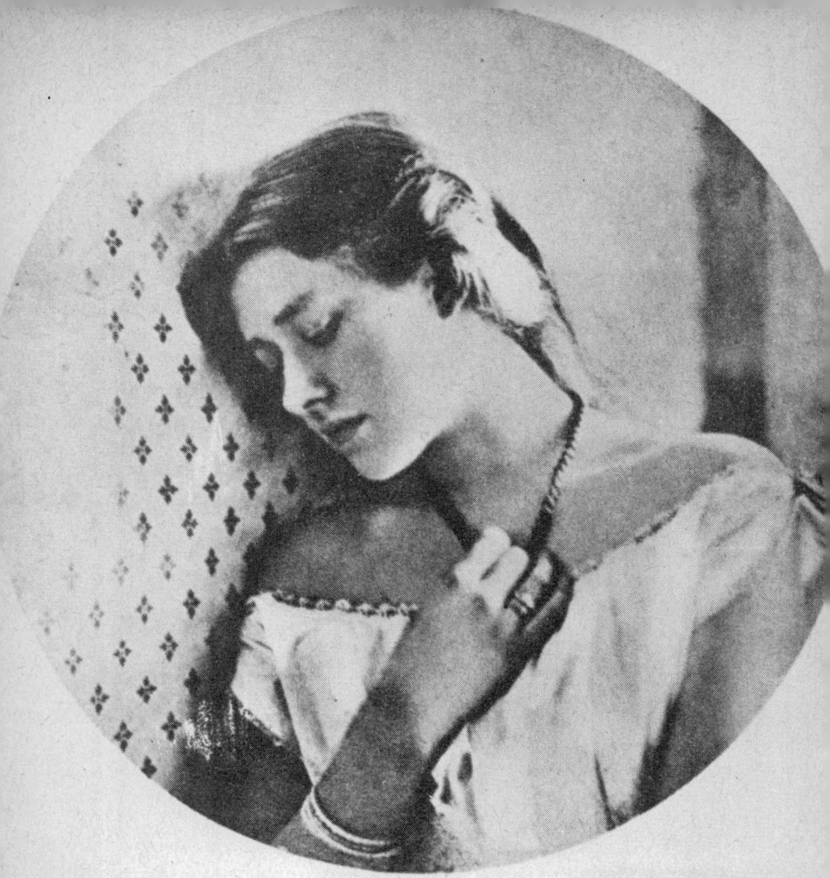

Ellen Terry. Fotografie aus dem Atelier Cameron

dichte. *Bücher fallen so häufig in dumme und ungebildete Hände, daß ich eifrig bemüht bin, wirklich kritisiert zu werden: unwissendes Lob oder unwissender Tadel sind so beleidigend,* schrieb er an einen befreundeten Oxforder Dozenten.[55] Und sein erstes Drama sandte er mit einem Brief im gleichen Sinne an einen befreundeten Schauspieler: *Ich würde mich freuen, irgendwelche Vorschläge zu den Situationen oder dem Dialog von so einem erfahrenen Künstler zu erhalten, wie Sie es sind: ich habe gerade herausgefunden, was für ein schwieriges Handwerk das Stückeschreiben ist.*[56]

Sein erstes Drama, *Vera; or, The Nihilists* [*Vera oder die Nihilisten*], der Schauspielerin Ellen Terry gewidmet, gelangte aus Rück-

Exemplar der «Vera» mit handschriftlicher Widmung des Autors

sicht auf die verwandtschaftlichen Beziehungen zwischen der Zarin, deren Mann erst vor kurzem einem Attentat zum Opfer gefallen war, und dem englischen Königshaus nicht zur Aufführung in London. In New York lief es drei Jahre später nur eine Woche. «Eine alberne, stark gepfefferte Mischung aus Liebe, Intrige und Politik», kritisierte die Zeitung «New York Tribune», «unglaubwürdig, langatmig und ermüdend», schrieb die «New York Times».[57]

Der erstrebte literarische Erfolg blieb aus, genauso wie Wildes Bemühen, sich ein geregeltes Einkommen zu sichern. *Ich möchte eine Stellung mit einem gesicherten Einkommen, und irgendwelche erzieherische Arbeit würde mir sehr liegen,* schrieb er einem Oxforder Studienfreund, mit dessen Hilfe er vergeblich eine Stellung an der Schulbehörde oder im Schulaufsichtsamt zu erlangen suchte.[58] Allerdings war er nicht gewillt, auf seine hohen ästhetischen Ansprüche zu verzichten. *Ich habe mein Zimmer immer noch nicht vollständig eingerichtet und bereits mein ganzes Geld daran gewendet. Wenn mir also nicht irgendein Theaterleiter «The Nihilists» mit Gold aufwiegt, weiß ich nicht, was ich tun soll; aber schließlich hätte ich wirklich nichts anderes nehmen können als Chippendale und Satinholz. Ich hätte einfach nichts schreiben können.*[59] Der Ästhet und der Dichter lagen miteinander im Streit.

AMERIKA

Im Juni 1881 war Wildes erste Gedichtsammlung erschienen, im Dezember des gleichen Jahres fuhr er zu einer einjährigen Vortragsreise in die USA. Beide Ereignisse standen jedoch in keinem Zusammenhang. Es war nicht sein Ruhm als Dichter, dem Wilde diese Einladung zu verdanken hatte, sondern sein Ruf als Apostel des Ästhetizismus.

Der Erfolg der Karikaturen, mit denen «Punch» den Kult der Ästheten verspottete, hatte weitere Satiren nach sich gezogen. «The Colonel», eine Komödie des Herausgebers von «Punch», F. C. Burnand, war die erste. Sie erschien im Februar 1881. Ein Mr. Lambert Streyke, Dichter und Frauenheld, Heuchler ästhetischen Geschmacks, wird zur Spottfigur des Ästheten. Bekannter und berühmter wurde die Operette «Patience; or Bunthorne's Bride» des berühmten Operettendichter- und Komponistenpaars Gilbert und Sullivan. Sie zielte nicht allein auf Wilde, sondern karikierte allgemein die extremen Züge der ästhetischen Bewegung. Die Kritiker sind sich nicht einig, welcher der beiden Hauptcharaktere, Archibald Grosvenor oder «der

Karikatur auf Oscar Wilde. Umschlag einer Spottschrift, 1882

sinnliche Dichter» Reginald Bunthorne, auf Wilde gemünzt war.[60] Die Ähnlichkeit beider mit Wilde in Kleidung, Haltung, Haartracht und Sprache war jedenfalls deutlich genug, um ihn als lebende Reklame für diese Operette zu einer Vortragsreise einzuladen und zusammen mit dem Gastspiel in den USA auftreten lassen.

Daß Wilde sich entschlossen hat, die Reise zu unternehmen, wird viele Gründe gehabt haben, nicht zuletzt den, daß die Einladung seinem Ehrgeiz schmeichelte und ihm materiellen Gewinn bot. Die Fra-

Oscar Wilde als Bühnenfigur. Aus der Operette «Patience» von Gilbert und Sullivan, 1881

ge, ob er wußte, welchem Zweck er dienen sollte, hat dabei nebensächliche Bedeutung. Denn Wilde war seiner Person und seiner Sache so sicher, daß er dieser Verlockung, ein neues Publikum zu erobern, nicht widerstehen konnte. Der Gedanke, eine Mission zu haben, für die er sich begeistern konnte, eine Rolle spielen zu können, die seine eigene Bedeutung steigerte, wird nicht nur ein Vorwand gewesen sein, sich gegen die Anklage der Unaufrichtigkeit und Geldgier (die sein Konkurrent um die Gunst des amerikanischen Publikums, Archibald Forbes, gegen ihn erhob) zu verteidigen. *Ich habe dem amerikanischen Volk etwas zu sagen, etwas, von dem ich weiß, daß es der Anfang einer großen Bewegung hier sein wird,* schrieb er ihm.[61]

Sein Empfang entsprach dem Ruf, der ihm über den Atlantik vorausgeeilt war und den er bei seiner Ankunft durch Bonmots zu stärken wußte. *I have nothing to declare but my genius* (*Ich habe nichts zu verzollen – zu verkünden – als mein Genie*) ist genauso bekannt geworden wie seine Enttäuschung über den zu zahmen Atlantik.[62] Die Mischung von Freude und Unsicherheit, die ihn noch vor seinem ersten Vortrag erfüllte, wich sehr schnell jener für ihn charakteristischen selbstsicher-eitlen, fast arroganten, aber zugleich auch kindlich begeisterten Freude über seinen Erfolg. *Bin hier ein großer Erfolg,* schrieb er nach England. *Seit Dickens so etwas nicht dagewesen, sagt man mir. Die Gesellschaft reißt mich in Stücke. Riesenempfänge, wunderbare Diners, Menschenmengen warten auf meine Kutsche. Ich winke mit behandschuhter Hand und Elfenbeinstock, und man ju-*

belt. Die Mädchen sind sehr hübsch, die Männer einfach und intellektuell. Die Räume sind für mich überall mit weißen Lilien geschmückt. In den Pausen gibt es «Schampus», und zwei Sekretäre helfen mir, der eine schreibt mein Autogramm und beantwortet Hunderte von Briefen, die darum betteln. Der andere, dessen Haar braun ist, schickt Locken seines eigenen Haares an die jungen Damen, die mich darum bitten; er wird zusehends kahl. Habe auch einen schwarzen Diener, der mein Sklave ist – in einem freien Lande kann man nicht ohne einen Sklaven leben – wie einer von Christys Sängern, nur daß er keine Rätsel kennt. Auch eine Kutsche und einen schwarzen Tiger (ein livrierter Neger), der das reine Äffchen ist. Ich sitze Künstlern für Porträts und benehme mich im übrigen, wie ich mich immer benommen habe – «schrecklich».[63]

Seine Neigung, mit Gedanken zu jonglieren und alles spielerisch von allen Seiten zu betrachten, äußert sich dabei als Selbstironie, als kokettes Spiel mit seinen eigenen Lastern. *Bei Einladungen stehe ich am oberen Ende der Empfangsräume, und zwei Stunden lang defilieren die Leute vorüber, die vorgestellt werden wollen. Ich verbeuge mich gnädig und beehre sie manchmal mit einer königlichen Bemerkung, die am nächsten Tag in allen Zeitungen erscheint. Wenn ich ins Theater gehe, komplimentiert mich der Direktor mit brennenden Kerzen hinein, und das Publikum erhebt sich. Gestern mußte ich durch eine Privattür das Haus verlassen, so dicht stand der Mob. Sie können sich vorstellen, wie ich bei meiner Vorliebe für bescheidene Zurückhaltung diesen Rummel hasse, der noch schlimmer sein soll als der, den man um Sarah Bernhardt gemacht hat.*[64]

Seinen ersten Vortrag hielt Wilde am 9. Januar 1882 in der Chickering Hall in New York. Das Thema *The English Renaissance of Art* [*Die englische Kunst-Renaissance*] erinnert an Walter Pater, der Inhalt jedoch ist eine zurückhaltende Einführung in die Entstehung, Entwicklung und die Ziele dieser Bewegung zur Erneuerung der Kunst, die, wie Wilde sagte, aus der Reaktion gegen den kommerziellen Geist Englands entstanden sei. Es war ein Loblied auf die Schönheit als beständigen Wert, ein Konglomerat der Ideen Ruskins, Paters und ihrer Nachfolger, durchzogen mit gelehrten Anspielungen.[65] Was Wilde unter Ästhetizismus verstand, hatte er bereits bei seiner Ankunft in Amerika in einem Interview gesagt. *Es ist die Beschäftigung mit dem, was in der Kunst gefunden werden kann. Es ist das Streben nach dem Geheimnis des Lebens. Alles, was in der Kunst steckt, stellt die ewige Wahrheit dar, ist ein Ausdruck der großen, dahinterstehenden Wahrheit. In diesem Sinne kann der Ästhetizismus als ein Studium der Wahrheit in der Kunst angesehen wer-*

Wilde gibt einen Empfang in New York. Zeichnung aus «Frank Leslie's Illustrated Newspaper» vom 21. Januar 1882

den.[66] Und für Kunst, so heißt es in seinem Vortrag, gibt es nur ein Gesetz, *das Gesetz der Form oder Harmonie*[67].

Obwohl Oscar Wilde in diesem Vortrag die Entwicklung des Ästhetizismus beschrieb, von Keats als Vorläufer, den Präraffaeliten als Begründern bis hin zu Burne-Jones und William Morris als Nachfolgern (weder Pater noch Whistler werden ausdrücklich erwähnt), sagte er nichts von *meiner Abwendung von Mr. Ruskin und den Prä-*

raffaeliten, die er unmittelbar darauf in einem Brief an J. M. Stoddart den Beginn einer neuen Ära in der Entwicklung des Ästhetizismus nannte.[68] Wohl sind verschiedene Gedanken des Vortrags von Pater übernommen, wie zum Beispiel der von der Bedeutung eines Erlebnisses um seiner selbst willen, doch das Gift erscheint nur stark verdünnt.

Es ist ein vorsichtiger Wilde, ein zahmer Ästhet, der hier spricht, darauf bedacht, einen seriösen Eindruck zu machen. Nur wenige Bonmots würzen das Gesagte. Dagegen sticht die mitunter sehr melodische Struktur seiner Sätze hervor – und erinnert stark an die englische Bibel.

Der Erfolg seines ersten Auftritts sicherte Wilde eine eigene Tournee, die ihn in alle Teile der Staaten und nach Kanada führte. Als Redner, Kunstkritiker und Ästhet reiste er von Ort zu Ort, von der Presse – im Osten vor allem – verspottet und von den Damen der Gesellschaft umschwärmt. *Ich mache eine Art Triumphzug, lebe wie ein junger Sybarit, reise wie ein junger Gott,* schrieb er nach England. *Morgen beginnt eine Serie von elf aufeinanderfolgenden Vortragsabenden in elf verschiedenen Städten, dann kehre ich Sonnabend in einer Woche zu einem zweiten Vortrag hierher zurück. Ich fahre dann nach Kanada und werde auch nach Neu-England zu Vorträgen zurückkehren.*[69] Das war erstaunlich, denn in Boston hatte eine Gruppe von 60 Studenten der Harvard University versucht, sich über ihn lustig zu machen. Sie waren als lebende Karikaturen seiner Kleidung und seines Gebarens bei einem Vortrag in die ersten Reihen eingezogen. Doch Wilde hatte es mit Geist und Geistesgegenwart verstanden, den Schild umzukehren und die Lacher auf seine Seite zu ziehen. Sehr bald merkten seine Manager wie sein Publikum, daß Wilde mehr darstellen konnte als nur den ästhetischen Gecken, daß er eine Persönlichkeit war, nicht gewillt, sich als Reklamebär an der Nase herumführen zu lassen.

Seine Reise quer durchs Land beschreibt er begeistert, als sei er der Entdecker. *Ich war vier Tage lang im Zug: zuerst graue, dürre, trostlose Ebenen, so farblos wie das öde Land am Meer, nur hier und da galoppierende Herden leuchtend roter Antilopen und schwerer, stampfender Büffel, in Haltung und Art wie Joe Knight, und kreischende Geier, hoch oben in der Luft wie Mücken; dann die Sierra Nevada hinauf, wo die schneebedeckten Berge wie Schilde aus poliertem Silber in jenem Gewölbe blauer Flammen leuchten, das wir Himmel nennen, und tiefe Cañons voller Tannen, und so vier Tage lang, und schließlich aus dem kühlen Winter der Berge hinab in diesen ewigen Sommer, Orangenhaine in Frucht und Blüte, grüne Felder und purpurne Hügel, ein wahres Italien, nur ohne seine Kunst.*[70] Es ist die Sprache eines jungen Meisters und der Stil eines Impressionisten.

In seinen Vorträgen sprach sich Wilde für eine Verbreitung des ästhetischen Geschmacks und eine Reform des Wohnstils aus. Er lobte die schlichten Möbel der puritanischen Einwanderer New Englands und beklagte die häßlichen Öfen, Möbel und Tapeten moderner Fabrikation genauso wie die dorischen Säulen und korinthischen Schornsteine New Yorks oder den Wasserturm von Chicago. Die Schönheit handwerklicher Kunst war es, zu der ein Amerika zurückfinden sollte, das genau wie England dem kommerziellen Geist verfallen war. *Ich finde, was Ihre Leute hier brauchen, ist nicht so sehr erhabene Kunst (high imaginative art) als vielmehr das, was die Gefäße des alltäglichen Gebrauchs heiligt,* sagte er in seinem Vortrag über Hausschmuck. *Das Kennzeichen aller guten Kunst ist nicht, daß das Stück Arbeit genau oder fein ausgeführt ist – eine Maschine kann das genauso gut tun –, sondern daß es mit des Handwerkers Kopf und Herz entworfen worden ist.*[71]

Es waren im wesentlichen die Ideen von John Ruskin und William Morris, die Wilde in Amerika verkündete. William Morris (1834 bis 1896) gehörte zu jenen Nachfolgern der Präraffaelitischen Bruderschaft, die, von den Lehren Ruskins angeregt, diese in die Tat umzusetzen versuchten. 1859 baute er zusammen mit dem Architekten Philip Webb das berühmte Red House in Bexley Heath in der Grafschaft Kent, das nicht allein eine oberflächliche Imitation des gotischen Baustils darstellte, sondern den ernsthaften Versuch unternahm, die Grundsätze gotischer Baukunst mit den Gegebenheiten des 19. Jahrhunderts zu vereinen. Das Ergebnis war ein für die damalige Zeit revolutionäres rotes Ziegelhaus mit steilem Ziegeldach, von gedrängter, funktioneller Struktur, ohne Schmuck oder Verkleidung, mit kleinen Fensterscheiben, einem niedrigen, aber breiten Eingang und einer massiven Tür, ein Stil, der die englische Architektur bis in die heutige Zeit entscheidend beeinflußt hat.

Die Inneneinrichtung wurde diesem Stil entsprechend von Morris und seinen Freunden entworfen, Entwürfe, die schließlich zur Gründung einer eigenen Firma zur Herstellung dekorativer Kunst führten. «Wir fanden, ich und besonders mein Freund, der Architekt, daß die gesamte handwerkliche Kunst [all the minor arts] sich vor allem in England in einem Zustand des vollkommenen Verfalls befanden, und entsprechend machte ich es mir 1861 mit dem eitlen Mut eines jungen Mannes zur Aufgabe, all dies zu reformieren», schrieb Morris 1883 im Rückblick auf sein Leben.[72] Auf allen Gebieten der Innenarchitektur und des Kunsthandwerks wurde Morris rührig. Zusammen mit Dante Gabriel Rossetti, Ford Madox Brown, Burne-Jones und P. Webb entwarf er Tapeten, Glasfenster, Holz- und Metallarbeiten, Möbel und Stoffe und fertigte die Gegenstände auch weit-

William Morris. Fotografie

gehend selbst an. Er begründete damit jene Bewegung des Kunsthandwerks, die nicht nur den Wohnstil der Zeit veränderte, sondern auch das moderne Kunstgewerbe hervorbrachte. Seine Gedanken einer allgemeinen Lebensreform führten ihn schließlich zur Sozialkritik. «Sowohl meine geschichtlichen Studien als auch mein tatsächlicher Konflikt mit dem Philistertum der modernen Gesellschaft haben mir direkt die Überzeugung aufgezwungen, daß Kunst unter dem gegenwärtigen System des Kommerzialismus und der Gewinntreiberei kein eigenes Leben und Wachstum haben kann.»[73] Seit 1878 verfocht er diesen Gedanken öffentlich in Vorträgen, trat 1883 der Sozialdemokratischen Föderation bei, aus der schließlich 1884 unter seiner Führung die Sozialistische Liga erwuchs. Vielseitig begabt, erlangte er auch als Dichter und Schriftsteller einen Namen und sollte nach Tennysons Tod sogar Poeta laureatus werden, eine Ehrung, die er jedoch zurückwies.

Von Wilde an Morris ist nur ein Brief erhalten, undatiert, aber vermutlich im Frühjahr 1891 geschrieben, also in der Zeit der ersten literarischen Erfolge Wildes. In seiner überschwenglichen Art dankt er Morris für ein signiert übersandtes Buch. *Ich habe schon immer empfunden, daß Ihr Werk aus dem reinen Entzücken entspringt, schöne Dinge herzustellen: daß kein anderes Motiv Sie je interessiert: daß in der Intensität des Strebens wie in seiner Vollendung alles reine Kunst ist, was Sie tun. Doch weiß ich, daß Sie das Trompetengeschmetter hassen. Ich liebe Ihr Werk schon seit meiner Jugend: ich werde es immer lieben. Dies und mein Dank ist alles, was ich Ihnen zu sagen habe.*[74] Von Morris an Wilde dagegen ist kein Brief erhalten, und die Bemerkungen über ihn sind spärlich und ein wenig spöttisch, so wie diese über ihre erste Begegnung, vermutlich 1881, also noch vor Wildes Amerika-Reise. «Haben Dir die Kinder erzählt», schreibt er seiner Frau, «wie ich Oscar Wilde bei den Richmonds traf? Ich muß gestehen, daß es mit Oscar Wilde genauso steht wie mit dem Teufel, der schwärzer gemalt wird, als er ist; nicht, daß er nicht ein Narr [ass] wäre: was er sicherlich ist und intelligent dazu ...»[75]

Hatte Wilde auch von Ruskin und Morris die Grundgedanken seiner kunstkritischen Lehren zur Reform der Wohnkultur übernommen, so war der Stil ihrer Verkündung doch sein eigener. Vor allem auf dem Gebiet der Kleidungsreform hatte noch keiner der Ästheten vor ihm so revolutionäre Ideen ausgesprochen und verwirklicht. In England waren seine Auftritte in origineller Kleidung noch vereinzelt gewesen, in Amerika wurden sie zur Regel. Man erwartete, daß er als Ästhet gekleidet erschien, und er tat es auch. Bei seinem ersten Vortrag trug er die nun schon bekannten Kniehosen aus schwarzem Samt, Seidenstrümpfe, Schnallenschuhe, ein Frackjackett mit weißer Weste und jenem weichen Hemd mit weitem Kragen und weißer Krawatte, das er schon in London gezeigt hatte. Dazu ließ er seine Haare lang gewellt bis in den Nacken fallen. *Ein weiterer Grund, warum ich diese Kleidung trage, basiert auf einem Prinzip, denn lebende Dichter haben Prinzipien, und das ist, daß man tun sollte, was man lehrt. William Morris, der Verfasser jenes exquisiten «Earthly Paradise», verkündet prophetisch die Lehre von künstlerischer Kleidung als eine Voraussetzung für die Erneuerung wahrer Kunst; aber selbst läuft er in der schäbigsten und häßlichsten Kleidung des 19. Jahrhunderts herum.*[76] So lobte Wilde die malerische Kleidung der Goldgräber und Bergleute im Westen des Landes, von denen er annahm, sie läsen insgeheim Bret Harte. *Sie sind jedenfalls fast genauso lebendig wie seine Goldgräber und genauso freundlich.*[77] Dennoch beeindruckte er sie weniger mit seinen ästhetischen Lehren – Botticelli hielten sie für einen neuen Drink – als mit seiner Eß- und Trinkfestigkeit.

Dieser Gegensatz zwischen seinem Ruf als Ästheten und seiner Erscheinung und Natur löste wiederholt Erstaunen aus, vor allem bei seinen Feinden, die ihn als Weichling bloßzustellen suchten. Wie schon aus seiner Oxforder Zeit berichten verschiedene Anekdoten aus Amerika davon; sei es, daß man versuchte, ihn unter den Tisch zu trinken, sei es, daß man andere Beweise seiner Mannhaftigkeit forderte; stets scheint Wilde seine Gegner durch seine Körperkraft und sein Fassungsvermögen verblüfft zu haben.[78] Auch seine etwas linkisch erscheinende große, korpulente Gestalt und sein volles, ovales Gesicht ließen sich nur schwer mit dem Bild eines graziösen, ästhetischen Jünglings in Einklang bringen.

Es ist der gleiche Gegensatz, der zwischen seinem spektakulären Auftreten als Apostel der Ästheten und dem Eindruck bestand, den er im persönlichen Gespräch machte. Swinburne verwunderte sich darüber, wie der folgende Brief zeigt. «Ich habe Mr. Oscar Wilde nur ein einziges Mal gesehen, und zwar bei einem Riesenempfang bei unserem Bekannten, Lord Houghton. Ich hatte den Eindruck, daß er ein harmloser junger Niemand sei, und hatte keine Ahnung, daß er auch den Marktschreier spielen kann, was er ja offensichtlich tat. Der Brief, den er mir kürzlich über Walt Whitman schrieb, war durchaus zurückhaltend, eines Gentleman würdig und vernünftig, ohne jeden Überschwang und ohne Künstelei irgendwelcher Art im Inhalt oder Ausdruck. Es ist wirklich sehr eigenartig. Ich könnte mir vorstellen, daß Sie in Amerika seinen Namen genauso über haben, wie wir in London den von Mr. Barnum und seinem Jumbo.»[79]

Seine Plädoyers für die Schönheit der alltäglichen Gebrauchsgegenstände pflegte Wilde mit Episoden seiner Reise zu illustrieren. *Als ich in San Francisco war, besuchte ich häufiger das chinesische Viertel. Dort beobachtete ich öfters einen großen, schwerfälligen Chinesen und sah, wie er jeden Tag seinen Tee aus einer kleinen Tasse trank, die so zart in der Struktur war wie ein Blütenblatt, während man mir in allen großartigen Hotels des Landes, wo Tausende von Dollars für gewaltige vergoldete Spiegel und prunkvolle Säulen verschwendet wurden, meinen Kaffee oder meine Schokolade in Tassen gab, die 3 cm dick waren. Ich meine, daß ich etwas Besseres verdient habe.*[80] Über die Notwendigkeit der Kunsterziehung Jugendlicher sagte er: *Ich habe nur e i n e solche Schule in den Vereinigten Staaten gesehen und diese lag in Philadelphia und war von meinem Freund, Mr. Leland, gegründet worden. Ich bin gestern dort gewesen und habe einige der Arbeiten heute nachmittag mitgebracht, um sie Ihnen zu zeigen. Hier sind zwei geschlagene Messingteller: die Muster darauf sind reizend, die Ausführung ist einfach, und das ganze Ergebnis ist befriedigend. Die Arbeit ist von einem kleinen Jungen von zwölf Jahren angefertigt worden. Dies hier ist eine hölzerne Schale, die von einem dreizehnjährigen Mädchen verziert wurde. Das Muster ist lieblich, und die Farben sind zart und wohlgefällig. Hier sehen Sie eine wunderschöne Holzschnitzarbeit, die von einem neunjährigen Jungen angefertigt wurde. Bei solchen Arbeiten wie diesen lernen die Kinder die Aufrichtigkeit der Kunst. Sie lernen den Lügner in der Kunst verachten – den Mann, der Holz anmalt, so daß es wie Eisen aussieht, oder Eisen wie Stein. Es ist eine praktische Schule der Moral. Keinen besseren Weg gibt es, um die Natur lieben zu lernen, als über das Verständnis der Kunst. Sie ehrt jede Blume auf dem Felde. Und der Junge, der die Schönheit eines fliegenden Vogels in Holz oder auf der Leinwand dargestellt sieht, wird wahrscheinlich nicht den üblichen Stein werfen.*[81]

Der eindringliche, überzeugende Ton dieses Plädoyers verwirrt, stellt man es neben den frivolen Brief Wildes an seinen Freund James Whistler, der leider nicht datiert ist, aber vermutlich aus dieser Zeit stammt. *Mein lieber Jimmy, man «nimmt mich ernst» hier. Ist das nicht schrecklich? Was hättest Du getan, wenn es Dir geschehen wäre? Dein Oscar.*[82] Es ist die gleiche Gegensätzlichkeit im Wesen Wildes, die auch zuläßt, daß selbstlose Hilfsbereitschaft und berechnender Egoismus unvereint nebeneinander stehen. Erstere zeigte er dem jungen Bildhauer John Donoghue gegenüber, dem er durch seine Empfehlungen zu Ansehen und Geld verhalf, beide Eigenschaften zusammen gegenüber seinem Freund dieser Jahre, Rennell Rodd, dessen Gedichte er in den Staaten veröffentlichen half. Er brachte den Verleger J. M. Stoddart in Philadelphia dazu, die bereits in London veröffentlichten Gedichte zu drucken, und sie erschienen noch während seines Aufenthalts in Amerika in einer beschränkten Luxusausgabe mit Text und Stichen in brauner Farbe einseitig auf durchsichtigem Pergamentpapier und mit leeren apfelgrünen Zwischenblättern. Wilde schrieb ein Vorwort dazu, *es gibt niemanden, dessen Liebe zur Kunst reiner und inniger ist, dessen künstlerischer Sinn für Schönheit subtiler und delikater ist, niemanden, in der Tat, zu dem ich selbst in einem innigeren Verhältnis stehe – als der junge Dichter, dessen Verse ich mit mir nach Amerika gebracht habe*[83]. Sorgfältig überwachte er die Ausstattung des Bandes und sorgte dafür, daß Rodd ein Vorschuß gezahlt wurde. Aber er nutzte gleichzeitig die Gelegenheit dieser amerikanischen Neuauflage unter seiner Regie, um die Widmung des Dichters an dessen Vater zu seinen Gunsten zu verändern.

Oscar Wilde
dem «Herzensbruder»
diese wenigen Lieder und viele die noch folgen

Als zu überschwenglich lehnte Rodd später diese Widmung ab und ließ sie aus allen verbleibenden Exemplaren streichen.[84]

Wildes Selbstlosigkeit und Mitgefühl waren nicht stark genug, um seine Eitelkeit und seinen Egoismus zu überwinden. So wird auch die Ernsthaftigkeit seiner ästhetischen Lehren wieder in Frage gestellt, liest man seine Reaktion auf die Reklame, die für ihn gemacht wurde. *Ich erscheine jetzt sechs Fuß hoch (mein Name auf den Plakaten), gedruckt allerdings in jenen Grundfarben, gegen die ich dauernd ankämpfe; aber dennoch bedeutet es Ruhm, und alles ist besser, als tugendhaft und unbekannt zu sein, selbst der eigene Name abwechselnd in Königsblau und Magentarot und sechs Fuß groß ...*

Mary Anderson. Holzstich, 1883

Ich fühle, ich habe nicht umsonst gelebt.[85] Selbst wenn diese Worte im Scherz geschrieben sind, so zeigen sie doch, wo der Wurm sitzt.

Es ist müßig zu betonen, daß Wilde seine Reise auch nutzte, um alle berühmten amerikanischen Dichter und Schriftsteller aufzusuchen. *In Boston dinierte ich mit Oliver W. Holmes, frühstückte mit Longfellow, aß zu Mittag mit Wendell Philips und wurde königlich behandelt.*[86] Er traf mit Walt Whitman zusammen – *mein lieber, lieber Walt* nannte er ihn –, dem er die Grüße Swinburnes überbrachte, und mit Mrs. Emma Speed, der Nichte des Dichters John Keats, die ihm das Manuskript von Keats' «Sonnet on Blue» sandte, das er in seinem Vortrag zitiert hatte und das er besonders schätzte.

Auch mit den führenden Schauspielerinnen versuchte er sich anzufreunden, um so schon die Aufführungen seiner Theaterstücke anzubahnen. *Ich kann das Textbuch nicht schreiben, bevor ich Sie nicht gesehen und mit Ihnen gesprochen habe. Alle guten Stücke sind eine Verbindung von dem Traum eines Dichters und jener persönlichen Kenntnis des Schauspielers, die der Handlung Konzentration verleiht, die Situationen verdichtet und die an Stelle des poetischen Akzents der Beschreibung den dramatischen Akzent des Lebens setzt. Ich habe viel, über das ich mit Ihnen sprechen muß, da ich, seit ich Sie sah, viel darüber nachgedacht habe, was Sie in der Kunst und für die Kunst vollbringen könnten. Ich möchte, daß Sie neben den größten Schauspielerinnen der Welt rangieren. Ich wünsche, daß Ihr Triumph über den Tag hinaus für alle Zeiten gilt, und da mein Glaube an Sie so makellos wie innig ist, zweifle ich nicht einen Moment, daß ich für Sie ein Stück schreiben kann und werde, das – für Sie geschaffen und von Ihnen inspiriert – Ihnen den Ruhm der Rachel und mir den Ruhm eines Hugo einbringt.*[87]

Diese Zeilen waren an Mary Anderson gerichtet, eine erfolgreiche amerikanische Schauspielerin, für die er, vertraglich gebunden, gegen eine Vorauszahlung von 1000 Dollar ein Theaterstück schrieb. Die Verhandlungen, die zum Abschluß dieses Vertrags führten, zeigen die schwierige Lage, in der sich ein junger Dramatiker befand, der gezwungen war, von seiner Kunst zu leben, und sich um Anerkennung bemühte. Nach langwierigen Verhandlungen mit dem Stiefvater und Manager der Schauspielerin – *wie lange es zu dauern scheint, bis man irgend etwas Geschäftliches erledigt bekommt!* schrieb er ihr, *Sie und ich hätten es alles in fünf Minuten erledigen können* – einigte man sich darauf, daß Wilde 1000 Dollar als Vorauszahlung bekommen sollte, weitere 4000 Dollar nach der Auslieferung, aber nur, wenn die Schauspielerin, für die es geschrieben war, das Stück akzeptierte. Wilde schrieb für sie *The Duchess of Padua* [*Die Herzogin von Padua*] und mußte, nachdem er ihr das Stück übersandt hatte, erfahren, daß es ihr nicht gefiel. Die ursprünglichen 1000 Dollar waren also alles, was er für das Schreiben dieses Stücks erhielt, ganz abgesehen von der Enttäuschung, daß es nicht aufgeführt wurde. Gewiß konnte er es einer anderen Schauspielerin oder einem Schauspieldirektor anbieten, aber der Ruf der Ablehnung wirkte wie ein Stigma.

Liest man die erhaltenen Briefe Wildes über seine Amerika-Reise, so gewinnt man, trotz seiner Neigung zu übertreiben, den Eindruck eines erfolgreichen Unternehmens, erfolgreich zumindest für Wilde persönlich. Die bescheidenen Hoffnungen, die er zu Beginn seiner Reise aussprach, scheinen erfüllt worden zu sein. *Ich wäre sehr enttäuscht, wenn ich bei meiner Rückkehr nach Europa nicht den Eindruck hätte, den wachsenden Sinn für Kunst in diesem Lande in noch so geringem Maße beeinflußt zu haben, sehr enttäuscht, wenn ich nicht von den Vielen, die mir zugehört haben, eine Person dazu gebracht hätte, schöne Dinge ein wenig mehr zu lieben und sehr enttäuscht, wenn ich als Entgelt für die schrecklich harte Arbeit des Vortragens – hart für mich, der ich unerfahren bin – nicht genug Geld verdient hätte, um mir wenigstens einen Herbst in Venedig, einen Winter in Rom und ein Frühjahr in Athen zu gönnen.*[88] Sein Traum von einem Dreivierteljahr sorgloser Reisen blieb jedoch ein Traum.

Noch einmal ist Wilde im August/September 1883 zu einem kurzen Besuch anläßlich der Erstaufführung seines Theaterstücks *Vera* nach New York zurückgekehrt. Doch das Stück hielt sich nicht, und auch später, besonders nach seiner Entlassung aus dem Gefängnis, erfüllten sich Wildes Hoffnungen, die er auf Amerika als Geldquelle setzte, nicht. Amerika blieb für ihn ein Land mit provinziellem Geschmack. *Die Städte Amerikas sind ungewöhnlich langweilig,* schrieb er spöttisch fünf Jahre später in dem Gesellschaftsjournal «Court and Society Review». *In Boston nimmt man die Gelehrsamkeit zu ernst; Kultur ist dort etwas, was man sich erarbeitet, und nicht ein Fluidum ... Chicago ist eine Art von monströsem Laden, langweilig und laut. Das politische Leben in Washington gleicht dem politischen Leben in dem Gemeindesaal einer Vorstadt. Baltimore ist eine Woche lang amüsant, aber Philadelphia ist schrecklich provinziell; und obwohl man in New York speisen kann, kann man dort nicht leben.*[89]

Einen besseren Eindruck gewann er von den jungen Amerikanerinnen, deren unbefangenen natürlichen Charme er besonders hervorhob. *Sie sind drollig keck, entzückend eitel und haben ein natürliches Selbstbewußtsein. Sie bestehen darauf, Komplimente zu hören, und haben es fast erreicht, die Engländer beredt zu machen. Unsere Aristokratie bewundern sie innig, beten Titel an und bilden eine ständige Bedrohung der republikanischen Grundsätze ... Ihre Konversation klingt wie eine Reihe explodierender Knallfrösche; sie sind bezaubernd unverständlich und verwenden eine Art primitiv emotionaler Sprache.* Sie haben nur einen Fehler: ihre Mütter, die ganz im Gegensatz zu ihnen langweilig, schlampig oder schwermütig seien, trotz aller Versuche amerikanischer Kinder, ihre Eltern zu erziehen. *Sie scheuen überhaupt keine Mühe, ihre Eltern ordentlich zu erziehen ... Von jung auf verbringt jedes amerikanische Kind die meiste Zeit damit, die Fehler seines Vaters und seiner Mutter zu verbessern.*

In seinen Werken tauchen immer wieder spöttische Bemerkungen über die Amerikaner auf. Sie behandeln die gleichen Themen: ihren Reichtum, ihren Kommerzialismus und ihr Streben nach europäischer Kultur, nach Mode und nach Titeln. Nur zart klingt Wildes Bewunderung für ihre natürliche Unbefangenheit durch, eine Zuneigung, die von vielen Engländern geteilt wurde. *Die Engländer sind weitaus mehr an dem ungehobelten Amerika interessiert als an der amerikanischen Zivilisation,* heißt es in dem gleichen Artikel. Es war die Zeit, in der Buffalo Bill die Londoner Salons eroberte.

DIE ZWISCHENZEIT

Die Jahre unmittelbar nach Wildes Rückkehr aus Amerika sind schwer zu charakterisieren. Es war eine Zeit, in der er versuchte, eine Position zu finden, die seinen gesellschaftlichen und finanziellen Ansprüchen entsprach; eine Zeit, die anhielt, bis es ihm gelang, seine

Robert Sherard. Fotografie

ersten literarischen Erfolge zu erringen. Er selbst empfand den starken Einschnitt. *Der Wilde der ersten Phase ist tot,* sagte er von sich.[90] Nicht daß es eine Wandlung gewesen wäre: zu keinem Zeitpunkt in Wildes Leben trat eine Wandlung ein, nicht einmal im Gefängnis. *Ich weiß*, schrieb er später, *daß es so etwas wie ein verändertes Leben* (*changing one's life*) *nicht gibt: man wandert lediglich in dem Kreis der alten Persönlichkeit immer wieder herum.*[91] Es war ein neuer Auftritt eines reiferen Wilde. Die Ziele blieben die gleichen, nur die Taktik hatte sich geändert. Der ästhetische Clown wich dem seriösen Kunstkritiker, die phantastische Samtkleidung dem konventionellen Dress des 19. Jahrhunderts. Wilde war zu Kompromissen mit der Gesellschaft bereit.

Noch in Amerika hatte Wilde große Pläne für die Zukunft gehabt. *Ich werde in Japan sein, unter einem Mandelbaum sitzen, bernsteinfarbenen Tee aus blauweißen Tassen trinken und eine dekorative Landschaft betrachten.*[92] Sogar um Empfehlungsschreiben hatte er sich schon bemüht. Eine Vortragsreise nach Australien war ebenfalls geplant, doch keiner dieser Pläne konnte verwirklicht werden. Ein dreimonatiger Besuch in Paris war alles, was sich Wilde von seinem in Amerika verdienten Geld leisten konnte.

Von Robert Sherard, der Wilde in Paris kennenlernte und lange Jahre sein Freund blieb, wird der Wilde dieser Zeit als groß und graziös beschrieben, mit der Erscheinung eines Dandy, hinter der sich der Athlet vermuten ließ. Sein Gesicht sei nicht direkt hübsch, doch läge solche Schönheit in der strahlenden Intelligenz seiner Augen, daß ihn der erste Eindruck überrascht, der zweite jedoch mit grenzenloser Bewunderung erfüllt habe.[93] Allerdings hat diese Bewunderung vermutlich nur jüngere Freunde erfaßt, denn Sherard fügt hinzu, daß Wilde in Paris allgemein keinen Erfolg errungen habe. Angesichts der Schwierigkeit, Paris zu erobern, habe er den Bogen überspannt, sich überschlagen und so den Eindruck der Unaufrichtigkeit

Das Opernhaus in Paris. Fotografie vom Ende des 19. Jahrhunderts

erweckt. Edmond de Goncourt bestätigt diesen Eindruck in seinem Tagebuch, wo er Wilde als «dieses Individuum zweifelhaften Geschlechts, mit seiner Possenreißersprache und seinen Aufschneidereien» beschreibt.[94] Sein auffälliger, pelzgefütterter Mantel, der an Pariser Börsenmakler erinnerte, wie auch seine Frisur, der Büste Neros im Louvre nachgebildet, und sein Spazierstock aus Elfenbein mit einem Knopf aus Türkis, eine Imitation von Balzacs Stock, mögen dazu beigetragen haben, diesen Eindruck zu erwecken.

Dennoch gelang es Wilde, außer de Goncourt noch Verlaine, den todkranken Hugo, Mallarmé, Zola, Degas und Alphonse Daudet kennenzulernen. Er erneuerte seine Bekanntschaft mit Sarah Bernhardt und genoß diese Phase finanzieller Sorglosigkeit. Er vollendete *The Duchess of Padua* für Mary Anderson und lehnte sogar eine Einladung nach Rom ab. ... *ich stecke zur Zeit tief in literarischer Arbeit und kann mich nicht aus meinen kleinen Räumen über der Seine bewegen, bis ich zwei Stücke beendet habe.*[95] Zwei seiner längeren Gedichte, *The Sphinx* [*Die Sphinx*] und *The Harlot's House* [*Das Hurenhaus*], wurden ebenfalls in dieser Zeit begonnen.

Im Frühjahr 1883 kehrte Wilde nach London zurück und begann erneut mit seinen Bemühungen, die materielle Basis seines Lebens

Im Pelzmantel. Foto Alfred Ellis und Wallery, London

abzusichern. Die Ablehnung seines Dramas durch Mary Anderson hatte ihm die Schwierigkeit bestätigt, allein von seiner literarischen Arbeit zu leben, dazu in einem Lebensstil, wie er ihn für sich beanspruchte. Ein Brief aus den späten achtziger Jahren an einen unbekannten jungen Schriftsteller mag sehr wohl der Charakterisierung seiner eigenen Karriere dienen:

Was Ihre Aussichten auf dem Gebiet der Literatur angeht, so glauben Sie mir, daß es unmöglich ist, allein von der Literatur zu leben. Mit dem Journalismus kann sich ein Mann ein Einkommen verdienen, aber selten mit rein literarischer Arbeit.

Ich möchte Ihnen daher dringend raten, irgendeinen Beruf, wie den des Privatlehrers, zur Grundlage Ihres Lebensunterhalts zu machen und sich die Literatur für die erhabensten, seltensten Augenblicke aufzusparen. Die beste literarische Arbeit wird immer von denen geleistet, die nicht ihr tägliches Brot damit verdienen müssen, und die höchste Form der Literatur, die Dichtkunst, bringt dem Sänger keinen Reichtum. Um Ihr Bestes geben zu können, brauchen Sie Muße und Unabhängigkeit von schäbigen Sorgen.

Es ist immer schwierig, einen Rat zu geben, aber da Sie jünger sind als ich, wage ich es zu tun. Bringen Sie Ihrer Kunst ein Opfer, und Sie werden belohnt; doch wenn Sie von der Kunst erwarten, daß sie sich für Sie opfert, werden Sie wahrscheinlich bitter enttäuscht. Ich hoffe, daß Sie es nicht werden, aber es besteht immer die schreckliche Möglichkeit.

Bei Ihrer Erziehung sollte es Ihnen nicht schwerfallen, eine Stellung zu bekommen, die es Ihnen ermöglicht, ohne Sorgen zu leben und die Literatur für die glücklichsten Stimmungen aufzubewahren. Um dieses Ziel zu erreichen, sollten Sie bereit sein, etwas von Ihrem natürlichen Stolz aufzugeben; aber da Sie die Literatur so sehr lieben, kann ich es mir nicht vorstellen, daß Ihnen das nicht gelänge.

Und ein Letztes, bedenken Sie, daß London voller junger Leute ist, die nach literarischem Erfolg streben, und daß Sie sich Ihren Weg zum Ruhm selbst bahnen müssen. Lorbeeren werden einem nicht geschenkt.[96]

Ein gereifter, ernsthafter Wilde spricht aus diesen Zeilen, enttäuscht über die literarischen Mißerfolge jener ersten Jahre seiner ästhetischen Apostelschaft, in denen er ausgezogen war, *die Welt in Brand zu stecken*[97]. Doch das Opfer, das er um der Literatur willen forderte, mit der Gesellschaft einen Kompromiß zu schließen, war zugleich die Versuchung, der er selbst nur allzu gern erlag. Der materielle Wohlstand, den er als die Voraussetzung aller guten Literatur ansah, wurde allzu leicht Selbstzweck; die Muße und Freiheit von alltäglicher Sorge bildete das Ende aller Bemühungen. Wenn die

Mit der Nero-Frisur. Karikatur von Ape. «Vanity Fair», Mai 1884

treibende Kraft zu schreiben fehlt, bleibt es trotz aller Muße bei dem Genuß der Literatur – der anderen. Wilde merkte dies nach seiner Rückkehr aus Paris. *Ich arbeite schwer am Faulenzen,* schrieb er an seinen neuen Freund Sherard, *späte Nächte und ausgehungerte Morgen folgen aufeinander. Ich wünschte, ich wäre wieder in Paris, wo ich so gut arbeiten konnte. Doch die Gesellschaft will verblüfft werden, und meine Nero-Frisur hat sie verblüfft.*[98]

Das Spiel mit der Gesellschaft verdrängte vorerst seinen Wunsch zu schreiben. Dennoch mußte er Geld verdienen. Die erste Möglichkeit bot sich durch eine Vortragsreise in die englischen Provinzen, als herumziehender *Vagabund mit einer Mission*[99]. Er sprach im wesentlichen über die gleichen Themen wie in Amerika: *The House Beautiful* (Das schöne Haus), *The Value of Art in Modern Life* (Die Bedeutung der Kunst im modernen Leben), *Dress* (Kleidung) und darüber hinaus über *Personal Impressions of America* (Persönliche Eindrücke von Amerika). Im September 1883 begann seine erste Tournee mit über 150 Vorträgen binnen eines Jahres, um *die Provinzen mit meinen bemerkenswerten Vorträgen zu zivilisieren*[100].

In Amerika hatte Wilde seine Kleidungsprinzipien selbst verwirklicht, bei seinen Reisen durch die englischen Provinzen beschränkte er sich darauf, über diese Reformideen zu sprechen, und erschien als «ein wohlproportionierter, gut aussehender Gentleman, gekleidet in einen tadellos sitzenden Frack mit hellen Hosen, der mit natürlicher Würde und dabei doch gelassen und graziös auftrat und seinen Vortrag mit resonanter, wohlklingender Stimme in höchst interessantem Stil hielt»[101].

Dabei plädierte er für schlichte Schönheit wie für Zweckmäßigkeit der Kleidung, bekämpfte das Korsett, das Fischbeinmieder, den Vertugadin, den Reifrock, die Krinoline und *auch jene Monstrosität, die sogenannte Tournüre.* Statt dessen empfahl er den Damen, alle Gewänder von den Schultern lose herunterhängen zu lassen. *Größere Gesundheit wäre die Folge, und somit auch größere Schönheit.* Seine ideale Männerkleidung war die des ausgehenden 17. Jahrhunderts, *was Behaglichkeit, Wärme und Bequemlichkeit angeht,* obwohl er gleichzeitig betonte: *Ich plädiere nicht für irgendeine antiquierte Wiedererweckung des altertümlichen Gewandes, sondern versuche lediglich die richtigen Gesetze für Kleidung aufzuzeigen, Gesetze, die von Kunst bestimmt werden und nicht von der Archäologie, von naturwissenschaftlichen Erkenntnissen und nicht von der Mode; und so wie heute das beste Kunstwerk dasjenige ist, das klassische Grazie mit absoluter Realität verbindet, so bin ich überzeugt, daß aus einer Kombination des griechischen Schönheitsideals mit dem deutschen Gesundheitsprinzip die Kleidung der Zukunft entstehen wird.*[102] Es

Viktorianische Mode: die «Tournüre». Aus «Sylvia's Home Journal», 1881

war die wollene Gesundheitskleidung des deutschen Naturforschers Gustav Jäger, auf die sich Wilde hier bezog und die G. B. Shaw später popularisierte.

Seine Vorstellungen von kunstgerechter Inneneinrichtung dagegen verwirklichte Wilde – soweit das Geld reichte – selbst, in seinem nach der Hochzeit erworbenen Haus Nummer 16, Tite Street, in dem Künstlerviertel Chelsea in London. E. W. Godwin entwarf die Dekorationen, James Whistler die Farbkompositionen. An das Ergebnis erinnerte sich Wildes Sohn, an das Studierzimmer in Rot und Gelb, das weiße Eßzimmer mit seinen hellblauen und gelben Tönen, den Chippendale-Möbeln und dem aufgestellten Familiensilber, an die chinesischen Ornamente im Wohnzimmer, an die Lincrusta-Tapete im Rauchzimmer mit ihrem William-Morris-Muster in Dunkelrot und stumpfem Gold.[103] *Ich werde von Ausgaben überwältigt*, stöhnte er seinem Architekten vor.[104] Nach einem zweiten vergeblichen Versuch, mit Hilfe eines Freundes aus Oxford eine Stellung als Schulinspektor zu erlangen, wandte er sich daher stärker dem Journalismus zu.

Ab März 1885 arbeitete Wilde regelmäßig als Rezensent für die Zeitschrift «Pall Mall Gazette», in der er schon vorher verschiedene Aufsätze veröffentlich hatte. Auch für andere Zeitschriften schrieb er gelegentlich, für «Dramatic Review», «World», «Nineteenth Century» und «Court and Society Review».

Ein noch stärkeres Engagement in dieser Richtung brachte das An-

16, Tite Street im Londoner Stadtteil Chelsea

gebot vom Frühjahr 1887, die Neugestaltung und Edition einer monatlichen Frauenzeitschrift zu übernehmen. Wilde akzeptierte mit großem Eifer und begann zugleich mit Vorschlägen, die sowohl sein eigenes gesellschaftliches Ansehen als auch das der Zeitschrift festigen sollten. *Die «Lady's World» sollte das anerkannte Sprachrohr werden für die Meinungen der Frau über alle Gebiete der Literatur, der Kunst und des modernen Lebens, und dennoch sollte es ein Magazin sein, das der Mann mit Vergnügen lesen kann und an dem mitzuarbeiten er als Ehre ansähe. Wir sollten, wenn möglich, die Prinzessin Louise und die Prinzessin Christian zu Beiträgen bewegen ...*[105]

Voller Begeisterung für seine neue Aufgabe begann Wilde eine umfangreiche Korrespondenz mit der Creme der weiblichen Gesellschaft. Das Ziel war, mit allen Mitteln Beiträge berühmter Persönlichkeiten zu bekommen. *Was auch immer Sie schreiben, es ist bestimmt höchst anregend und wertvoll,* schrieb er an Mrs. Howe, die amerikanische Schriftstellerin, die er in Boston kennengelernt hatte.[106] Nicht so sehr, was erschien, als wer erschien, war wichtig. Es war eine Zeitschrift für die Damen der Gesellschaft, von den Damen der Gesellschaft geschrieben, und Wildes feiner Spürsinn für die ungeschriebenen Gesetze der Gesellschaft half ihm bei seiner Arbeit. *Ich glaube nicht, daß das gesellschaftliche Leben in den Kolonien interessant genug ist, meine Bitte um eine Reihe von Briefen zu rechtfertigen, aber ich würde mich freuen, einen Artikel über die koloniale Gesellschaft im allgemeinen zu erhalten, mit einem Bericht über ihre Lebensart, ihre Vergnügungen, die gesellschaftlichen Abstufungen und Unterscheidungen, und, wenn möglich, über die intellektuellen und künstlerischen coteries.*[107]

Schon hier, bei seiner Redaktionsarbeit, hat die Gesellschaft die gleiche Funktion wie in seinen späteren Gesellschaftsdramen. Das Bild der Gesellschaft soll die Gesellschaft unterhalten. Nur ist die Darstellung der Gesellschaft hier noch völlig ernsthaft, während sie später wie in einem Zerrspiegel erscheint. Wilde hatte noch nicht jene durch Erfolg gesicherte Stellung, die es ihm erlaubte, überlegen zu spotten. Noch folgt er wie ein Seismograph ihren feinsten Regungen. So setzte er die Namensänderung der Zeitschrift von «Lady's World» in «Woman's World» bei der Verlagsdirektion durch, weil einige Damen an dem ersten Titel Anstoß genommen hatten. *Der gegenwärtige Name hat einen gewissen Beigeschmack des Vulgären, der dem Erfolg der neuen Edition immer im Wege stehen wird ...*[108]

Wie bei seiner Begeisterung für Hellenismus, Katholizismus, Freimaurertum und Ästhetizismus suchte Wilde auch hier eine Mis-

sion, für die er sich einsetzen konnte. Er begnügte sich nicht damit, eine Zeitschrift zu bringen, mit *albernem Klatsch über alberne Leute, mit ihren gesellschaftlichen Nichtigkeiten,* sondern suchte eine Zeitschrift zu gründen, die den geistigen Trend der gebildeten Frau jener Zeit verkörperte. *Ich bin sehr bemüht, daß diejenigen, die wie Sie eine Universitätsbildung genossen haben, ein Sprachrohr erhalten, durch das sie ihre Ansichten über das Leben und andere Dinge zum Ausdruck bringen können.*[109] Allerdings stand daneben das finanzielle Motiv. *Ich bin entschlossen, mich ganz in dieses Vorhaben zu stürzen, und habe schon meine Mitarbeit an verschiedenen Zeitschriften aufgeben müssen. Ich hoffe, Sie werden dies anerkennen,* schrieb er zu Beginn der Verhandlungen an den Verlagsleiter, *und darauf sehen, daß das Gehalt dann beginnt, wenn die Arbeit beginnt.*[110]

Trotz aller Geschäftstüchtigkeit und aller Beziehungen war Wildes Begeisterung von kurzer Dauer. Denn er war *nach Veranlagung und*

Neigung äußerst träge und sah gepflegten Müßiggang als die einzig menschenwürdige Beschäftigung an.[111] *Die Erwählten existieren, um nichts zu tun,* heißt es in *The Critic as Artist* [*Kritik als Kunst*]. Im November 1887 erschien die erste Ausgabe der «Woman's World» mit Wildes Namen auf der Titelseite. Knapp zwei Jahre später, im Oktober 1889, gab Wilde die Redaktion auf, und ein Jahr darauf ging die Zeitschrift ein. Es war für Wilde eine Übergangsphase gewesen, ein Stadium dieser Zwischenzeit, das ihm Geld einbrachte und Zeit gewährte, gesellschaftliche wie literarische Erfolge zu sammeln.

In diese Zeit fiel auch Wildes endgültiger Bruch mit Whistler. Nie war es eine innige Freundschaft gewesen, die in eine Feindschaft hätte umschlagen können, selbst am Anfang nicht. Es verband sie eher das gemeinsame Interesse an Kunst und die gemeinsame Feindschaft gegen alle Spießer und Philister, zusammen mit einer gegenseitigen Vorliebe für geistreiche Witzeleien. In ihrer Haltung ähnelten sie sich mehr als in ihrer Überzeugung. Anfangs war es ein Lehrer-Schüler-Verhältnis gewesen. Der 22 Jahre ältere Whistler war bereits ein bekannter Künstler, als Wilde sich – soeben in Oxford graduiert – bei ihm einführte. Whistler betrachtete Wilde als seinen Famulus, und Wilde nannte ihn in einem Interview in Amerika seinen *Helden*[112].

Whistler war ein Verfechter von l'art pour l'art, hatte diese Ideen von Frankreich herübergebracht und sich gerade erst in einem aufsehenerregenden Prozeß gegen die mächtige Stimme Ruskins verteidigen müssen. Diese Verleumdungsklage gegen Ruskin gewann Whistler zwar, doch sie ruinierte ihn finanziell. Im Mai 1879 fand sein Konkursverfahren statt, seine Bilder wurden zu Spottpreisen versteigert, auch sein berühmtes, von Godwin (dem späteren Architekten Wildes) gebautes weißes Haus. Erbittert über diese Behandlung durch seine Wahlheimat (Whistler war gebürtiger Amerikaner), das Land der «Islanders», wie er die Engländer spöttisch zu nennen pflegte, verschärfte sich seine Egozentrik wie die Bitterkeit seiner Angriffe gegen Freund und Feind.

In seinen gesammelten Werken unter dem Titel «The Gentle Art of Making Enemies» ist die Folge seiner Fehden zusammengestellt. Die Auseinandersetzung mit Wilde begann zu schwelen, als dieser es wagte, einige Gedanken des «Meisters» – seiner Art entsprechend – bei einem Vortrag vor Kunststudenten in London großzügig mit seinen eigenen zu vermengen, ohne die Herkunft zu nennen. Der offene Konflikt flammte auf, als Wilde den berühmten Vortrag Whistlers im Februar 1885, seine «Ten O'Clock Lecture», kritisch besprach. *... was den Wert einer schönen Umgebung angeht, so bin ich vollkommen anderer Meinung als Mr. Whistler.*[113] Wilde bestritt, daß ein Künstler eine isolierte Erscheinung sei, und betonte statt dessen seine Abhängigkeit von Zeit und Milieu. Ebenso wandte er sich gegen Whistlers überhebliche Behauptung, nur ein Maler könne ein Gemälde beurteilen. Wilde vertrat dagegen die Meinung, daß der Maler erst wenn er ein Künstler würde, *die geheimen Gesetze künstlerischen Schaffens offenbart bekäme.* Im übrigen sei der Dichter der größte aller Künstler, *denn er sei der Meister von Farbe und Form, und der wahre Komponist dazu, und der Herr über alles Leben und alle Künste* [114].

Obwohl Wilde Whistler als einen der allergrößten Meister des Malens anerkannte (worin, wie er abschließend bemerkte, Mr. Whistler mit ihm völlig einer Meinung sei), war Whistler sehr gekränkt. Denn der einstige Famulus hatte sich zum Kritiker erhoben, hatte sich ein Urteil über den großen Meister angemaßt. Der Bruch vertiefte sich, als Whistler anderthalb Jahre später, im November 1886, seinen giftigen Angriff auf Wilde veröffentlichte. «Was hat Oscar mit Kunst gemeinsam?» heißt es darin, «außer, daß er an unseren Tischen speist und von unseren Tellern die Rosinen für seinen Pudding pickt, den er in den Provinzen verhökert. Oscar – der liebenswürdige, unverbesserliche, gefräßige Oscar –, mit weniger Verstand für ein Bild als für den Sitz eines Mantels, hat den Mut zu einer Meinung – der der anderen.»[115] Wildes Antwort darauf ist noch spöttisch gelassen: *Dies ist sehr traurig. Bei unserem James beginnt die Pöbelei vor der eigenen Tür und sollte auch dort verbleiben.*[116]

Das nächste und letzte öffentliche Wortgefecht folgte im Januar 1890. Whistler verwies erneut auf Wildes Rede vor den Kunststudenten im Jahre 1883 und wiederholte den Vorwurf des Plagiats. Doch jetzt gelang es Wilde nicht mehr, spöttisch zu antworten. *Es ist lästig für jeden Gentleman, das Geschmier eines so schlecht erzogenen und ungebildeten Menschen wie Mr. Whistler zur Kenntnis nehmen zu müssen, doch ließ Ihre Veröffentlichung seines unverschämten Briefes mir keine Wahl.*[117] Verwirrt über den böswilligen Angriff Whistlers erwiderte Wilde als entrüsteter Gentleman – und gab sich damit eine Blöße, die Whistler auch prompt voller Spott ausnutzte. Für die Boshaftigkeit nachtragender Menschen hatte Wilde kein Verständnis, er war ihnen hilflos ausgeliefert. So gerissen Wilde in geschäftlichen Dingen sein konnte, so fremd war ihm jegliche Hinterhältigkeit und Gehässigkeit.

Obwohl Wilde selbst nicht böswillig war, besaß das Böse, oder vielmehr das, was die Gesellschaft für sündhaft und damit böse hielt, für ihn eine genauso starke Anziehungskraft wie das Schöne. Bereits in seinem Vortrag über die englische Renaissance der Kunst sprach

Wilde von *einer purpurfarbenen Robe, von Sklavenhand gewebt, die über den verblaßten Körper eines leprakranken Königs geworfen wird, um die Sünden seines Luxus zu verstecken und zu schmücken,* und assoziierte in diesem Bild das Schöne mit dem sündhaft Bösen.[118] Die Sünden des Königs werden von dem Schönen, hier einer purpurfarbenen Robe, verdeckt wie geschmückt. Es ist die gleiche Verknüpfung, die später in seinen Märchen wieder erscheint. Die beiden Gedichte *The Sphinx* und *The Harlot's House,* die beide zum größten Teil in Paris entstanden, enthalten ähnliche Züge.

Dieses Spiel mit dem Bösen muß vor dem Hintergrund des *ennui* gesehen werden, jener Zeitkrankheit, die Pater in seinen «Appreciations» als «unerschöpfliche Unzufriedenheit, Sehnsucht und Heimweh» beschrieben hatte, als «endloses Bedauern, dessen Klänge die gesamte moderne Literatur durchziehen»[119]. Bei allen bedeutenden Dichtern von Byron bis Tennyson finden wir diese Stimmung. Matthew Arnold war sich ihrer bewußt, genauso wie Carlyle und Ruskin.[120]

In seinem Gedicht *Taedium Vitae* bringt Wilde die Zeit, *als meine weiße Seele zuerst den Mund der Sünde küßte,* mit dem Lebensüberdruß in Beziehung. Doch während *ennui,* von Wilde als *Feind des modernen Lebens* gesehen, eine passive Reaktion war, war die Beschäftigung mit dem Bösen, mit sündhaften Leidenschaften eine aktive Reaktion gegen eine in ihren Lebensformen erstarrte Gesellschaft, genauso wie die ihm von Pater gewiesene Jagd nach sinnlichen Erlebnissen, nach einem Leben der Ekstase.

Gegen Ende der Zwischenzeit, im Jahre 1898, erschien ein Essay Wildes, *Pen, Pencil, and Poison* [*Feder, Stift und Gift*], mit dem Untertitel *Eine Studie in Grün.* Es war eine Studie über Thomas Griffiths Wainewright (1794–1852), Kunstkritiker, Maler, Banknotenfälscher und Giftmörder, *unter dessen gekünstelter Manier so viel von einer ungekünstelten Sensibilität zu liegen schien*[121]. Die Versuchung ist groß, diesen Essay im Lichte von Wildes eigenem Leben, als prophetische Autobiographie sozusagen, zu lesen, wie Ransome es zuerst getan hat, denn er enthält viele Gedanken, die Wilde selbst treffend charakterisieren.[122] *Er war entschlossen, die Stadt* (London) *als Dandy aufzuschrecken,* und sein exzentrisches Äußeres *verlieh ihm die gefährliche und entzückende Auszeichnung, anders zu sein als die anderen ... Dieser junge Dandy strebte mehr danach, etwas darzustellen, als etwas zu leisten. Er erkannte, daß das Leben selbst eine Kunstform sei, mit eigenen Stilen, nicht weniger als die Kunstgattungen, die es zu erfassen suchten.*

Wilde hob an Wainewrights Kunstkritik hervor, was er schon von Pater und Whistler gehört hatte. Wainewright *kümmerte sich nicht um abstrakte Diskussionen über das Wesen des Schönen,* sondern suchte die komplexen Impressionen zu registrieren, die ein Kunstwerk hervorruft, wobei kein absoluter, sondern nur ein relativer Maßstab galt. «Kein Kunstwerk darf anders beurteilt werden als mit Maßstäben, die aus ihm selbst abgeleitet wurden: ob es mit sich selbst übereinstimmt oder nicht, das ist die Frage», zitierte Wilde als *ausgezeichneten Aphorismus* Wainewrights. *Er verlor nie die bedeutende Wahrheit aus dem Auge, daß sich Kunst weder an den Intellekt noch an die Gefühle wendet, sondern lediglich an das künstlerische Temperament,* an einen Kunstgeschmack also, *der unbewußt ausgebildet und vervollkommnet wird und durch den steten Kontakt mit den besten Werken schließlich die Form des richtigen Urteils annimmt.*

Doch mehr noch als Wainewrights Kunstauffassung war es die Entwicklung seiner Persönlichkeit, die Wilde interessierte, einer Persönlichkeit, die unter verschiedenen Decknamen, mit verschiedenen Masken auftrat. Denn *eine Maske sagt uns mehr als ein Gesicht,* zumal *diese Verstellungen seine Persönlichkeit intensivieren.*

Unter dem Aspekt der Entfaltung und Prägung seiner Persönlichkeit sah Wilde auch Wainewrights dunkle Seiten, seine Tätigkeit als Fälscher und Giftmörder, seine *Sünden,* wie Wilde sie nannte. Wilde beklagte, daß nichts darüber erhalten sei, *wie er zuerst von dieser eigenartigen Sünde* (des Giftmords) *fasziniert wurde,* und es scheint, als suche er nach einer Bestätigung, daß ein Leben auf der Suche nach Sinnesreizen, Impressionen und Gefühlen, nach Erlebnissen und Erfahrungen, ein voll entfaltetes, ekstatisches Leben, wie Pater es gefordert hatte, unwillkürlich zum Spiel mit dem Verbotenen, mit dem Bösen führt. Aber noch wird diese Konsequenz nicht ausgesprochen. Erst später, in *The Picture of Dorian Gray,* erscheint sie. Vorerst betonte Wilde, daß *seine Verbrechen einen wichtigen Einfluß auf seine Kunst ausgeübt zu haben scheinen. Sie verliehen seinem Stil eine starke Persönlichkeit.* Über die Auswirkungen einer Beschäftigung mit der Sünde spekulierte Wilde, nicht über ihre Ursachen. *Man kann sich vorstellen, wie eine starke Persönlichkeit durch Sünde geprägt wird.*

In dem Maße, in dem Wilde den Verlockungen des Verbotenen folgte, mußte er in einen Konflikt mit den Moralgesetzen der Gesellschaft geraten. Wilde ist hier noch vorsichtig mit seinen Forderungen. Zwar war die Wahl einer so zwielichtigen Gestalt wie Wainewright schon bezeichnend für seine Mißachtung konventioneller Moral, aber Wilde forderte nur Verständnis, keinen Freibrief. Er forderte vor allem die getrennte Beurteilung von Mensch und Werk. *Die Tatsache, daß der Mensch ein Giftmischer war, sagt noch nichts gegen seine Prosa.* Aber auch dem Menschen wünschte er verständnisvolle Behandlung, verständnisvoll dafür, daß Wainewright ästhetische über ethische Werte stellte. Mit einer gewissen Genugtuung zitierte er dessen Antwort auf den Vorwurf, seine schöne Schwägerin vergiftet zu haben. «Ja, es war eine schreckliche Tat, aber sie hatte sehr dicke Knöchel.» Das Wichtigste war, daß *seine Liebe zur Kunst ihn nie verließ.*

FRAUEN UND FREUNDE

Im Lichte des späteren Skandals ist Wildes Verhältnis zu Frauen genauso rätselhaft wie die Gründe für seine homosexuellen Neigungen. Die Zwiespältigkeit seines Wesens, die sein Verhältnis zur Gesellschaft bestimmte, scheint auch auf diesem Gebiet sein Leben beherrscht zu haben. Denn die Jahre bis zu seiner Heirat und der Geburt seiner beiden Söhne verliefen in durchaus konventionellen Bahnen, auch wenn de Goncourt – wie wir sahen – bereits 1883 von Wilde als einem «Individuum zweifelhaften Geschlechts» gesprochen hatte.

Noch in Oxford zeigte sich Wilde entrüstet über ein allzu enges Verhältnis zwischen einem Studenten und einem Chorknaben. Er war sich der Sitte sehr wohl bewußt und achtete darauf, sie zu wahren. Allerdings galt auch sein persönliches Interesse dem weiblichen Geschlecht, vor allem wenn eine Frau so schön war wie Florence Balcombe, die Liebe seiner Studentenzeit. Die Frauen, die er in London umschwärmte, waren nicht minder attraktiv – so die Schauspielerinnen Ellen Terry und Sarah Bernhardt oder Lily Langtry. *Die drei Frauen, die ich am meisten bewundert habe,* soll er ein Jahr vor seinem Tode bekannt haben, *sind die Königin Victoria, Sarah Bernhardt und Lily Langtry. Ich hätte jede von ihnen mit großem Vergnügen geheiratet.*[123]

Auch in Amerika scheint er weiterhin von Frauen fasziniert gewesen zu sein. *Wenn ich an Amerika denke,* schrieb er aus St. Joseph, Missouri, an eine gewisse, leider unbekannte Hattie, *erinnere ich mich nur an die eine, deren Lippen wie die blutroten Blütenblätter einer Sommerrose sind, deren Augen zwei braunen Achaten gleichen, einem Wesen mit der Faszination eines Panthers, dem Mut einer Tigerin und der Anmut eines Vogels. – Liebste Hattie, ich erkenne jetzt, daß ich vollkommen in Dich verliebt bin . . .*[124]

Trotz dieser leidenschaftlichen Erklärung ist es schwer, Wildes innere Einstellung zu Frauen zu bestimmen. Während seiner ersten

Londoner Jahre war es nicht nur die Schönheit der Frauen, die ihn anlockte, sondern auch ihre gesellschaftliche Bedeutung, wie die folgende Reaktion Wildes auf einen abgelehnten Heiratsantrag zeigt. *Charlotte, ich bedaure Ihre Entscheidung,* schrieb er noch am gleichen Abend. *Mit Ihrem Geld und meinem Verstand hätten wir es weit gebracht.*[125] Leidenschaftliche Begeisterung stand neben seiner nun schon bekannten Geschäftstüchtigkeit. Auch der Eindruck seiner Jugendliebe, Wilde habe sie nie geliebt, stärkt die Behauptung, daß Frauen für den egozentrischen Wilde mehr Mittel zum Zweck als Selbstzweck waren, sei es als Rahmen für seine eigenen Auftritte oder als Anlaß für die Sammlung neuer Erlebnisse.

Dennoch ist gewiß, daß Wilde seine junge Frau bei ihrer Heirat wirklich liebte. *Liebe und Geliebte,* schrieb er ihr ein halbes Jahr nach ihrer Heirat von seiner Vortragsreise aus Edinburgh in dem einzig erhaltenen Brief. *Hier bin ich, und Du bist bei den Antipoden. O abscheuliche Tatsache, die unsere Lippen vom Küssen trennt, obwohl unsere Seelen eins sind.*

Was kann ich Dir in einem Brief sagen? Leider nichts, das ich Dir sagen möchte. Die Botschaften, die die Götter sich schicken, reisen nicht mit Feder und Tinte, und selbst Deine körperliche Gegenwart hier würde Dich nicht realer machen: denn ich fühle Deine Finger in meinem Haar und Deine Wange zart an der meinen. Die Luft ist voller Musik Deiner Stimme, meine Seele und mein Körper scheinen mir nicht länger zu gehören, sondern mit Dir in irgendeiner köstlichen Ekstase vereint zu sein. Ich fühle mich unvollständig ohne Dich.

Stets und immer Dein

Oscar.[126]

Selbst wenn man die Fähigkeit Wildes in Betracht zieht, sich in anempfundene Gefühle hineinzusteigern, und diesem Brief mißtraut, liegen genügend andere Beweise der anfänglichen Liebe zu seiner Frau vor. Von der Hochzeitsreise in Paris berichtete sein damaliger Freund Robert Sherard, wie Wilde seine junge Frau mit Blumen und Aufmerksamkeiten überschüttete. Beide scheinen von Anfang an überaus glücklich gewesen zu sein. «Ich bin mit Oscar Wilde verlobt und vollkommen und wahnsinnig glücklich», schrieb sie an ihren Bruder; und Wilde berichtete einem Freund, *wir sind natürlich hoffnungslos verliebt*[127].

«Ich bin mit Oscar, wenn er in der Stadt ist, und fühle mich zu elend, um irgend etwas tun zu können, wenn er weg ist», heißt es in einem ihrer Briefe, während er klagt: *Es ist schrecklich, so häufig von ihr getrennt zu sein, aber wir telegrafieren einander zweimal täglich, und ich eile plötzlich zurück von den entferntesten Teilen der Erde,*

Constance Mary Wilde, geb. Lloyd

St. James's Church, Paddington. Hier heiratete Oscar Wilde. Stahlstich, 1841

um sie für eine Stunde zu sehen und um all die närrischen Dinge zu tun, die weise Liebhaber tun.[128]

Constance Mary Lloyd hieß sie, war drei Jahre jünger als Oscar und stammte aus einer angesehenen Juristenfamilie, mütterlicherseits mit irischen Vorfahren. Der Vater war bereits 1874 gestorben, ihre Mutter hatte ein zweites Mal geheiratet, und Constance lebte zur Zeit der Verlobung bei ihrer Großmutter mütterlicherseits in Dublin. Wilde sah sie dort als *eine ernste, schlanke, veilchenblauäugige kleine Artemis mit großen Kränzen dichten braunen Haares, unter dem sich ihr blumenartiger Kopf wie eine Blüte neigt, mit wundervollen Elfenbeinhänden, die dem Piano so süße Musik entlocken, daß die Vögel zu singen aufhören, um ihr zu lauschen*[129].

Constance mit ihrem ersten Sohn Cyril. Fotografie aus dem Atelier Cameron, 1891

Nach der Darstellung Vyvyans, des jüngeren Sohnes der Wildes, stand ihre Familie auf Grund ihrer streng bürgerlichen Mentalität dem Wildeschen Wesen fremd und seiner Person ablehnend gegenüber. Er war ihnen für Constance nicht gut genug. Sie selbst scheint nach ihrer Verlobung im November 1883 auch gewisse Bedenken gehabt zu haben. «Jetzt, da er weggegangen ist, bin ich so schrecklich nervös wegen meiner Familie; sie sind so kalt und nüchtern», schrieb sie ihrem Bruder und bat ihn um seinen Beistand.[130]

Von ihrem Großvater hatte Constance eine Erbschaft zu erwarten, doch lebte dieser nach ihrer Hochzeit am 29. Mai 1884 buchstäblich auf. Diese Darstellung Wildes führte wahrscheinlich zu der Vermutung, Wilde habe um des Geldes willen geheiratet. Aber die konstante Geldknappheit der folgenden Jahre bis zu den großen Erfolgen Wildes spricht dagegen. Constance selbst bemühte sich nach ihrer Hochzeit um Arbeit und Geld. «Ich denke daran, Korrespondentin irgendeiner Zeitung zu werden oder sonst zur Bühne zu gehen: qu'en pensez vous? Ich will etwas Geld verdienen: vielleicht wäre ein Roman besser.»[131]

Am 6. Juni 1885, ein halbes Jahr nach dem Einzug in ihr neu eingerichtetes Haus in der Tite Street 16, erschien der erste Sohn Cyril. *Meine Frau hat eine Erkältung,* schrieb Wilde, den euphemistischen Stil der Zeit verspottend, *ich hoffe, es ist eine Knaben-Erkältung, werde aber alles lieben, was die Götter senden.*[132] Aus der Sicht des jüngeren Bruders Vyvyan, der siebzehn Monate später erschien, war Cyril der Liebling seiner Eltern. Tatsächlich sah Wilde in dem älteren Cyril seinen *Freund,* den er *abgöttisch liebte,* obwohl er stets betonte, daß beide Kinder ihm gleich lieb seien, und im Gefängnis schrieb, daß der Entzug seiner Kinder nach seiner Verurteilung zusammen mit dem Tod seiner Mutter *die zwei schrecklichen Dinge seines Gefängnis-Lebens, seines ganzen Lebens* gewesen seien.[133]

Wie er selbst sagte, und wie sein Sohn Vyvyan es in seiner Autobiographie bestätigte, war Wilde ein guter Vater.[134] Er verwöhnte seine Kinder, tobte mit ihnen, ungeachtet seiner sonst so sorgfältig gepflegten Kleidung, und erzählte ihnen aus dem endlosen Schatz seiner Geschichten.

Wie sie besaß er etwas von jener Unbefangenheit, jener naiven Freude und Begeisterungsfähigkeit, die Kindern eigen ist. Er führte sie durch die Welt seiner sprühenden Phantasie, nicht ohne Genugtuung darüber, selbst im Mittelpunkt dieser Welt zu stehen. Wilde liebte Kinder aus einem Gefühl innerer Verbundenheit heraus und nicht auf Grund einer abwegigen Neigung. Er war entsetzt, wenn er sie leiden sah. So erwirkte er gegen Ende seiner Gefängniszeit die Entlassung dreier Kinder, die wegen Wilddiebstahls von Kaninchen im Gefängnis saßen. *Denken Sie daran,* schrieb er heimlich einem befreundeten Wärter, *was es mir bedeuten würde, wenn ich diesen drei Kindern helfen könnte. Ich wäre unsagbar glücklich. Wenn sich das erreichen ließe, indem ich ihre Strafe bezahlte, so sagen Sie den Kindern, daß sie morgen von einem Freund freigelassen würden, daß sie sich freuen und niemandem etwas sagen sollten.*[135] Und nach seiner Entlassung aus dem Gefängnis griff er in einem Brief an die Zeitung «Daily Chronicle» – seine erste Veröffentlichung dieser Zeit – den Strafvollzug an Kindern heftig an.

Constance bei einem Wohltätigkeitsbasar

Die gegenwärtige Behandlung von Kindern ist schrecklich, hauptsächlich durch Leute, die kein Verständnis für die besondere Psychologie eines Kindes haben. Ein Kind kann eine Strafe verstehen, die von einem einzelnen Menschen ausgeht, von den Eltern oder dem Erzieher, es kann aber nicht eine Strafe verstehen, die von der Gesellschaft verhängt wird. Es kann nicht begreifen, was Gesellschaft überhaupt ist.[136]

Etwa zur gleichen Zeit veranstaltete er anläßlich des diamantenen Krönungsjubiläums der Königin Victoria in Berneval-sur-Mer ein Kinderfest für fünfzehn *gamins*, mit *Erdbeeren und Sahne, Aprikosen, Schokolade, Kuchen und sirope de grenadine. – Ich hatte einen riesigen Zuckerkuchen mit «Jubilé de la Reine Victoria» in rosa Zuckerguß, grün umrankt, und mit einem Kranz roter Rosen ringsherum. Jedes Kind durfte sich im voraus sein Geschenk wählen: sie alle wählten Musikinstrumente!!!... Sie sangen die «Marseillaise» und andere Lieder, tanzten eine ronde und spielten ebenfalls «God save the Queen»: sie sagten, es sei «God save the Queen», und ich wollte mich nicht mit ihnen streiten. Sie hatten alle Fähnchen von mir bekommen, waren höchst vergnügt und süß. Ich brachte das Wohl der «Reine d'Angleterre», und sie riefen «Vive la Reine d'Angleterre»!!! Dann gab ich ihnen «La France, mère de tous les artistes» und schließlich «Le Président de la République»: ich dachte, es sei besser so. Sie riefen darauf einstimmig «Vivent le Président de la République et Monsieur Melmoth»!!! So fand ich meinen Namen mit dem des Präsidenten in einem Atemzug genannt. Es war ein amüsantes Erlebnis, da ich kaum einen Monat aus dem Gefängnis bin.*[137]

Wenig ist darüber bekannt, wann sich Wildes Einstellung zu seiner Frau gewandelt hat. Verschiedene Darstellungen ergeben das Bild einer Frau mit gutem weiblichem Instinkt, aber mehr Schönheit als Intelligenz, ohne viel Sinn für Humor, zuverlässig und treu; einer Frau also, die sich durch Temperament, Geist und Wesen sehr stark von Wilde unterschied. In einem Brief aus dem Gefängnis an seinen Freund Robert Ross erklärt Wilde, daß seine Frau, trotz einiger lieber Züge in ihrem Charakter, weder ihn noch seine Kunst verstanden habe. Dieses Unverständnis wird nicht der einzige Grund für ihre Entfremdung gewesen sein. *Ich war von dem Eheleben zu Tode gelangweilt,* bekennt Wilde in dem gleichen Brief.[138] Die Bindung an den Lebensrhythmus anderer Menschen, die Monotonie des alltäglichen Ehezyklus sowie die mangelnde intellektuelle Stimulanz entsprachen weder seinem Geist noch seinem Temperament. Constance bestätigt dies, wenn sie ihrem Bruder klagt, daß sie nie einen Einfluß auf Wilde gehabt habe. Ihr Vergleich Wildes mit der englischen Kinderreimfigur Humpty Dumpty, jenem stolzen Ei-Wesen, das vor Stolz von der Mauer fällt und zerbricht, einer allegorischen Gestaltung des menschlichen Schicksals, läßt vermuten, daß sie nicht so beschränkt in ihrer Sicht gewesen sein kann, wie verschiedene Anekdoten sie erscheinen lassen. *Genauso tragisch* wie Humpty Dumpty *und genauso wenig zu belehren*[139]. Aber Wilde war sie zweifellos nicht gewachsen.

Da fast alle Briefe, die Wilde mit seiner Frau austauschte, entweder verschollen oder vernichtet worden sind, ist es schwer, die wachsende Entfremdung zwischen beiden zu verfolgen. Genauso schwer wie die Anfänge und das Ausmaß der Verlagerung seiner Zuneigung auf seine Freunde nachzuweisen ist. Sie wird wahrscheinlich gegen Ende der achtziger Jahre stattgefunden haben, nach der Geburt seines zweiten Sohnes, Vyvyan, im November 1886 und nach seiner Begegnung mit Robert Ross im gleichen Jahr. Obwohl dieser schreibt, ihre Freundschaft sei erst fünf Jahre später intim geworden, ist anzunehmen, daß sich die Wandlung in diesen Jahren anbahnte, erst geistig, dann später physisch.[140]

In einem Brief an einen jüngeren Freund schreibt Wilde zu dieser Zeit: *Irgendwann einmal wirst Du herausfinden, was ich herausgefunden habe, daß es so etwas wie ein romantisches Erlebnis nicht gibt. Es gibt romantische Erinnerungen und es gibt die Sehnsucht nach Romantik – das ist alles. Unsere Momente der glühendsten Ekstase sind lediglich die Schatten dessen, was wir irgendwo einmal empfunden haben oder was wir eines Tages empfinden werden. So wenigstens erscheint es mir. Und sonderbar: was bei alldem herauskommt, ist die eigentümliche Mischung von Inbrunst und Gleichgültigkeit. Ich selbst würde alles für ein neues Erlebnis hingeben und doch weiß ich, daß es so etwas wie ein neues Erlebnis überhaupt nicht gibt. Ich glaube, ich würde bereitwilliger für das sterben, was ich nicht glaube, als für das, was ich für richtig halte. Ich würde den Scheiterhaufen besteigen, um des Erlebnisses willen, und ein Skeptiker bis zum Ende bleiben. Nur eines wird mich immer unendlich faszinieren, das Geheimnis der Stimmungen. Herr über diese Stimmungen zu sein, ist köstlich, doch von ihnen beherrscht zu werden, ist noch köstlicher. Manchmal glaube ich, daß das Leben eines Künstlers ein langer, lieblicher Selbstmord ist, und es tut mir nicht leid, daß es so ist.* Als Schüler Paters auf der Jagd nach neuen Erlebnissen, nach einem Leben der Ekstase, geriet er immer stärker in jenes *unbekannte Land voller fremdartiger Blumen und feiner Parfums, ein Land, von dem zu träumen die Freude aller Freuden ist, ein Land, in dem alle Dinge vollkommen und giftig sind*[141].

Aus einem launenhaften Spiel mit verbotenen Leidenschaften, aus der Suche nach Abwechslung, nach ständig neuer Stimulanz, nach ästhetischen Reizen und dichterischer Inspiration nährte sich die Freundschaft Wildes mit Lord Alfred Douglas, der bedeutsamsten Gestalt in seinem Leben.

Lord Alfred Bruce Douglas, am Ende seines 20. Lebensjahres, als Wilde ihn Anfang 1891 kennenlernte, war der eigenwillige und temperamentvolle, genauso selbstherrliche wie verwöhnte jüngere Sohn des Marquess of Queensberry. Nach der exklusiven Public School von Winchester besuchte er damals das gleiche Magdalen College in Oxford, zu dem auch Wilde gehört hatte. Er liebte Literatur genauso wie die aristokratischen Sportarten, schrieb selbst Gedichte und war später Herausgeber einer Oxforder Studentenzeitschrift.

Lionel Johnson, ein Freund und Bewunderer Walter Paters, selbst Dichter und Kritiker, jedoch zu dieser Zeit noch Student in Oxford, stellte seinen Freund Douglas Wilde vor. Er war es, der zuerst ein lateinisches Lobgedicht auf *The Picture of Dorian Gray* und seinen Verfasser (den er sehr verehrte) schrieb und später, ein Jahr, nachdem er Wilde und Douglas zusammengebracht hatte, ein Gedicht mit dem Titel «The Destroyer of a Soul». Es beginnt mit den Worten «Ich hasse Dich mit notwendigem Haß» und beklagt den Verlust der Seele eines Freundes durch «eine Sünde, so groß wie diese», durch «ein kaltes, korruptes Verhängnis»[142].

Die Frage, wer wen beeinflußt haben mag, wird durch die Annahme, dieses Gedicht Johnsons sei auf Wilde gemünzt, eher verstärkt als beantwortet. Sicher ist jedoch, daß Wildes Gedanken, wenn nicht seine Handlungen schon vor seiner Begegnung mit dem jungen Lord Alfred Douglas homosexuelle Wege gegangen waren. Im Juli 1889 erschien sein Essay *The Portrait of Mr. W. H.* [*Das Bildnis des Mr.*

Lord Alfred Bruce Douglas
als einundzwanzigjähriger Student in Oxford

W. H.], ein Versuch – in Dialogform –, die Identität jenes «onlie begetter» der Sonette Shakespeares mit einem jungen, siebzehnjährigen Schauspieler *von ganz außergewöhnlicher persönlicher Schönheit, obwohl offensichtlich etwas verweichlicht* zu beweisen, eines jungen Mannes also, zu dem Shakespeare in einem Liebesverhältnis gestanden haben soll.

Vor der Begegnung Wildes mit Douglas erschien ebenfalls Wildes *The Picture of Dorian Gray* (in der Zeitschriftenfassung vom Juni 1890), in dem Dorian Gray, wiederum ein junger Mann *von außergewöhnlicher persönlicher Schönheit*, in einem eigenartigen, nicht näher beschriebenen inneren Abhängigkeitsverhältnis zu dem Maler Basil Hallward steht und von dessen Freund Sir Henry Wotton zu einem Leben hemmungsloser Leidenschaftlichkeit verführt wird. Die erste Begegnung zwischen dem Maler und Dorian Gray wird darin mit folgenden Worten beschrieben: *Als sich unsere Augen trafen, fühlte ich, daß ich bleich wurde. Ein eigenartiges Gefühl des Schreckens überfiel mich. Ich wußte, daß ich jemandem begegnet war, dessen Persönlichkeit schon so faszinierend war, daß sie, wenn ich es zuließe, mein ganzes Wesen aufsaugen würde, meine ganze Seele, ja, selbst meine Kunst. Ich wollte keinen äußeren Einfluß in meinem Leben. Du weißt selbst, Harry, wie unabhängig ich von Natur aus bin ... Ich bin immer mein eigener Herr gewesen; das heißt war gewesen, bis ich Dorian Gray traf. Und dann – aber ich weiß nicht, wie ich es Dir erklären soll. Etwas schien mir zu sagen, daß ich am Rande einer schrecklichen Krise in meinem Leben stand. Ich hatte ein eigenartiges Gefühl, das Schicksal habe für mich exquisite Freude und exquisites Leiden im Sinn.* Und etwas später sagt er, *die Arbeit, die ich getan habe, seit ich Dorian Gray traf, ist gute Arbeit, ist die beste Arbeit meines Lebens.* Auf die Frage seines Freundes, ob Dorian ihm zugetan sei, antwortet er: *Ich weiß, daß er mich gern hat. Natürlich schmeichle ich ihm schrecklich. Ich empfinde ein eigenartiges Vergnügen darin, ihm Dinge zu sagen, von denen ich weiß, daß ich sie bereuen werde ... Ab und zu jedoch ist er schrecklich gedankenlos und scheint eine wahre Freude daran zu haben, mich zu verletzen.* Dennoch bleibt die innere Verbindung zwischen beiden bestehen. *Solange ich lebe, wird mich die Persönlichkeit von Dorian Gray beherrschen,* denn *ich könnte nicht glücklich sein, wenn ich ihn nicht jeden Tag sähe*[143].

Es ist, als habe Wilde sein eigenes Verhältnis zu Lord Alfred Douglas vorausgesehen. Nicht daß ihre erste Begegnung in gleicher Weise stattgefunden haben muß. Nicht die äußeren Fakten ähneln einander, sondern die Gefühle. Außerdem war Bosie, wie Lord Alfred Douglas als Kind von seiner Mutter und später von allen Freunden genannt wurde, wie Dorian Gray, ein junger Mann von außergewöhnlicher Schönheit. *Er ist ganz wie ein Narziß – so weiß und gold,* schrieb Wilde an Robert Ross zu Beginn ihrer Freundschaft. *Er liegt wie ein Hyakinthos auf dem Sofa, und ich bete ihn an,* was Wilde allerdings auch gleichzeitig als Apoll erscheinen läßt.[144]

Die Schönheit Bosies faszinierte Wilde genauso wie seine Jugend. *Sie haben die wunderbarste Jugend, und Jugend ist das einzige, das es sich lohnt zu besitzen,* läßt er Lord Henry zu Dorian Gray sagen. *Es gibt absolut nichts in der Welt außer Jugend.* Schon früher fand sich in seinen Briefen die Furcht vor dem Altern. Das Wort *alt ist voller Schrecken* und blieb es für Wilde sein ganzes Leben lang.[145]

Schönheit und Jugend faszinierten Wilde; was ihn darüber hinaus beeindruckte, war der Gedanke, einen adligen Freund zu haben. Bereits bei seinem ersten Auftreten in London hatte sich dieses Bestreben Wildes gezeigt, in die obersten gesellschaftlichen Schichten vorzudringen. Seine Tätigkeit als Redakteur einer Frauenzeitschrift hatte er in diesem Sinne genutzt; zwei seiner Märchen widmete er fürstlichen Damen; seine Gesellschaftsdramen spielen ausschließlich in jenen Kreisen, und noch kurz vor seinem Tode schrieb er an Ross: *Du kennst den schrecklichen, furchterregenden Eindruck, den königliche Hoheiten auf mich machen,* und er schildert, wie er in Rom dem vorbeifahrenden König zur Verwunderung der Umstehenden mit gezogenem Hut eine tiefe Verbeugung gemacht habe.[146]

Nur wenige Briefe der umfangreichen Korrespondenz zwischen den beiden sind erhalten: 150 Briefe Wildes wurden von Douglas verbrannt. Der bekannteste Brief ist der folgende. Wilde schrieb ihn zu Beginn seiner Freundschaft mit Douglas. Später wurde er ihm gestohlen und zu seiner Erpressung verwandt und tauchte schließlich bei der Gerichtsverhandlung als Beweismaterial gegen ihn wieder auf.

Mein einziger Junge, Dein Sonett ist entzückend, und es ist ein Wunder, daß Deine roten Rosenlippen nicht weniger für die Musik des Liedes geschaffen sind als für die Raserei der Küsse. Deine schlanke goldene Seele wandelt zwischen Leidenschaft und Lyrik. Ich weiß, Hyakinthos, den Apoll so rasend liebte, der warst Du in den Tagen der Griechen.[147]

Spätere Briefe sind nicht minder leidenschaftlich in der Formulierung. Douglas ist für ihn *griechisch und graziös ... das göttliche Wesen, das ich brauche,* das *Wesen von Anmut und Schönheit,* das er so sehr vermißt und an das er täglich denkt. *Es ist wirklich absurd. Ich kann ohne Dich nicht leben. Du bist so lieb, so wunderbar. Ich denke an Dich den ganzen Tag lang und vermisse Deine Anmut, Deine knabenhafte Schönheit, das helle Schwertspiel Deines Witzes, die zarten Launen Deines Genies, die immer überraschen, mit ihren plötzlichen Schwalbenflügen nach Norden oder Süden, zur Sonne oder zum Mond – und vor allem Dich, Dich selbst ... – Lieber, lieber Junge, Du bist mir mehr, als sich irgend jemand vorstellen kann; Du bist die Atmosphäre der Schönheit, durch die ich das Leben sehe; Du bist die Inkarnation aller lieblichen Dinge.*[148]

Wilde erlebte, was Basil Hallward bei seiner ersten Begegnung mit Dorian Gray ahnte, *exquisite Freuden und exquisites Leiden.*

Liebster aller Jungen, Dein Brief war entzückender, roter und gelber Wein für mich; aber ich bin traurig und mißgestimmt. Bosie, Du

«Bosie» im Alter von 24 Jahren

darfst mir keine Szenen machen. Sie töten mich, sie ruinieren die Lieblichkeit des Lebens.[149]

Es war eine leidenschaftliche, ekstatische Liebe, die Wilde trieb und ihn gefangenhielt. Wilde hatte sich schon früher über das Geheimnis der Stimmungen geäußert, jetzt spürte er sie verstärkt als Launen Bosies. Ihre Liebe *durchschritt den Schatten und die Nacht der Entfremdung und des Leidens und erschien rosengekrönt wie zuvor*[150].

So notwendig für Wilde die Gegenwart und Unterhaltung des Jüngeren war, so dringend empfahl er doch gegen Ende 1893 dessen Mutter, ihn für mehrere Monate ins Ausland zu schicken. *Bosie scheint mir in einem schlechten Gesundheitszustand zu sein. Er ist schlaflos, nervös und reichlich hysterisch. Er scheint mir ganz verändert ... Sein Leben erscheint ziellos, unglücklich und absurd.*[151] Doch war nicht nur die Sorge um den Gesundheitszustand des jungen Mannes sein Motiv, sondern auch der Wunsch, ein Drama zu schreiben, für das er bereits einen Vertrag eingegangen war. Der größte Teil von *An Ideal Husband* entstand in dieser Zeit.

Diese Tatsache erweckt den Anschein, als habe Douglas Wilde an seinem dichterischen Schaffen gehindert. Das mag stimmen, soweit es die meßbare Zeit angeht, aber wichtiger ist, daß die Zeit ihrer Freundschaft zusammenfällt mit der fruchtbarsten Schaffensperiode Wildes. Zwar waren schon vor ihrer Bekanntschaft drei Erzählungen, der erste Band von Wildes Märchen und *The Picture of Dorian Gray* erschienen. Doch im Jahre 1891, als sich Wilde und Douglas kennenlernten, veröffentlichte Wilde seine Essay-Sammlung *Intentions* sowie *The Soul of Man Under Socialism* [*Die Seele des Menschen unter dem Sozialismus*], *The Picture of Dorian Gray* in überarbeiteter Form, dazu eine Sammlung von Erzählungen und einen Band von Märchen; es war darüber hinaus das Jahr, in dem er die beiden Dramen *Lady Windermere's Fan* [*Lady Windermeres Fächer*] und *Salome* schrieb. In den folgenden vier Jahren bis zur Katastrophe folgten weitere drei Dramen, unter ihnen als letztes und brillantestes *The Importance of Being Earnest.*

Lord Alfred Douglas war nicht Wildes einziger Freund, wohl aber sein intimster, jedenfalls in den vier Jahren vor der Katastrophe. Wildes Freundschaft mit Whistler ist schon beschrieben worden. Andere Freundschaften, mit Robert Sherard, Robert Ross und Frank Harris, wurden von seinen leidenschaftlichen Beziehungen zu Douglas überschattet. Erst als Wilde im Gefängnis saß und in den Jahren, die folgten, lernte er ihren Wert schätzen. Unter den Frauen war es vor allem Ada Leverson, die *Sphinx*, wie Wilde sie nannte, eine hochintelligente Jüdin, deren intellektuelle Freundschaft zu Wilde seine Gefängniszeit überdauerte.

Als Robert Sherard 1883 Wilde kurz nach dessen Rückkehr aus Paris fragte, ob er ihm einen Gedichtband widmen dürfe, antwortete Wilde mit einer Beschreibung idealer Freundschaft:

Zur Widmung Deiner Gedichte, ich nehme sie an: wie könnte ich ein Geschenk ablehnen, das so klangvoll ist in seiner Schönheit, aus der Hand eines Menschen, den ich so liebe, wie ich Dich liebe?

Den Spiegel reiner Freundschaft kann mir kein Verrat je trüben, sei er auch noch so gemein, und keine Untreue, sei sie auch noch so niederträchtig. Einzelne Menschen kommen und gehen wie Schatten, aber das Ideal bleibt immer unbefleckt: das Ideal zweier Leben, die nicht nur Zuneigung aneinander bindet oder die Freude am Zusammensein, sondern die Fähigkeit, von den gleichen edlen Dingen in der Kunst und Lyrik berührt zu werden. Denn wir neigen uns dann vor der gleichen Marmorgöttin und füllen das Rohr ihrer Flöten mit Hymnen ähnlichen Klangs: das Gold der Nacht und das Silber der Morgendämmerung wandelt sich für uns zur Vollendung: und von jeder Saite, die von den Fingern des Spielers berührt wird, von jedem Vogel, der in Busch oder Strauch jubiliert, von jeder Bergblume, die in den Bergen blüht, werden wir den gleichen Hauch der Schönheit in unsere Herzen einatmen, und in dem Haus der Schönheit treffen wir uns und reichen einander die Hände.

So sollte nach meiner Meinung wahre Freundschaft sein, so könnten die Menschen ihr Leben führen: aber Freundschaft ist ein Feuer, worin zu grauer Asche wird, was nicht fehlerlos ist, worin das Unvollkommene nicht gereinigt, sondern verschlungen wird. Es mag vieles geben, worin wir nicht übereinstimmen, Du und ich, mehr als wir uns vorstellen, aber in unserer Sehnsucht nach Schönheit in allen Dingen sind wir eins, und eins auch in unserem Suchen nach jener kleinen Stadt aus Gold, wo der Flötenspieler niemals ermüdet und der Frühling niemals welkt und das Orakel nicht verstummt, jener kleinen Stadt, die das Haus der Kunst ist, wo mit aller Sphärenmusik und dem Gelächter der Götter die Kunst auf ihre Anbeter wartet. Denn wir zumindest sind nicht in die Wüste gezogen, um ein windzerzaustes Ried zu suchen, oder einen, der in Königshäusern wohnt, sondern in ein Land süßer Gewässer und zum Brunnen des Lebens; denn die Nachtigall hat für uns beide gesungen und der Mond hat sich über uns gefreut, und weder Pallas noch Hera gaben wir den Preis, sondern ihr, die uns aus dem Marmor der Brüche und dem Gestein der Minen die Säulen des Parthenon schenkt und die kunstvolle Gemme, ihr, der Göttin der Schönheit, die aus ihrer Grotte hervortrat in den kühlen Abend dieser alten Welt und sichtbar unter uns wandelt.

Das ist es, meine ich, was wir suchen, und daß Du es mit mir suchst, Du, der Du mir so lieb bist, verleiht mir Glauben an un-

Aubrey Beardsley. Selbstbildnis. Tuschzeichnung. British Museum, London

sere Zukunft, Vertrauen in unsere Liebe.[152]

Dieser Brief Wildes an Sherard zeigt den hellinistisch-romantischen Charakter seiner Freundschaftsideen. Es ist, als habe sich Wilde nach einem Seelenfreund gesehnt, einem Wahlverwandten, mit dem er die Gefilde klassischer Schönheit durchstreifen könnte. Doch das Ideal der reinen Freundschaft, wie das der Wesensverwandtschaft, erwies sich als nicht beständig. Zwar blieb Wilde mit Sherard noch bis in die späten neunziger Jahre befreundet, aber die *feine, ritterliche Freundschaft* kühlte sehr stark ab, schon bevor Wilde Ross und Douglas kennenlernte. Dennoch gehörte Sherard zu denen, die sich noch nach der Verurteilung um Wilde kümmerten.

Bemerkenswert ist, daß Oscar Wilde unter den Literaten keine Freunde hatte, sondern nur Bekannte. André Gide zählte zu diesen, von Wilde als *Egoist ohne Ego* beschrieben, genauso wie G. B. Shaw, *ein ausgezeichneter Mann; er hat keine Feinde; und keiner seiner Freunde mag ihn*[153].

Selbst mit Aubrey Beardsley, der gern als führender Vertreter der Dekadenz seiner Zeit Wilde zur Seite gestellt wird, verband ihn nichts als gegenseitige Abneigung. Zwar wußte er Beardsleys Stil zu würdigen und schrieb noch aus dem Gefängnis (25. 9. 1896) an William More Adey: *Er bereicherte die englische Kunst um eine ungewöhnliche neue Persönlichkeit und war ein Meister der verspielten Anmut und ein Beschwörer des Irrealen. Seine Muse wurde von schrecklichen Lachanfällen gequält. Hinter seinen grotesken Ideen schien sich eine wunderliche Philosophie zu verbergen ...!* Eine Freundschaft entwikkelte sich jedoch nie zwischen den beiden. *Salome* blieb das einzige Werk Wildes, das Beardsley illustrierte.

Wildes Verhältnis zur Kunst ist der Schlüssel zu seinem Leben. Es zeigt seine Ideale, wie auch das Spannungsverhältnis, in dem diese zu seinem Leben standen. Schon früh hat Wilde Gedanken über Kunst formuliert, in seiner Sonnenblumenzeit, bei Vorträgen in Amerika wie in England, und in jenem bereits zitierten Vorwort, *L'Envoi* überschrieben, zu der Gedichtsammlung seines Freundes Rodd. Wilde fühlte sich damals noch ganz als Apostel einer Renaissance der Kunst in England, die mit den Präraffaeliten begann und von Ruskin, Morris und Pater schon zu Wildes Studienzeit propagiert worden war. Ihre Ideen hatte der junge Wilde für seine Ausführungen verwendet, ließ aber die Gegensätze, die sie voneinander trennten, unvereint nebeneinander stehen. So sprach er einmal in seinem Vortrag *The English Renaissance of Art* von *der Anerkennung eines separaten Bereichs für den Künstler, einem Bewußtsein des vollkommenen Unterschieds zwischen der Welt der Kunst und der Welt realer Tatsachen*, was ihn jedoch nicht daran hinderte, ein anderes Mal in einem Vortrag über *Art and Handicraftsman* [*Die Kunst und der Handwerker*] das Handwerk Kunst für den Alltag zu lehren.[154] *Die Kunst, die wir brauchen, ist die Kunst, die auf all den Erfindungen der modernen Zivilisation basiert und all den Erfordernissen des Lebens im 19. Jahrhundert angepaßt ist.*[155] Die Gedanken einer zweckfreien, um ihrer selbst willen geschaffenen Kunst, einer l'art pour l'art, wie sie Walter Pater vertreten hatte, standen noch unbezogen neben der Lehre, daß die Kunst eine soziale Aufgabe zu erfüllen habe, wie sie von John Ruskin aufgestellt und von William Morris weitergeführt und verbreitet worden war. Der junge Wilde war der Verkünder, nicht der Erfinder neuer Ideen.

Seine damalige Unsicherheit im eigenen Urteil erscheint auch in seiner Haltung zu Whistler. In seiner ersten Besprechung der Ausstellung moderner Maler in der Grosvenor Gallery schrieb Wilde, damals noch Student in Oxford, wahrscheinlich unter dem Einfluß Ruskins, in abfälligem Ton über die impressionistischen Bilder des *großen dunklen Meisters*, Mr. Whistler.[156]

Auch zwei Jahre später äußerte er sich noch vorsichtig über Whistlers Bilder in der gleichen Galerie und sagte, daß sein *wunderbares und exzentrisches Genie in Frankreich besser gewürdigt wird als in England*[157]. Vier Jahre später, 1883, nachdem Whistler Wildes Freund und Mentor geworden war, lobte er ihn in seinem Vortrag vor Kunststudenten als den vorbildlichen Künstler, als *einen Mann ... der in sich alle Qualitäten der edelsten Kunst vereint, dessen Werke immer eine Freude sein werden, der selbst ein Meister für alle Zeiten ist*[158]. In dem gleichen Vortrag erwähnte Wilde auch seine – von Whistler übernommenen – Bedenken gegen Ruskins Lehre, der Künstler brauche eine schöne Umgebung, um schöne Dinge schaffen zu können. Doch gerade diese Meinung Whistlers greift er zwei Jahre später in seiner Rezension des Vortrags von «Mr. Whistler's Ten O'Clock Lecture» wieder heftig an. *Selbstverständlich unterscheide ich mich im Hinblick auf den Wert einer schönen Umgebung vollkommen von Mr. Whistler. Ein Künstler ist kein isolierter Faktor; er ist das Ergebnis eines bestimmten Milieus und einer bestimmten Umgebung und kann genausowenig von einer Nation geboren werden, der es an jeglichem Sinn für Schönheit mangelt, wie eine Feige an einem Dornenbusch wachsen oder eine Rose an einer Distel blühen kann.*[159]

Selbst wenn der damals schon glimmende Streit mit Whistler Wildes Meinungsschwankungen hervorgerufen haben mag, so bleibt doch die Tatsache bestehen, daß keine der beiden von ihm vorgetragenen Meinungen seine eigene war. Zu direkt und unverarbeitet hatte Wilde die Gedanken übernommen. So entstand, gezeichnet von Whistlers spitzer Zunge, das Bild eines Wilde, «der sich das Seine nahm, wo er es fand»[160].

Der Wilde der ausgehenden achtziger Jahre unterscheidet sich von diesem jüngeren durch den Stil und Tenor seiner Aussage. Beide sind gereift, sind gewichtiger geworden, von seiner Persönlichkeit stärker geprägt. Nicht daß der Vorwurf des Plagiats damit getilgt wäre. Wilde hat noch in seinem Essay *The Critic as Artist* heftig darauf reagiert. *Die Anschuldigungen, daß ich ein Plagiator sei, waren endlos, und solche Beschuldigungen ertönen entweder von den dünnen, farblosen Lippen der Impotenz oder aus den grotesken Mündern derer, die – da sie selbst nichts besitzen – sich einbilden, daß sie in den Ruf des Reichtums gelangen können, wenn sie laut schreien, man habe sie bestohlen.*[161]

Aber Wilde war der Rolle des Schülers entwachsen. Die fremden Ideen erscheinen nicht mehr unmittelbar beziehungslos nebeneinandergestellt, sondern sind ausgewählt und verarbeitet zu eigenen kunsttheoretischen Gedanken. Es wäre verfehlt, hier noch von Plagiat zu sprechen. Außerdem kam es Wilde nicht so sehr auf die Herkunft seiner Gedanken an, als auf ihre Gestaltung. Originalität der Formulierung war ihm wichtiger als Originalität des Gehalts.

Die beiden wichtigsten kunsttheoretischen Essays, *The Decay of Lying* [*Der Verfall der Lüge*] (zuerst im Januar 1889 veröffentlicht) und *The Critic as Artist* (zuerst unter anderem Titel im Juli und September 1890 veröffentlicht), die beide erst in Zeitschriften erschienen und später, 1891, zusammen mit zwei anderen Essays in dem

Band *Intentions* veröffentlicht wurden, zeigen dies deutlich. Die Form amüsiert, verblüfft und stößt gelegentlich sogar ab durch die Häufung geistreicher, überspitzter oder paradoxer Wendungen. Es ist, als werde ein verbales Feuerwerk abgeschossen, um den Leser zu blenden. Der Verdacht der Unaufrichtigkeit, der so entsteht, wird dadurch verstärkt, daß sich Wilde von seiner eigenen Aussage distanziert. Am Ende seines Essays *The Truth of Masks* [*Die Wahrheit der Masken*] schreibt er: *Nicht daß ich allem zustimme, was ich in diesem Essay geschrieben habe. Da ist viel, mit dem ich überhaupt nicht übereinstimme. Der Essay vertritt einfach einen künstlerischen Standpunkt, und bei ästhetischer Kritik ist Attitüde alles.*[162]

Die Neigung Wildes, mit allem zu spielen, was ihm begegnet, mit Gedanken, Empfindungen und Worten, vor allem, wenn es sich um überlieferte, allgemein akzeptierte Sentenzen handelt, seine Freude daran, sie umzukehren und auf ihre Gültigkeit hin zu untersuchen, um sie dann wiederum in Frage zu stellen, erscheint auch hier. Der ästhetische Effekt geht ihm über alles. *Um eines Ausspruchs willen werfe ich die Wahrscheinlichkeit aus dem Fenster, und die Aussicht auf ein Epigramm läßt mich die Wahrheit verlassen,* schrieb er an Sir Arthur Conan Doyle.[163]

Wilde war von einer Sucht nach ästhetischer Form besessen, von einem Trieb, den er bewußt kultivierte, wie eine Rolle, die er zu spielen hatte und die er auch außerhalb des Theaters nicht aufgeben wollte. Dennoch blieb es ein Spiel mit dem Spiel, vorerst jedenfalls, eine Maske, hinter der sich der wahre Wilde verbarg. *Der Welt gegenüber erscheine ich – und das ist meine Absicht – lediglich als Dilettant und Dandy – es ist nicht klug, der Welt sein Herz zu zeigen – und da ernsthaftes Auftreten die Verkleidung des Narren ist, ist Narrheit in ihrer exquisiten Form der Leichtfertigkeit, Gleichgültigkeit und Sorglosigkeit das Gewand des Weisen. In einem so vulgären Zeitalter wie dem unsrigen brauchen wir alle Masken.*[164]

Durchstößt man diese Fassade frivoler Formulierungen in *The Decay of Lying,* so erscheinen ernsthafte kunstkritische Meinungen. Wie der Titel verrät, ist der Aufsatz ein Protest gegen den Verfall schöpferischer Phantasie, denn *Lügen, das Erzählen wunderschöner, unwahrer Dinge, ist das eigentliche Ziel der Kunst*[165]. Der Verfall zeitgenössischer Kunst wird beklagt, die, dem Realismus verschrieben, Fakten über Fiktion stellt. *Wenn nichts getan werden kann, um unsere monströse Verherrlichung von Fakten aufzuhalten oder wenigstens zu verändern, wird Kunst steril werden, und Schönheit wird das Land verlassen.*[166]

Die Realität ist Wildes Feind, *der grobe Geschäftsgeist Amerikas, sein Materialismus, seine Gleichgültigkeit der poetischen Seite des*

Lebens gegenüber, sein Mangel an Phantasie und hoher, unerreichbarer Ideale [167]. Die Realität ist für ihn vulgär, langweilig und spießig. *Als Methode ist Realismus völlig ungeeignet, und die zwei Dinge, die jeder Künstler vermeiden sollte, sind Modernität der Form und Modernität des Themas. Für uns, die wir im 19. Jahrhundert leben, ist jedes Jahrhundert ein geeignetes Sujet außer dem unsrigen.* Denn *Kunst drückt nie etwas anderes aus als sich selbst. Sie führt ein unabhängiges Dasein, genau wie ein Gedanke, und entwickelt sich allein auf eigenen Bahnen. Sie ist nicht notwendigerweise realistisch in einem Zeitalter des Realismus, noch geistig in einem Zeitalter des Glaubens. Weit davon entfernt, ein Geschöpf ihrer Zeit zu sein, steht sie gewöhnlich in direktem Gegensatz zu ihr, und die einzige Geschichte, die sie uns vermacht, ist die Geschichte ihres eigenen Fortschritts. Manchmal kehrt sie in ihren eigenen Fußstapfen um und belebt wieder irgendeine antike Form ... Ein anderes Mal eilt sie ihrer Zeit voraus und gestaltet in einem Zeitalter Werke, die ein anderes Zeitalter erst verstehen, würdigen und schätzen kann. In keinem Falle spiegelt sie ihre eigene Zeit.*[168]

Wilde plädiert für Kunst, die – auf dem Gebiet der Literatur – über eine Spiegelung des Alltags hinausreicht. Eine erdichtete Realität ist es, die er verlangt, und er nennt Balzac als Beispiel. *Eine regelmäßige Dosis Balzac reduziert unsere lebenden Freunde zu Schatten und unsere Bekannten zu Schatten von Schatten. Seine Charaktere haben eine Art inbrünstiger, feurig-gefärbter Existenz. Sie beherrschen uns und trotzen aller Skepsis ... Er schuf das Leben, er kopierte es nicht.*[169]

Diesen strengen Kriterien halten weder Zola noch Maupassant stand. *M. Guy de Maupassant, mit seiner scharfen, bissigen Ironie und seinem harten, lebendigen Stil, entblößt das Leben der wenigen armen Lumpen, die es noch bekleiden, und zeigt uns schmutzige, wunde Stellen und eiternde Wunden.* Und Zola ergeht es nicht viel besser. Nicht moralische, sondern künstlerische Erwägungen zählen. *Wir haben überhaupt kein Verständnis für die moralische Entrüstung unserer Zeit gegen Zola. Es ist einfach die Empörung eines entlarvten Tartuffe. Aber vom Standpunkt der Kunst, was läßt sich für den Autoren von «L'Assommoir», «Nana» und «Pot-Bouille» sagen? Nichts ... M. Zolas Charaktere ... haben ihre öden Laster und ihre noch öderen Tugenden. Die Aufzeichnung ihres Lebens ist vollkommen uninteressant. Wen kümmert es schon, was mit ihnen geschieht? In der Literatur fordern wir Auszeichnung, Charme, Schönheit und schöpferische Phantasie.*[170]

Aus dem gleichen Grunde verurteilt Wilde das zeitgenössische englische Melodrama, weil seine Charaktere *auf der Bühne genauso sprechen wie außerhalb ... Sie sind unmittelbar dem Leben entnommen und reproduzieren seine Vulgarität bis hin zum kleinsten Detail; sie präsentieren den Gang, das Gebaren, die Kleidung und den Akzent wirklicher Leute; sie würden in einem Eisenbahnabteil dritter Klasse unbemerkt bleiben.*[171]

Kunst ist nicht Abklatsch des Lebens, sondern sie entspringt dem schöpferischen Geist des Menschen, ist verdichtetes Leben. *Kunst selbst ist eigentlich eine Form der Übertreibung; und die Auswahl, die eigentlich die Essenz der Kunst ausmacht, ist nichts anderes als eine intensivierte Form der Übertreibung.*[172]

Angesichts der Opposition Wildes sowohl gegen das Philistertum seiner Zeit als auch gegen den aufkommenden Naturalismus (Wilde bezeichnet ihn noch als Realismus) verwundert es, daß er Ibsen mit keiner Silbe erwähnt. Zwar war Ibsens Name noch nicht so verbreitet wie der der genannten Autoren, aber von Edmund Gosse und William Archer dem englischen Publikum doch schon vorgestellt worden und Wilde zweifellos bekannt. Zudem hat er ihn später häufig gelobt und zitiert, und für «Hedda Gabler» empfand er *Mitleid und Schrecken, als ob es ein griechisches Stück wäre*[173]. Aber trotz dieser Anerkennung hat sich Wilde nie für Ibsen begeistert. Im Gegensatz zu Shaw griff er nicht in den Streit um Ibsen ein, der gerade in den Jahren 1889 und 1891 in England stattfand.

Genauso wie die Realität des Lebens lehnte Wilde die Realität der Natur als Gegenstand der Kunst ab. *Wenn wir unter Natur den natürlichen einfachen Instinkt verstehen, im Gegensatz zu einer Kultur, die sich ihrer selbst bewußt ist, so ist die Arbeit, die unter diesem Einfluß entsteht, immer altmodisch, altertümlich und veraltet ... Wenn wir andererseits die Natur als eine Sammlung von Phänomena betrachten, die außerhalb des Menschen liegen, dann entdecken die Menschen in ihr nur, was sie zu ihr bringen. Sie macht keine eigenen Vorschläge. Wordsworth ging zu den Seen, aber er war nie ein Dichter der Seen. Er fand in den Steinen die Predigten, die er bereits dort versteckt hatte.*[174] Wilde wandte sich gegen eine verklärt romantische Sicht der Natur: *Natur ist so ungemütlich. Das Gras ist hart und uneben und feucht und voller schrecklicher kleiner Insekten ... Wenn die Natur bequem gewesen wäre, hätte die Menschheit niemals die Architektur erfunden, und ich ziehe die Häuser der freien Natur vor.*[175] Wie dem Leben ist die Kunst auch der Natur überlegen, dank der schöpferischen Phantasie des Menschen, dem es gelingt, größere Kunstwerke zu schaffen, als die Natur es vermag. *Es ist unser Vorteil, daß die Natur so unvollkommen ist, denn sonst hätten wir überhaupt keine Kunst.*[176]

Allerdings stellt jene unvollkommene Natur zugleich eine Bedrohung für den Menschen dar. *Egotismus, der so wichtig ist für ein richtiges Gefühl menschlicher Würde, ist ausschließlich das Ergebnis eines Lebens im Hause. Draußen wird man abstrakt und unpersönlich. Die eigene Individualität verläßt einen vollkommen.*[177] Die Entfaltung der menschlichen Persönlichkeit wird durch die Übermacht der Natur gehemmt, die dem Menschen feindlich gegenübersteht, vor allem der Entfaltung des menschlichen Geistes. Erst dieser zeichnet den Menschen aus, mit seiner Hilfe erst schafft er perfekte Kunst. Und vollkommene Kunst ist der unvollkommenen Natur überlegen,

Oscar Wilde. Zeichnung von William Speed, 1888.
Victoria and Albert Museum, London

so wie ein Sonnenuntergang Turners von der Natur nur selten erreicht wird.

Und über diesen Umweg menschlicher Phantasie ist Wildes spielerisch überspitztes Paradoxon, daß die Natur die Kunst imitiere, zu verstehen. *Die Natur ... ist unsere Schöpfung. In unserem Geist erst wird sie zu Leben erweckt. Die Dinge existieren, weil wir sie sehen, und was wir sehen und wie wir es sehen, hängt von den Kunstwerken ab, die uns beeinflußt haben. Eine Sache betrachten ist etwas ganz anderes als eine Sache sehen.*[178] So kommt es, daß seit den Impressionisten die Schönheit des Londoner Nebels überhaupt erst existiert.

Schon diese Gedanken zeigen, daß Wilde der Kunst eine, wenn auch indirekte, erzieherische Funktion zumißt. Er geht davon aus, daß die Grundlage des Lebens einfach *der Wunsch nach Ausdruck* ist, daß der imitative Instinkt das Leben beherrscht. Kunst wiederum offeriert immer verschiedene Formen, durch die dieser Ausdruck des Lebens erreicht werden kann. Da Kunst das Vollkommene darstellt, ist *das Leben der Kunst bester, der Kunst einziger Schüler.* Somit folgert er in paradoxer Form, daß *das Leben die Kunst weitaus mehr nachahmt, als die Kunst das Leben*[179].

Der Verdacht, Wilde spiele hier versteckt die Rolle eines Moralisten, der die Ästhetik zur Moral erheben wolle, wird bestärkt, wenn man liest, welche Funktion er der Kunst in der Gesellschaft zuordnet. *Wir versuchen, die Lage der Menschen durch frische Luft, klares Sonnenlicht und reines Wasser zu verbessern, und durch häßliche, kahle Gebäude für die bessere Unterkunft der niederen Stände zu sorgen. Aber diese Dinge schaffen lediglich Gesundheit, nicht aber Schönheit. Dafür ist Kunst notwendig ...*[180] Es spricht der selbsternannte *Professor für Ästhetik*, der seine Aufgabe als Führer dieser *neuen Renaissance der Kunst* sieht. *Die Gesellschaft muß früher oder später zu ihrem verlorenen Führer zurückkehren, dem gebildeten und faszinierenden Lügner ... Wie auch immer sein Name oder seine Herkunft gewesen sein mochte, er war auf jeden Fall der wahre Begründer geselliger Zusammenkunft. Er ist die eigentliche Basis zivilisierter Gesellschaft, und ohne ihn ist ein Abendessen, selbst in einem Herrenhaus der Großen, genauso langweilig wie ein Vortrag in der Königlichen Gesellschaft.*[181]

Doch Wilde geht noch weiter. Nachdem er in *The Decay of Lying* das Supremat der Kunst proklamiert hat, argumentiert er in *The Critic as Artist*, daß der Kritiker der eigentlich schöpferische Künstler sei. Schon der Titel der ersten Zeitschriftenfassung dieses zweiteiligen Essays, *The True Function and Value of Criticism* erinnert an Matthew Arnold, dessen «The Function of Criticism at the Present Time» (1864) zu den bedeutendsten literaturkritischen Äußerungen des viktorianischen Englands zählt. Tatsächlich bezog sich Wilde an verschiedenen Stellen auf Arnold, den er sehr verehrte, aber nur, um sich – wie der Titel zeigt – über ihn zu erheben.

Beide streiten gegen den spießig-kleinbürgerlichen Geist der Zeit und plädieren für die Anerkennung und Verbreitung einer kritischen Haltung, aber sie verstehen unter Kritik etwas Grundverschiedenes. Während für Arnold die Aufgabe der Kritik darin bestand, «den Gegenstand so zu sehen, wie er wirklich ist», sah Wilde den Gegenstand nur als Ausgangspunkt für ein kritisches Kunstwerk – mit der Betonung auf Kunstwerk.[182] Kritik ist für ihn subjektiv, nicht objektiv. *Die vollkommenste Form der Kritik … ist in ihrem Wesen rein subjektiv und versucht, ihr eigenes Geheimnis zu offenbaren und nicht das Geheimnis eines anderen. Denn die höchste Form der Kritik behandelt Kunst nicht als Ausdruck, sondern lediglich als Eindruck.*[183] Wie schon vor ihm Walter Pater vertrat Wilde eine subjektivistische Literaturkritik, die in dem Ausspruch gipfelte: *Die höchste wie die niedrigste Form der Kritik ist eine Form der Autobiographie.*[184]

Genauso wie Wilde von vollkommener Kunst sprach und nur diese dem Material, das sie verwendet, nämlich Natur und Leben, überordnete, argumentiert er hier mit *der höchsten Form der Kritik.* Nur so gelingt es ihm, im Gegensatz zu Arnold, die kritische Fähigkeit höher einzuschätzen als die schöpferische. *Der Kritiker steht in dem gleichen Verhältnis zu dem Kunstwerk, das er kritisiert, wie der Künstler zu der sichtbaren Welt von Form und Farbe, oder der ungesehenen Welt der Leidenschaften und Gedanken.* Aus unvollkommenem Material kann er – der Kritiker – ein eigenes Kunstwerk schaffen, denn er *behandelt das Kunstwerk lediglich als Ausgangspunkt für eine neue Schöpfung*[185].

Allerdings ist es der ästhetische Kritiker, an den Wilde denkt, der *treu nur dem Prinzip des Schönen in allen Dingen, stets nach neuen Impressionen ausschaut,* der sich stets von den verschiedenen Schulen nur faszinieren läßt, ohne sich an sie zu verlieren.[186] *Temperament ist die erste Voraussetzung für einen Kritiker – ein Temperament, das für Schönheit äußerst empfänglich ist, wie für die verschiedenen Impressionen, die Schönheit uns gibt.*[187] Allein die Form ist maßgebend. *Form ist alles. Sie ist das Geheimnis des Lebens.* Sie ist es, *die nicht allein das kritische Temperament schafft, sondern auch den ästhetischen Instinkt, jenen unfehlbaren Instinkt, der einem alle Dinge in ihrer Schönheit zeigt. Beginne mit der Verherrlichung der Form, und es gibt kein Geheimnis der Kunst, das dir nicht offenbart wird.*[188]

Die Essenz der Kunsttheorie Wildes ist also ein formaler Ästhetizismus, der in dem Supremat der Kunst sogar über Leben und Natur gipfelt. Aus «l'art pour l'art» ist ein «la vie pour l'art» geworden, ein Leben für die Kunst, in dem Schönheit wichtiger ist als Moral. *Ästhetik steht höher als Ethik,* schreibt Wilde gegen Ende von *The Critic as Artist. Sie gehört zu einer geistigen Sphäre. Die Schönheit eines Gegenstandes zu erkennen, ist der feinste Punkt, den wir erreichen können. Selbst ein Sinn für Farben ist wichtiger in der Entwicklung des einzelnen als ein Sinn für richtig und falsch.*[189]

Der Eigenart Wildes entsprechend ist diese Kunsttheorie nicht systematisch entwickelt dargelegt, sondern äußerlich in der Form des Dialogs, innerlich sprunghaft, vielfach überspitzt oder paradox formuliert, von abschweifenden Aphorismen durchsetzt, mit leicht betonter Nonchalance hingeworfen. Lehrhaft im Wesen, ist sie doch nicht belehrend in der Form. Sie amüsiert und provoziert, denn trotz aller anfänglichen Betonung der Autonomie der Kunst ist ihre Theorie doch aus einer Reaktion gegen die Zeit entstanden, gegen eine Welt, die Wilde als so trostlos, langweilig, verzerrt von falschen Idealen und philisterhaft sah, daß *jeder von uns schon ihrer überdrüssig geworden wäre, wenn nicht Kunst mit ihrem feinen Sinn für Auswahl sie für uns gereinigt und ihr einen Augenblick lang Perfektion verliehen hätte.* Kunst ist *eine Flucht in eine weitere Welt ... Kunst schmerzt uns nicht ... nur durch Kunst können wir unsere Vollkommenheit erlangen. Lediglich durch Kunst können wir uns vor den gemeinsamen Gefahren der tatsächlichen Existenz schützen.*[190] Die Beschäftigung mit der Kunst ist also ein Weg, um der Trübsal der diesseitigen Welt zu entfliehen. Und diese Sicht der Kunst ist zugleich der Schlüssel zu Wildes Leben, das für ihn selbst eine Form der Kunst war, *mit eigenen Stilen, nicht weniger als die Kunstgattungen, die es zu erfassen suchen*[191].

Genau wie seine Ideale offenbaren diese Essays auch die Spannungen, die zwischen der Persönlichkeit Wildes und den von ihm entwickelten Ideen bestanden. In *The Critic as Artist* schreibt er: *Für uns jedenfalls ist das kontemplative Leben das wahre Ideal. Von dem hohen Turm des Denkens können wir die Welt betrachten. Gelassen und auf sich selbst bezogen und vollkommen, beschaut der ästhetische Kritiker das Leben ... Er hat erkannt, wie man lebt.*[192] Schon in Amerika hatte Wilde von einem Leben der Kontemplation geträumt, das in einem krassen Widerspruch zu seinem Wesen stand. Denn dieses brauchte das Gegenüber, das Echo und die Anerkennung. Wilde konnte ohne das Gespräch, ohne das gesellschaftliche Leben nicht leben. Der von ihm entwickelte, von Darwin übernommene Gedanke der freien Entfaltung und Entwicklung der menschlichen Persönlichkeit entsprach weitaus mehr seinem Wesen, und es gehört zu den Widersprüchen seiner Essays, daß sie beide Ideale verkünden.

Sieht man davon ab, daß Wilde Kritik als schöpferische Kunst gesehen haben wollte – und seine eigenen Rezensionen rechtfertigen dies –, so begann seine eigentlich schöpferische Zeit 1887 mit der Veröffentlichung von vier Erzählungen, denen ein Jahr später der größte Teil seiner Märchen folgte. Mit den kunsttheoretischen Essays und *The Picture of Dorian Gray,* die in den folgenden zwei Jahren erschienen, war dann der Absprung von der Rezensionsarbeit endgültig gelungen. Im Oktober 1889 gab Wilde die Edition der Frauenzeitschrift «Woman's World» auf und widmete sich danach fast ausschließlich seiner literarischen Arbeit – und der kunstvollen Gestaltung seines Lebens.

Schon die ersten Erzählungen Wildes enthalten das Grundmaterial, mit dem er hinfort arbeitete – in allen Erzählungen, in *The Picture of Dorian Gray* und in den Komödien. Die Handlung spielt stets in den obersten Kreisen der Gesellschaft. Wird einmal ein Abstecher in andere Schichten unternommen, so erscheinen sie dennoch aus der Sicht der oberen Kreise. London während der Saison, die Landsitze des Adels in der übrigen Zeit, Paris oder Venedig, kurz, die Zentren der Gesellschaft sind die Stätten der Handlung. Werden sie selbst nicht erwähnt, so ergänzen doch Anspielungen diese Kulisse. Der Studienfreund aus Oxford (die Konkurrenz Cambridge zählt einfach nicht), das Haus in London (im richtigen Stadtteil selbstverständlich), das Landhaus in der Provinz, die Jagd in Schottland oder die Yacht im Mittelmeer sind genauso wichtig wie der richtige Club und die richtige Zeitung. Es ist die Welt, in der sich Wilde bewegte – oder bewegen wollte –, eine Welt, in der er seine Sehnsucht nach adliger Gesellschaft stillen konnte. Ein Lord erscheint immer, wenn nicht sogar ein Herzog, begleitet von den armen, genauso gut aussehenden wie gelangweilten jüngeren Söhnen adliger Familien. Daneben sind Künstler zugelassen in dem Kreis der Akteure, vor allem Maler, gelegentlich auch Amerikaner, vor allem reiche. Es sind oberflächlich gezeichnete Gestalten, zu farblos, um als Typen gelten zu können, jedoch typische Vertreter ihrer Gesellschaftsschicht. Es sind keine ausgeprägten Charaktere, sondern Puppen, Marionetten, wie Wilde sie in seinem Gedicht *The Harlot's House* tanzen sah und wie Aubrey Beardsley sie zeichnete, *Leute, die dumm und bildschön sind, Leute, die man mit künstlerischem Vergnügen anschauen und mit geistiger Entspannung unterhalten kann*[193].

Der Aufbau der Erzählungen ist leicht zu erkennen, hat man das Schema erst durchschaut. Nicht die Charaktere motivieren die Handlung, sondern der Zufall. Dabei ist der geistreiche Einfall genauso wichtig wie das Geheimnis. Wenn es nicht selbst Strukturelement ist, so wird doch immer wieder darauf angespielt. Die Gestalten, vor allem die Frauen, umgibt eine Atmosphäre des Geheimnisvollen. Als «clairvoyante» erscheinen sie oder als Sphinx. Das menschliche Schicksal der Charaktere wie die Zukunft sind das Geheimnisvolle, das man durch Handlesekunst oder Hellsehen zu erkennen sucht. Wilde selbst hatte sich nach der Geburt seines ersten Sohnes ein Horoskop für diesen bestellt und auch später genau wie seine Frau Beziehungen zu der bekanntesten Wahrsagerin der Zeit, Mrs. Robinson, gepflegt.

Die Abhängigkeit vom Schicksal klingt schon in diesen ersten Geschichten an, besonders in *Lord Arthur Savile's Crime* [*Lord Arthur Saviles Verbrechen*]: *Konnte es sein, daß in seiner Hand, in Zeichen, die er nicht selbst lesen konnte ... ein schreckliches Sündengeheimnis geschrieben stand, ein blutrotes Zeichen des Verbrechens? Gab es überhaupt kein Entrinnen? Waren wir nichts als Schachfiguren, von einer unsichtbaren Macht umhergeschoben, Gefäße, die ein Töpfer nach seiner Willkür prägt, zur Ehre oder zur Schande? Sein Verstand revoltierte dagegen, und doch fühlte er, daß irgendeine Tragödie ihn umgab, daß er plötzlich aufgerufen sei, eine untragbare Last zu ertragen. Schauspieler haben es gut. Sie können wählen, ob sie in einer Tragödie oder einer Komödie auftreten wollen, ob sie leiden oder lustig sein, lachen oder weinen wollen. Aber im wirklichen Leben ist es anders. Die meisten Männer und Frauen werden gezwungen, Rollen zu spielen, für die sie nicht geschaffen sind.*[194] Verbrechen und Sünde lauern im Unterbewußtsein des Menschen und bestimmen seinen Weg. *Waren diese Kinder der Sünde und des Elends bis zu ihrem Ende prädestiniert, wie er bis zu seinem? Waren sie, wie er, lediglich die Puppen einer gewaltigen Schau?*[195]

Es sind schwerwiegende Fragen, die Wilde seine Helden stellen läßt, aber es bleiben Fragen. Antworten werden nicht gegeben. Im Gegenteil, durch die leicht ironisierende Erzählhaltung werden diese Fragen selbst wieder in Frage gestellt. Selbst ernste Aussagen werden nicht ernst genommen. Was sich hier als Schwäche erweist, ist in anderer Hinsicht die Stärke. Denn gerade durch ihre etwas frivole Leichtigkeit zeichnen sich diese ersten Erzählungen aus. Sie erheben nicht den Anspruch, Literatur zu sein, sondern dienen der Unterhaltung. Es sind erweiterte Anekdoten und Geschichten, wie Wilde sie bei Gesellschaften mit sprühender Phantasie zu erzählen pflegte, nie identisch, immer leicht variiert, dem Einfall des Moments folgend.

Genau wie der Gehalt trägt auch der Stil dieser frühen Erzählungen bereits den Stempel Wildes. Verglichen mit Joseph Conrad und Henry James ist er schlicht in der Wortwahl und einfach im Satzbau, eine beliebte Schullektüre. Dennoch stören schon hier die bewußten Stilisierungen, vor allem, wenn sie sinnlos sind. *Men who are dandies and women who are darlings rule the world...* (*Die Dandies unter den Männern und die Darlings unter den Frauen beherrschen die Welt...*) heißt es in *The Model Millionaire* [*Modell und Millionär*], wobei die Alliteration den Sinn verdunkelt.[196] Diese Stilfigur ist so beliebt, daß mitunter sogar ein französisches Wort dem englischen vorgezogen wird, wie bei *bête and beautiful* (*dumm und schön*) in derselben Erzählung.

Überhaupt wird gern um des Effektes willen ein französisches Wort eingeflochten oder eine ganze Phrase. Daneben erscheinen Chiasmen, Oxymora und andere Stilfiguren, die mehr schmückend als funktional in die Form eingefügt sind. Die Paradoxa und witzigen Aphorismen, die später Wildes Stil beherrschen, sind hier noch schwach und weit verstreut. Auffällig dagegen sind seine Lieblingswörter, wie *science, scientific, exquisite, passionately,* seine Lieblingsfarben Gelb und Grün (die Farbe der Dekadenz) und seine Versuche, Schönheit durch die Beschreibung oder einfach durch das Nennen schöner Gegenstände zu beschwören. Nicht allein schöne Menschen mit einem Hals wie Elfenbein und einer tiefen, sonoren Stimme treten auf, ihre Kulisse muß gleichfalls schön sein, ausgestattet mit Blumen, Edelsteinen und kostbaren Stoffen.

Diese Schmuckelemente belasten die Erzählungen, und verschiedene Zuhörer Wildes bestätigten dies, wenn sie von ihrer Enttäuschung über die schriftliche Fassung einer Geschichte sprachen, die sie vorher brillant erzählt bekommen hatten. Es ist der Unterschied zwischen einer Geschichte, die um ihrer Einfälle, ihrer Pointe willen erzählt wird, und einer Erzählung, die gleichzeitig einen ästhetischen Effekt erzielen will.

Eine weitere Schwäche Wildes zeigen die beiden längeren der vier Erzählungen, *The Canterville Ghost* [*Der Geist von Canterville*] und *Lord Arthur Savile's Crime.* Die Freude am Einfall verführt ihn leicht zu einer Häufung, die den Lauf der Handlung behindert. Gerade in der Erzählung *The Canterville Ghost,* die einen amüsanten Einfall entwickelt, häufen sich die Wiederholungen der Verkleidungspläne des Gespenstes, und diese Addition, diese bloße Reihung von leicht variierten Wiederholungen, lähmt die Spannung, statt sie zu steigern. Oft wirkt sich so Wildes Stärke, seine unerschöpflich sprühende Phantasie, nachteilig für die Gesamtkonzeption des Werkes aus.

Eine dritte Schwäche ist sein Zug zum Melodramatischen, seine Neigung, Leidenschaften und Gefühle übersteigert darzustellen. Ein Beispiel dafür ist die Flucht Saviles aus dem Haus der Lady Windermere, nachdem ihm der Chiromant seine Zukunft verkündet hat.

Zehn Minuten später stürzte Lord Arthur Savile mit einem Gesicht bleich vor Schrecken und Augen wild vor Kummer aus dem Bentinck-Haus, bahnte seinen Weg durch die Menge der pelzbemäntelten Dienstboten, die unter der breiten, gestreiften Markise standen, und schien nichts zu sehen und zu hören. Die Nacht war bitterkalt, und die Gaslaternen rund um den Platz flackerten und flimmerten in dem scharfen Wind; aber seine Hände waren fiebrig heiß und seine Stirn brannte wie Feuer. Er ging immer weiter, fast mit dem Schritt eines Betrunkenen. Ein Polizist betrachtete ihn neugierig, als er vorbeiging, und einen Bettler, der aus einer Einfahrt hervorschlich, um ein Almosen zu erbetteln, ergriff die Angst, da er größeres Elend sah als sein eigenes. Einmal hielt er unter einer Lampe und betrachtete seine Hände. Es schien ihm, als könne er schon Spuren von Blut darauf erblicken, und ein schwacher Schrei brach von seinen zitternden Lippen.[197]

Diese melodramatische Übersteigerung verwundert um so mehr, als sich Wilde sonst durch seinen Scharfblick für menschliche Schwächen auszeichnete.

Stärker noch als in den Erzählungen erscheinen die Schwächen der Wildeschen Erzählkunst in seinen Märchen. Dominierte in den Erzählungen noch die Fabel über die Form, so droht in den meisten Märchen bereits die Form die Fabel zu erdrücken. In den Erzählungen verlieh ein Geheimnis oder ein Konflikt der Handlung ihre Spannung und ihre Dynamik. Fehlt dieses treibende Element, gerät die Handlung in die Gefahr zu zerfließen, besonders wenn die Intention von der Fabel auf die ästhetische Gestaltung der Sprache gelenkt wird.

Edgar Allan Poe, von Wilde als Meister der Sprache wie der Romanze hochverehrt, hatte bereits 1842 in seiner Besprechung der Erzählungen Hawthornes jenes Prinzip der Einheit der Wirkung (unity of effect) hervorgehoben, das Wilde zwar selbst betonte, aber nicht verwirklichen konnte.[198] In *The Critic as Artist* schrieb er, *es gibt keine Kunst, wo es keinen Stil gibt, und keinen Stil, wo es keine Einheit gibt, und die Einheit ist die des Individuums*; doch gleichzeitig verfolgte ihn die Sehnsucht nach der Schönheit der Form.[199] *Form ist alles,* heißt es in dem gleichen Essay, und ein Brief beweist, daß er *The Nightingale and the Rose* [*Die Nachtigall und die Rose*] nach diesem Grundsatz gestaltet hat: *Als ich es schrieb, begann ich nicht mit einer Idee und kleidete sie in eine Form, sondern begann mit einer Form und versuchte, sie so schön zu gestalten, daß sie viele Geheimnisse und viele Antworten bergen konnte.*[200]

Trotz dieser Beteuerung ist das Märchen nicht so geheimnisvoll, wie Wilde es sich wünschte. Das Hauptthema ist der Gegensatz zwischen dem Künstler und dem Philister, der Nachtigall und dem Studenten. Wie bei allen Werken Wildes ist es schwer, die Quellen aufzudecken; zu zahlreich sind die Übernahmen.

Das Motiv des Liebesopfers, bei dem die Nachtigall ihr Herz an die Dornen der von ihr geliebten Rose preßt, ist schon aus dem altpersischen Mythos von der Nachtigall und der Rose bekannt. Es erscheint in der Legende vom armen Heinrich, die sowohl von dem Präraffaeliten Dante Gabriel Rossetti als auch von H. W. Longfellow («The Golden Legend», 1851) nachgedichtet wurde. In abgewandelter Form verwendet es Wilde in anderen Märchen, in *The Happy Prince* [*Der glückliche Prinz*], *The Selfish Giant* [*Der selbstsüchtige Riese*], *The Birthday of the Infanta* [*Der Geburtstag der Infantin*] und *The Fisherman and His Soul* [*Der Fischer und seine Seele*]. Immer führt es zum Tod.

Sowohl die Nachtigall als Sinnbild für Poesie als auch die Rose als Sinnbild für Schönheit finden wir in Andersens Märchen, wie überhaupt dessen Einfluß im Stil und der Thematik auf die erste Märchensammlung Wildes (1888) deutlich zu spüren ist. Auch E. T. A. Hoffmann scheint Wilde mit seiner Erzählung «Klein Zaches, genannt Zinnober» über das Thema der Studentenliebe beeinflußt zu haben.

Wichtiger als die Einflüsse ist das fertige Produkt. Und da bestätigt sich, was Wilde über die Entstehung des Märchens gesagt hatte: daß ihm die Form wichtiger war als der Gehalt. Deutlich tritt das Bemühen um eine kunstvolle Sprache hervor, und das Ergebnis ist ein gekünstelt wirkender Stil, einmal durch die auffällige Imitation des Alten Testaments und der englischen Kinderreime, zum anderen durch die langen Aufzählungen schöner Gegenstände, wie Steinen, Blumen oder Augen, die der Beschwörung des Schönen dienen sollen. Besser in dieser Hinsicht sind *The Happy Prince* und *The Selfish Giant*, das letztere Märchen vor allem, weil darin Form und Gehalt aufeinander abgestimmt sind.

Am besten sind die Stellen, bei denen Wilde mit zarter Hand und leichter Ironie seine originellen Einfälle in den Lauf der Erzählung einstreut.

«Soll ich Dich lieben?» sagte das Schwälbchen, das gern sogleich zur Sache kam, und das Ried machte ihm eine tiefe Verbeugung. So flog es immer wieder um das Ried herum, berührte das Wasser mit seinen Flügeln, was silberne Kräuselwellen ergab. Das war seine Werbung, und sie dauerte den ganzen Sommer.

«Es ist eine lächerliche Zuneigung», zwitscherten die anderen Schwalben; «sie hat kein Geld und viel zu viele Verwandte»; und tatsächlich stand der ganze Fluß voller Riedgräser. Dann, als der Herbst kam, flogen sie alle davon.

«A House of Pomegranates». Wildes zweites Märchenbuch, 1891. Umschlag von Charles Ricketts

Als sie weg waren, fühlte sich das Schwälbchen einsam, und es begann, seiner Geliebten überdrüssig zu werden. «Sie kann sich mit niemandem unterhalten», sagte es, «und ich glaube, sie ist eine Kokette, denn sie flirtet immer mit dem Wind.» Und tatsächlich, immer wenn der Wind blies, machte das Ried die graziösesten Verbeugungen. «Ich gebe zu, sie ist häuslich», fuhr es fort, «aber ich liebe das Reisen. und meine Frau sollte folglich auch das Reisen lieben.»[201]

Es gehört zu den Widersprüchen, die Wildes Werk durchziehen, daß er, der zur Verteidigung von *The Picture of Dorian Gray* immer wieder betonte, *der Bereich der Kunst und der Bereich der Moral* (seien) *vollkommen getrennt und verschieden,* in dieser ersten Märchensammlung den moralischen Gehalt so stark betonte.[202] Die sozialen Probleme der späten achtziger Jahre mögen dazu beigetragen haben. Im Mai 1888 enthüllte der Bericht des «Board of Trade» das Elend der Slums; ein Jahr später begann das neunbändige Werk von William Booth über Leben und Arbeit der Leute in London zu erscheinen, im selben Jahr, in dem auch die Fabier ihre Essays über Sozialismus veröffentlichten. Wilde schickte denn auch dem Bibliothekar der Toynbee Hall, einer sozialen Siedlung im Osten Englands, seinen ersten Märchenband und erklärte zur gleichen Zeit einem Bewunderer: *Die Geschichte ist ein Versuch, ein tragisches modernes Problem in einer Form zu behandeln, die zarte und phantasievolle Behandlung zum Ziele hat: sie ist eine Reaktion gegen den rein imitativen Charakter der modernen Kunst.*[203]

In der zweiten Sammlung von Märchen, die 1891 unter dem Titel *A House of Pomegranates* [*Das Granatapfelhaus*] erschien, erklingen neue Töne. Die zarten Töne der ersten Sammlung sind verschwunden. Immer noch wird von Liebe und Schönheit erzählt, aber sie sind jetzt verknüpft mit Schmerz und Sünde, ja selbst mit Grausamkeit. Der junge König, in dem ersten, gleichnamigen Märchen dieser Sammlung, das wie die meisten anderen Märchen bereits vorher in einer Zeitschrift erschienen war, ist die Frucht der illegalen Liebschaft einer Prinzessin, die nach seiner Geburt zusammen mit ihrem Liebhaber von dem König ermordet wird. Er selbst, zuerst vom König verbannt, später aus Reue als Erbe eingesetzt, besitzt die Schönheit seiner Eltern und ist erfüllt – man denke an Wilde – von *jener eigenartigen Leidenschaft für Schönheit, die bestimmt war, einen so großen Einfluß auf sein Leben auszuüben*[204]. Er sucht mit Schönheit den Schmerz zu betäuben und die Krankheit zu heilen. Er betet italienische Gemälde an, gerät in Verzückung über einen Edelstein, küßt eine Marmorstatue und verbringt eine Nacht damit, die Wirkung des Mondlichts auf ein silbernes Standbild des Endymion zu beobachten: eine typische Gestalt aus der Phantasie des Ästheten Wilde. Durch drei Träume wird er zum Sozialreformer und erscheint am Ende mit *dem Gesicht eines Engels,* von egoistischem Ästhetizismus zu christlicher Nächstenliebe bekehrt. Wie in *The Selfish Giant* zerstört das sentimentale Ende die Einheit der Erzählung. Denn mit Ausnahme der letzten Geschichte dieser Sammlung, *The Star-Child* [*Das Sternenkind*], die wiederum stark an Andersen erinnert, verdienen diese Erzählungen kaum noch die Bezeichnung Märchen. Wilde selbst sprach stets von Geschichten oder von *tales* (Erzählungen).

Die phantastischste Erzählung ist *The Fisherman and His Soul,* eine Behandlung des Undine-Stoffes, mit starken Parallelen zu Flauberts «La Tentation de Saint Antoine», zu Gautiers «Albertus» und zu

«Melmoth the Wanderer» von Charles Robert Maturin, einem Vorfahren Wildes. Zwei Motive dieser Erzählung kehren in Wildes Werken dieser Zeit häufig wieder: das Teufelsbundmotiv und das Doppelgängermotiv. Fast gleichzeitig wird es von Wilde in *The Picture of Dorian Gray* entwickelt, zu einer Zeit, zu der Wilde selbst bereits ein Doppelleben führte. Es liegt nahe, die Vorliebe für diese Motive als autobiographisches Bekenntnis Wildes auszulegen, zumal Wilde diesen zweiten Band märchenhafter Erzählungen seiner Frau widmete, mit einem Gedicht *To My Wife*, das mit der Strophe schließt *Du wirst verstehen.*

Das Doppelgängermotiv war ein beliebtes Motiv der Spätromantik. Es erscheint in E. T. A. Hoffmanns «Die Elixiere des Teufels», in E. A. Poes «William Wilson» und war 1886 von R. L. Stevenson in seinem berühmten «Dr. Jekyll and Mr. Hyde» entwickelt worden. Das Teufelsbundmotiv, das schon in der Bibel angedeutet wird, bei dem eine sündige Leidenschaft zu einem Bündnis mit dem Teufel führt, der als Entgelt für die Seele sämtliche irdischen Wünsche erfüllt, mußte Wilde genauso locken wie der Gedanke an die Erfüllung irdischer Wünsche. Eine Vorliebe für den Begriff Seele wiederum, wie zu anderen geheimnisvollen, suggestiven Begriffen, durchzieht sein ganzes Werk. Das Mysteriöse und das Suggestive gehörten für Wilde zu den Farbelementen des Lebens, wie er in *De Profundis* bekannte.[205]

In dieser zweiten Sammlung von Erzählungen tritt außerdem Oscar Wildes Neigung, Gegensätzliches miteinander zu verbinden, stärker hervor. Sie zeigt sich in der Bekehrung des jungen Königs, in dem Gegensatz zwischen der bildschönen Infantin und dem stockhäßlichen, zwergenhaft verkrüppelten Köhlerjungen, der beim ersten Anblick seiner selbst einen Herzschlag bekommt, in dem Gegensatz zwischen dem Fischer, der sein Leben der geliebten Meerjungfrau opfert, und seiner lieblos-grausamen Seele, zwischen der wunderbaren Schönheit und der grausamen Hartherzigkeit des Sternenkindes, das erst durch Leiden gedemütigt wird. Selbst am Ende der Erzählung von dem Sternenkind erscheint diese Neigung, diesmal in scharfem Gegensatz zu dem traditionellen Märchenschluß. Anders als bei Andersen und in dem ersten Märchenband, wo zwar schon Tod und Enttäuschung den Abschluß gebildet hatten, heißt es hier: *Und der, der nach ihm kam, herrschte bösartig.*[206]

In den sogenannten Prosagedichten, einer Sammlung von fünf, später sechs parabelartig kurzen Geschichten, die wie die meisten Erzählungen Wildes zuerst mündlich verbreitet und später aufgezeichnet wurden, tritt diese Vorliebe für das Gegensätzliche noch stärker hervor.

Von Wildes Erzählungen und Märchen führt ein direkter Weg zu *The Picture of Dorian Gray*. Was dort an Ideen und Motiven anklingt, wird hier zusammengefaßt und ausgeführt. Selbst die Form ist eine Mischung von Erzählung und Märchen, die Buchfassung noch stärker als die Zeitschriftenfassung, die ein knappes Jahr davor, am 20. Juni 1890, in «Lippincott's Monthly Magazine» gleichzeitig in England und in den USA erschienen war.

Die Fabel von einem bildschönen Jüngling, der sein Leben in ewiger Jugend einer sich stetig steigernden Jagd nach Schönheit, sinnlichen Freuden, Ausschweifungen und Verbrechen widmet, während sein Ebenbild, ein Gemälde, die Spuren dieser Taten registriert, stammt weitgehend von Wilde selbst, auch wenn sie – seiner Arbeitsweise entsprechend – eine Fülle von fremden Elementen enthält. Da ist einmal J.-K. Huysmans' «À Rebours» (1884), von dem Wilde in einem Brief selbst zugibt, daß es ihm als Anregung gedient habe.[207] Die Ähnlichkeiten im Charakter des Helden, im Aufbau des Werkes und in der ganzen Atmosphäre sind offensichtlich. Thematische Parallelen bestehen auch zu Gautiers «Mademoiselle de Maupin» (1835) und zu «Émaux et Camées» (1852), das – wie «À Rebours» – in Wildes Werk genannt wird.

Das Teufelsbundmotiv, das in ähnlicher Form sowohl in Ch. R. Maturins «Melmoth the Wanderer» (1820) als auch in Balzacs «La Peau de chagrin» (1831) erscheint, wurde bereits erwähnt, genauso wie das Doppelgängermotiv. In seiner leidenschaftlichen Verehrung des Schönen wiederum erinnert Dorian deutlich an den jungen König, andere Elemente weisen auf *The Model Millionaire* und *Lord Arthur Savile's Crime*. Die Lehre des «Neuen Hedonismus», mit der Lord Henry Dorian vergiftet, wurzelt offensichtlich in Paters Schlußwort zu «Renaissance», jenem Buch, von dem Wilde in *De Profundis* schrieb, daß es *einen so eigenartigen Einfluß auf mein Leben ausgeübt hat*[208].

Entgegen seiner Behauptung André Gide gegenüber, er habe *The Picture of Dorian Gray* nach einer Wette in wenigen Tagen geschrieben, denn *Schreiben langweilt mich so*, war Wilde von den Verlegern des «Lippincott's Monthly Magazine» zu einer Geschichte verpflichtet worden und brauchte, nachdem der Verlag *The Fisherman and His Soul* abgelehnt hatte, knapp sechs Monate, um die kürzere Fassung von *The Picture of Dorian Gray* fertigzustellen.[209] *Ich habe gerade meine erste lange Geschichte beendet und bin erschöpft*, schrieb er in einem leider undatierten Brief an eine befreundete Schriftstellerin. *Ich befürchte, sie ist fast wie mein Leben – nur Konversation*

THE PICTURE OF
DORIAN GRAY
BY
OSCAR
WILDE

WARD LOCK AND CO
LONDON NEW YORK
& MELBOURNE.

Titelseite der ersten vollständigen Ausgabe

und keine Handlung. Ich kann keine Handlung beschreiben, meine Leute sitzen auf Stühlen und schwätzen.[210]

Schon in diesen Zeilen weist Wilde auf die Schwächen seines Buches, die er an anderer Stelle erläutert. *Wenn ich mein Buch kritisieren sollte, woran ich bereits gedacht habe, ich glaube, ich würde es als meine Pflicht erachten, darauf hinzuweisen, daß es viel zu stark durchsetzt ist mit sensationellen Einzelheiten und im Stil viel zu paradox ist, jedenfalls was den Dialog betrifft.*[211] So faszinierend die Fabel auch war – was Wilde daraus gemacht hat, ist schwach. Es sind die gleichen Schwächen, die seine Erzählungen und Märchen belastet hatten: zu viele rein schmückende Einzelheiten, zu viele manierierte Sätze, Abschweifungen und Wiederholungen.

Wilde versuchte zwei Ziele zu verfolgen, die sich nur schwer miteinander vereinen lassen. Er wollte eine Geschichte erzählen, *von einem jungen Mann, der seine Seele gegen ewige Jugend verkauft,* und gleichzeitig einen Roman schreiben, *der so lieblich wäre wie ein persischer Teppich und genauso irreal*[212]. Doch unterschätzte er die Schwierigkeit, vor der E. A. Poe gewarnt hatte. «Der Schriftsteller, der das einzig Schöne in einer Prosaerzählung anstrebt, arbeitet unter erschwerten Bedingungen. Denn Schönheit läßt sich viel besser in einem Gedicht behandeln.»[213] Aber Wilde wollte sich an Prosa versuchen, und er führte dies gern auf den Rat zurück, den Pater ihm bei ihrer ersten Begegnung gegeben hatte. «Warum schreiben Sie immer Lyrik? Warum schreiben Sie keine Prosa? Prosa ist soviel schwieriger.»[214]

Dabei konnte Wilde Prosa schreiben, brillante Prosa, aber immer nur dort, wo er etwas zu sagen hatte, wo die Form funktional aus dem Inhalt erwachsen war. Der Anfang des neu eingefügten dritten Kapitels von *The Picture of Dorian Gray* ist ein Beispiel dafür, wie auch die Beschreibung von Lady Henry zu Beginn des vierten Kapitels.

Sie lachte nervös, als sie sprach, und beobachtete ihn mit ihren vagen Vergißmeinnicht-Augen. Sie war eine eigenartige Frau, deren Kleider immer aussahen, als seien sie in Rage entworfen und im Sturm angezogen. Sie war gewöhnlich in irgend jemanden verliebt, und da ihre Leidenschaft nie erwidert wurde, hatte sie sich all ihre Illusionen erhalten. Sie versuchte, malerisch auszusehen, erreichte aber nur, daß sie unordentlich war. Sie hieß Victoria und ging leidenschaftlich gern in die Kirche.

Es ist ein Stil, der zum Aphorismus drängt und darin seine Vollendung findet. *Heutzutage kennen die Leute von allem den Preis und von nichts den Wert* ist eine besonders gelungene Formulierung, die Wilde darum auch gern in späteren Werken wiederholte.[215]

Störend dagegen für den Ablauf der Handlung sind jene Passagen, in denen Wilde das Schöne zu beschwören sucht. Der Anfang der Erzählung mag als Beispiel dienen, mit seiner Aufzählung der verschiedenen Düfte, die in das Studio des Malers dringen. Es bleibt bei einer Aufzählung, die zu vage ist, um impressionistisch zu wirken, und zu oberflächlich, um eine bedrückende Atmosphäre zu schaffen. In Wildes Händen wird sie gekünstelt, konstruiert und überladen. Beziehungslose Reihungen, Wiederholungen und Häufungen charakterisieren vor allem auch das elfte Kapitel, das den vergiftenden Einfluß beschreibt, der von einem mysteriösen gelben Buch auf Dorian ausgeht. In langer Reihe werden exotische Musikinstrumente, geheimnisvolle Juwelen und prunkvolle Stickereien aufgezählt, mit denen sich Dorian beschäftigte, um seinen *ennui* zu vertreiben, *jenes schreckliche taedium vitae, das jene überfällt, denen das Leben nichts versagt*[216]. Wie viele zeitgenössische Dichter glaubte Wilde an die magische Kraft von Steinen und Juwelen.

Aufschlußreicher als diese Mängel der Form sind die drei Hauptgestalten, die Wilde in dieser Erzählung vorstellt, denn jede weist auf einen Wesenszug ihres Schöpfers: Basil Hallward, der Künstler und Idealist, für den die angebetete Schönheit zugleich das Reine und Gute darstellt; Lord Henry Wotton, der Dandy, der aus spöttisch-überlegener Distanz das Treiben der närrischen Welt betrachtet; und Dorian Gray, der Ästhet, der sich ungehemmt durch die Kritik der Umwelt seinen sinnlichen Leidenschaften hingibt. Rückblickend bekannte Wilde selbst diesen autobiographischen Gehalt seines Buches. *Es enthält viel von mir*, schrieb er einem Bewunderer. *Basil Hallward, das bin ich, wie ich glaube: Lord Henry, wie die Welt mich sieht: Dorian, wie ich gern wäre – zu anderen Zeiten, vielleicht.*[217]

Doch entgegen seiner eigenen Deutung kann Wilde mit keiner der drei Gestalten ausschließlich identifiziert werden. Alle drei sind nur Wunschbilder seines eigenen Wesens, und alle drei stehen zueinander im Konflikt. Dabei unterliegt in der Erzählung, wie in seinem eigenen Leben, der Künstler dem Dandy wie dem süchtigen Ästheten. Denn Lord Henry und Dorian beherrschen die Erzählung, Lord Henry, der Theoretiker, und Dorian als derjenige, der dessen Theorie auf sein eigenes Leben überträgt.

Beide ähneln einander so sehr, daß man versucht ist, sie als zwei Stadien ein und derselben Lebensart zu sehen. Dorian zeigt die Entwicklung, die zu der Wesensart Lord Henrys führt. Er ist Dorians Vorbild und kennt alle Leidenschaften, zu denen er Dorian anregt. Er ist der Typ jenes Dandy, den Wilde selbst gern spielte. Nur oberflächlich gezeichnet, wird er als Ideal vorgestellt, als reich, adlig und gelangweilt, als zynischer Ästhet, der aus der Distanz das Leben kühl belächelt. Obwohl er häufig böse genannt wird, ist er nicht so sehr un- als amoralisch. Nie ist er natürlich, sondern genauso gekünstelt wie seine Sprache. Er liebt das Paradoxon als Ausdrucksmittel, weil er damit einen ästhetischen Effekt erzielt. So wie das Paradoxon eine Wahrheit vortäuscht, aber nicht enthält, so täuscht der Dandy Überlegenheit vor, besitzt sie aber nicht. Er gibt vor, seine Mitwelt zu verachten und ihrer nicht zu bedürfen. Aber all das ist nur Maske. Er leidet an seiner Isolation und Einsamkeit, weil er letztlich seine Zeit verändern will, weil er versuchen möchte, eine Elite herauszubilden.

Volle Selbstentfaltung ist nach Lord Henry die Reaktion auf eine stagnierende Zeit.

Das Ziel des Lebens ist Selbstentfaltung. Das eigene Wesen vollkommen zu verwirklichen – das ist es, wozu jeder von uns hier ist. Die Leute fürchten sich heutzutage vor sich selbst ... Der Schrecken vor der Gesellschaft, der die Basis aller Moral ist, und der Schrek-

ken vor Gott, der das Geheimnis aller Religion ist – dieses sind die beiden Dinge, die uns beherrschen. Und doch ... glaube ich, wenn ein Mensch sein Leben völlig und vollkommen auslebte, jedem Gefühl Gestalt verlieh, jeden Gedanken ausdrückte, jeden Traum verwirklichte – dann würde die Welt solch einen frischen Freudenimpuls gewinnen, daß sie all die mittelalterlichen Krankheiten vergäße und zu dem hellenistischen Ideal zurückkehrte – vielleicht sogar zu etwas Feinerem, Reicherem als dem hellenistischen Ideal. Aber der Tapferste unter uns fürchtet sich vor sich selbst. Die Verstümmelung des Wilden hat ihre tragische Überlieferung in der Selbstentsagung gefunden, die unser Leben verdirbt. Wir werden für unsere Entsagungen bestraft. Jeder Impuls, den wir abzuwürgen suchen, brütet in unserem Kopf und vergiftet uns. Der Körper sündigt einmal, dann ist für ihn die Sünde erledigt, denn die Handlung ist eine Art Bereinigung. Nichts verbleibt als die Erinnerung an das Vergnügen oder der Genuß des Bedauerns. Um sich von einer Versuchung zu befreien, muß man ihr nachgeben. Das ist die einzige Lösung. Widerstehen Sie ihr, so wird Ihre Seele krank vor Sehnsucht nach den Dingen, die sie sich selbst verbietet, vor dem Verlangen nach dem, was ungeheuerliche Gesetze ungeheuerlich und ungesetzlich gemacht haben. Man sagt, daß die größten Ereignisse der Welt im menschlichen Geist stattfinden. Allein im Geist und nur im Geiste finden auch die größten Sünden der Welt statt.[218]

Jugend und Schönheit sind die Ideale dieses neuen Lebens, das Lord Henry in seiner Verführungsrede verkündet. *Schönheit ist eine Form von Genie – steht über dem Genie, denn sie braucht keine Erklärung ... Schönheit ist das Wunder aller Wunder ... Aber Sie haben nur ein paar Jahre, in denen Sie wirklich, vollständig und vollkommen leben können. Wenn Ihre Jugend Sie verläßt, verläßt Sie auch Ihre Schönheit, und dann werden Sie plötzlich erkennen, daß es keine Triumphe mehr für Sie gibt ... Verwirklichen Sie Ihre Jugend, solange sie Ihnen gehört ... Leben Sie! Leben Sie das wunderbare Leben, das in Ihnen ist. Lassen Sie sich nichts entgehen. Suchen Sie immer nach neuen Empfindungen. Fürchten Sie sich vor nichts ... Ein neuer Hedonismus – das ist es, was unser Jahrhundert braucht.*[219]

Es sind die Gedanken aus dem Schlußwort zu Walter Paters «Renaissance», erweitert und im Wildeschen Sinne interpretiert, zu denen Lord Henry hier Dorian bekehrt. Daß ihr Ziel, eine vitale, ekstatische Lebensführung, hier allerdings auf das Sinnlich-Ästhetische beschränkt, in einem eigenartigen Widerspruch zu Lord Henrys eigenem Wesen steht, sei nur nebenbei erwähnt. Es sind keine glaubhaft abgerundeten Charaktere, die diese Ideen hier vortragen, sondern oberflächlich umrissene Typen mit der Funktion eines Sprach-

«Oscar Wilde bei der Arbeit». Karikatur von Aubrey Beardsley, 1898

rohrs. Interessant ist, daß hier schon der Weg zum Bösen gewiesen wird, das Dorian erst fasziniert und später beherrscht.

Die Wertmaßstäbe für das Böse werden in *The Picture of Dorian Gray* direkt oder indirekt von Basil Hallward und Lord Henry gesetzt. Beide versuchen Dorian zu beeinflussen, beide stehen sich mit ihrem Einfluß gegenüber. Basil sieht in Dorian nur die reine, unverdorbene Seele. Seine Schönheit ist für ihn das Gute. Auch später, nach ihrer Entfremdung, nachdem Dorian den Lehren Lord Henrys gefolgt ist, sucht er ihn immer wieder zum Guten zu bekehren. Es gehört zu den Eigenarten des Buches, daß gerade der Künstler, der nach Wilde außerhalb der Moralvorstellungen seiner Zeit steht, die traditionelle, christliche Moral vertritt – und dadurch seinen Tod findet.

Lord Henrys Lehre vom *Neuen Hedonismus* dagegen steht an sich jenseits von Gut und Böse. Obwohl er selbst von Basil immer wieder *böse* und sein Einfluß *schlecht* genannt wird, handelt er selbst nie, verkündet nur ein Leben der völligen Selbstentfaltung und ist an einer Vitalisierung der stagnierenden Zeit interessiert. Erst an Dorian, der diese Lehre konsequent bis zum Ende verfolgt, wird das Böse an ihr offenbart, das Böse wiederum in doppelter Hinsicht. Einmal aus der Sicht der traditionellen, christlichen Morallehre, für die das Gemälde wie ein Seismograph jedes neue Abenteuer Dorians registriert, das Gemälde, das sogleich das sichtbare Gewissen Dorians ist. Dabei werden seine Sünden – mit Ausnahme seiner etwas knabenhaft-harmlosen, melodramatisch gezeichneten Liebesaffäre mit Sybil und seines Mordes an Basil – nur angedeutet, nicht aber genannt oder gar beschrieben. Es bleibt der sündigen Phantasie des Lesers überlassen, diese Lücken zu füllen.

Die uneingeschränkte Entfaltung des eigenen Selbst wirkt sich jedoch auch auf Dorian *böse* aus, sieht man, unabhängig von den moralischen Konzeptionen der Zeit, als *böse* die Negierung oder gar Vernichtung dessen an, was das Ziel dieses *Neuen Hedonismus* war, nämlich des Lebens, oder, wie Lord Henry es sieht, des Lebens in seiner vitalsten Form, nämlich der Jugend. *Es gibt absolut nichts Wertvolleres auf der Welt als Jugend*, ruft er am Anfang Dorian zu; und in ihrem letzten Gespräch vor Dorians Tod verschärft er diesen Gedanken: *Der Tod ist das einzige, das mich je in Schrecken versetzt hat. Ich hasse ihn.*[220]

Wenn das egoistische, allein auf das eigene Selbst bezogene, asoziale Leben das höchste Ziel ist, dann muß der Tod, das heißt das Ende dieses selbstsüchtigen Freudentaumels, der erste Feind, kurz, das Böse sein. Und Dorian erntet das Böse, als er sich durch sein Leben der Selbstentfaltung so weit gebracht fühlt, daß er sich das Leben nimmt. In Dorians Tod treffen sich beide Vorstellungen des Bösen. Denn bei seinem Versuch, sein Gewissen zu töten, tötet Dorian sich selbst.

Dieses Ende Dorians, die Zerstörung des Bildes, die den Zauber beendet und ihn selbst vernichtet, ist ein Zugeständnis an die Gesellschaft, für die das Buch geschrieben wurde, und keine Verwirklichung der Kunstauffassung Wildes. Wilde war sich dieser Tatsache wohl bewußt, konnte sie aber nicht erklären. In seiner Auseinandersetzung mit den verschiedenen, teils sehr scharfen Kritiken verwikkelte er sich dann auch in Widersprüche. An den Herausgeber der «St. James's Gazette» schrieb er, daß er nicht verstehe, wie man ein Kunstwerk von einem moralischen Standpunkt aus kritisieren könne. *Der Bereich der Kunst und der Bereich der Ethik sind vollkommen getrennt und verschieden.*[221] Es ist die gleiche Meinung, die er später in seinen Essays vertrat und in dem Vorwort zu *The Picture of Dorian Gray* wiederholte: *So etwas wie ein moralisches oder ein unmoralisches Buch gibt es überhaupt nicht ... Bücher sind entweder gut oder schlecht geschrieben, das ist alles.*

In weiteren Briefen an die gleiche und an andere Zeitschriften verteidigte er sich jedoch heftig gegen die Angriffe, das Buch sei böse und übe einen schlechten Einfluß aus, mit der wiederholten Behauptung, daß es eine Geschichte mit einer *schrecklichen Moral* sei. *Und die Moral ist dies: alle Ausschweifungen, wie alle Entsagungen, führen zu ihrer eigenen Bestrafung. Der Maler, Basil Hallward, der wie die meisten Maler physische Schönheit viel zu sehr verehrt, stirbt durch die Hand eines Menschen, in dessen Seele er ungeheuerliche und absurde Eitelkeit gezüchtet hat. Dorian Gray, der ein Leben ausschließlich für sinnliche Freuden und Vergnügen geführt hat, versucht, sein Gewissen zu töten, und tötet sich in dem Moment selbst. Lord Henry Wotton versucht lediglich, ein Zuschauer des Lebens zu sein. Er stellt fest, daß diejenigen, die sich dem Kampf entziehen, tiefer verletzt werden als diejenigen, die daran teilnehmen.*[222]

Wilde bekannte gleichzeitig, daß dies der einzige künstlerische Fehler des Buches sei, den er, wie er in einem späteren Brief versicherte, in der Buchfassung der Erzählung zu verbessern beabsichtige. Er sei sich der Schwierigkeit bewußt gewesen, die sehr offensichtliche Moral der künstlerischen und dramatischen Wirkung unterzuordnen. Ungefähr zur gleichen Zeit schrieb er jedoch an einen Bekannten: *Ich freue mich, daß Sie «Dorian Gray» mögen – es ist aus albernen Gründen angegriffen worden, aber ich glaube, daß es schließlich als wirkliches Kunstwerk anerkannt wird, das eine starke moralische Lehre enthält.*[223]

Trotz seiner Beteuerung hat Wilde bei der Überarbeitung der Erzählung die Moral in keiner Weise abgeschwächt. Im Gegenteil, durch die Einführung der Gestalt des James Vane hat er die Angst Dorians betont und dadurch den moralischen Gehalt der Erzählung eher noch unterstrichen.

Abgesehen von einigen kleineren Streichungen fügte Wilde das Vorwort und sechs neue Kapitel der Erzählung hinzu. Die Streichungen, so geringfügig sie auch sind, weisen auf ein Element der Erzählung, das den Verdacht stärkt, Wilde sei bereits vor seiner Begegnung mit Douglas homosexuell gewesen.[224] Das Verhältnis zwischen Basil und Dorian wird mit Worten beschrieben, die auf mehr deuten als auf eine enge Freundschaft. Vor allem im ersten Kapitel, bei der Einführung seiner Person, spricht und verhält sich Dorian wie ein junges Mädchen, und Basil schwärmt von ihm wie von einer Geliebten, die er eifersüchtig vor dem Freunde bewahren möchte.

Das Vorwort, das zuerst im März 1891 in der Zeitschrift «Fortnightly Review» erschien, bevor es im April desselben Jahres in leicht veränderter Form der Buchfassung vorangestellt wurde, besteht aus einer Sammlung von 23 Aphorismen. Sie enthalten im wesentlichen die gleichen Gedanken, die Wilde in seinen kunstkritischen Essays verkündet hatte, und sind offensichtlich zur Verteidigung des Buches gegen weitere Angriffe der Kritiker bestimmt.

Entgegen seiner Behauptung, *The Picture of Dorian Gray* sei ein Essay über dekorative Kunst, eine Reaktion gegen die grobe Brutalität des schlichten Realismus, sind die Ergänzungen einerseits dazu da, die Charakterisierung der Personen zu verdeutlichen, beziehungsweise die Glaubhaftigkeit der Handlung zu stärken.[225] Zum anderen dienen sie, wie die Passagen mit geistvoll-witzigen Gesellschaftsdialogen, der Belustigung des Lesers. Durch sie zerfließt die an sich schon uneinheitliche Geschichte noch mehr. Man könnte *The Picture of Dorian Gray*, wie einen großen Teil seiner Erzählungen und Märchen, mit den gleichen Worten kritisieren, die Wilde selbst über Wainewright gesagt hatte: *Es fehlt ihm immer die Selbstbeherrschung (self-restraint) des wahren Künstlers.*[226]

DIE DRAMEN

The Picture of Dorian Gray blieb die letzte große Erzählung Oscar Wildes. Nach 1891 schrieb er bis zu seinem Sturz hauptsächlich Dramen, die sich allerdings von seinen früheren Versuchen unterscheiden. Ein Vergleich zwischen *The Picture of Dorian Gray* und diesen späteren Dramen Wildes zeigt, daß eine für ihn charakteristische Spaltung stattgefunden hat. Zwei Elemente, die in *The Picture of Dorian Gray* thematisch wie formal noch vermischt waren, erscheinen nun in zwei verschiedenen Dramen getrennt voneinander entwickelt: die Verlockung des Bösen in *Salome* und die Verspottung der Gesellschaft in *The Importance of Being Earnest.* Formal gesehen ist es einmal der Versuch, die Berauschung an sinnlich-ästhetischen Reizen sprachlich zu gestalten, zum anderen die bis zum Paradoxon gesteigerte Formulierung eines Bonmots in den ästhetisch ebenso reizvollen Dialo-

Beardsleys Titelblatt für die englische Ausgabe, 1894

gen der Komödie. Dabei ist bezeichnend, daß es für Wilde schwieriger war, *The Importance of Being Earnest* zu schreiben als den Einakter *Salome. The Importance of Being Earnest* konnte erst entstehen, nachdem sich Wilde an drei Gesellschaftskomödien versucht hatte, an *Lady Windermere's Fan, A Woman of No Importance* [*Eine Frau ohne Bedeutung*] und an *An Ideal Husband,* die man in gewissem Sinne als Vorläufer bezeichnen kann; *Salome* dagegen erwuchs unmittelbar aus *The Picture of Dorian Gray.* Beide Dramen entsprachen zwei Wesenszügen ihres Schöpfers und charakterisieren das Doppelleben, das Wilde zu jener Zeit führte.

Beide Dramen entstanden in der Umgebung, für die sie geschrieben worden waren: *The Importance of Being Earnest* im August/September 1894 in England, in dem Badeort Worthing, *Salome* in den Monaten November/Dezember 1891 in französischer Sprache in Paris.[227] Das Französisch seiner letzten Fassung ließ Wilde von

Freunden in Paris verbessern – ohne freilich alle Vorschläge zu akzeptieren. Die englische Übersetzung seines Freundes Douglas sah Wilde selbst durch und verbesserte wahrscheinlich große Teile.[228] Jedenfalls erschien der Name von Douglas als Übersetzer nicht auf dem Titelblatt, sondern nur in der Widmung.

Was an diesem Stück, selbst in der englischen Fassung, auffällt, ist die Melodik seiner Sprache. Die Sätze sind kurz und schlicht, offenbar von Maeterlinck beeinflußt, so kurz, daß sich die «Times» an eine französische Sprachlehre erinnert fühlte.[229] Dennoch wird durch Alliteration und durch verschiedene Formen von Parallelismen der gleiche melodische Effekt erzielt wie in der englischen Bibelübersetzung des Alten Testaments. In einem Brief an Douglas erwähnt Wilde noch einen weiteren Einfluß auf den Rhythmus seiner Sprache: *Die Wiederholungen in «Salome», die das Drama wie ein Musikstück mit wiederkehrenden motifs zusammenfügen, sind und waren für mich das künstlerische Gegenstück zum Refrain der alten Balladen.*[230]

Abgesehen vom Rhythmus, geht die Wirkung der Sprache in diesem Drama von den assoziationsgeladenen Worten aus. Beide zusammen schaffen die sinnlich-schwüle Atmosphäre des Stückes. Es ist der gleiche Wortschatz ästhetischer Dekadenz, der schon in der zweiten Märchensammlung und in *The Picture of Dorian Gray* angeklungen war: (Sinnliche) Liebe, Tod, Blut, Wein, daneben Farben wie Rot, Gelb und Blau, Edelsteine, Silber, Gold und andere edle Gegenstände wie Elfenbein oder Edelhölzer. Adjektive erscheinen oft in antithetischer Paarung, wie schrecklich-schön oder bitter-süß. Nicht der Gegenstand selbst wird beschrieben, sondern die Wirkung, die von ihm ausgeht. Der sinnliche Effekt steht über der intellektuellen Erkenntnis.

Trotz dieses assoziationsgeladenen Wortschatzes erreicht die Sprache Wildes nicht die Bedeutungstiefe eines Symbolisten wie Mallarmé, Moréas oder Maeterlinck. Sie hat mehr impressionistische Wirkung als symbolische Bedeutung. Der Wein, die Edelsteine, das Elfenbein, die Taube erscheinen nur, um Assoziationen hervorzurufen, nicht, um auf eine tieferliegende Bedeutung hinzuweisen. Selbst der Mond, der noch am ehesten als Symbol angesehen werden kann, verliert seine Bedeutung dadurch, daß sie relativiert wird.

Die ganze Szene – der Einakter besteht nur aus einer einzigen Szene – steht im Banne eines silberweißen Mondes, aber jede der Personen des Stückes sieht ihn anders. Jeder projiziert nur seine eigenen Sehnsüchte in die Erscheinung des Mondes und unterstreicht damit die Isolation, in der alle Gestalten stehen. Dennoch stehen sie alle unter dem Einfluß des Mondes, handeln und sprechen wie in

Illustration von Beardsley zu «Salome»

Trance. Ihre stereotypen Reden gleichen Klagegesängen, die von sinnlich-erotischer Sehnsucht erfüllt sind. Nicht miteinander sprechen sie, sondern aneinander vorbei, von Schönheit und Todesangst gleichermaßen gebannt. Ohne inneren Kontakt zueinander, werden sie nur von Lust oder Angst getrieben. In einem Brief bekennt sich Wilde eindeutig zu dieser vagen Vieldeutigkeit eines Symbols, zu einem *Symbolismus, der auf viele Bedeutungen weist, nicht eingeengt ist auf eine Moral, sondern vielseitig ist, wie – so meine ich – Symbolismus sein sollte*[231]. Die sinnlich-erotische Wirkung der Sprache ist das einzige, was bleibt.

Dennoch war *Salome* ein geglückter Wurf Wildes. Einen Akt hindurch war es ihm gelungen, eine so einseitig konzentrierte Atmosphäre aufrechtzuerhalten und am Ende zu einem Höhepunkt zu gestalten. Die längeren Monologe gegen Ende erfordern allerdings außergewöhnliche schauspielerische Leistungen, so daß sich ein abendfüllendes Drama von dieser Intensität nur schwer vorstellen läßt. Der zweite Versuch Wildes, in dieser Tonart zu schreiben, *La Sainte Courtisane, or The Woman Covered with Jewels* [*La Sainte Courtisane oder Das Weib mit den Edelsteinen*], der gegen Ende 1893 entstand, blieb unvollendet. Das Manuskript ließ Wilde nach seiner Entlassung aus dem Gefängnis in einer Pariser Droschke liegen.

Im Februar 1896, als Wilde noch im Gefängnis saß, wurde *Salome* zum erstenmal in Paris aufgeführt. *Es bedeutet schon etwas, daß ich zur Zeit der Ungnade und Schande noch als ein Künstler betrachtet werde*, schrieb er aus dem Gefängnis, und nach seiner Entlassung stellte er fest: *Hinsichtlich meiner Behandlung im Gefängnis durch die Behörden war es die Aufführung von «Salome», die die Waage zu meinen Gunsten neigte, und ich bin allen tief zu Dank verpflichtet, die daran beteiligt waren.*[232] Eine für den Sommer 1892 in London geplante Aufführung, mit der berühmten Sarah Bern-

«Salome» auf deutscher Bühne: Tilla Durieux in der Titelrolle

hardt als Salome, hatte der Lord Chamberlain, der Theaterzensor Englands, verboten, weil biblische Charaktere darin auftraten. Am 22. Februar 1893 wurde das Drama gleichzeitig in Paris und in London auf französisch veröffentlicht. Ein Jahr später, im Februar 1894, erschien die englische Fassung in London, als einziges der Wildeschen Werke von Aubrey Beardsley illustriert.

Wilde stand damals auf der Höhe seines Ruhms. Die ersten beiden Komödien, *Lady Windermere's Fan* und *A Woman of No Importance*, waren mit großem Erfolg in London aufgeführt worden. *An Ideal Husband* war bereits geschrieben und sollte ein Jahr später, im Januar 1895, zur Aufführung gelangen, einen Monat vor dem letzten der vier Dramen, *The Importance of Being Earnest*.

Alle vier Komödien spielen in jenen obersten Gesellschaftskreisen, die auf Wilde eine unwiderstehliche Anziehungskraft ausübten, Kreisen, denen er anzugehören bemüht war, die er verehrte – und zugleich verspottete. Adlige Herkunft, gesellschaftliches Ansehen und Reichtum beeindruckten ihn; die erstarrten, unterhöhlten Lebensformen dieser Kreise und ihre Heuchelei durchschaute er und zog sie ins Lächerliche. Damit belustigte er wiederum jene, die er verspottete, vergrößerte so seinen gesellschaftlichen Ruhm und verdiente ein Vermögen – das er großzügig sogleich wieder ausgab.

Aber dieses Bild eines Parvenüs und Snobs, eines spöttischen Gauklers der Gesellschaft trügt, denn gerade seine ersten drei Komödien unterscheiden sich deutlich von der letzten, *The Importance*

«Imaginäres Interview: Lord Chamberlain und Oscar Wilde».
Karikatur von Harry Furniss für «Cassell's Christmas Annual», 1892

ST. JAMES'S THEATRE,

Sole Lessee and Manager · · Mr. GEORGE ALEXANDER.

On Saturday, February 20th, 1892, at 8.30 punctually, and Every Evening,
A New and Original Play, in Four Acts, by OSCAR WILDE, entitled

Lady Windermere's Fan

Lord Windermere	Mr. GEORGE ALEXANDER
Lord Darlington	Mr. NUTCOMBE GOULD
Lord Augustus Lorton	Mr. H. H. VINCENT
Mr. Charles Dumby	Mr. A. VANE TEMPEST
Mr. Cecil Graham	Mr. BEN WEBSTER
Mr. Hopper	Mr. ALFRED HOLLES
Parker	Mr. V. SANSBURY
Lady Windermere	Miss LILY HANBURY
The Duchess of Berwick	Miss FANNY COLEMAN
Lady Plimdale	Miss GRANVILLE
Mrs. Cowper-Cowper	Miss A. DE WINTON
Lady Jedburgh	Miss B. PAGE
Lady Agatha Carlisle	Miss LAURA GRAVES
Rosalie	Miss W. DOLAN
Mrs. Erlynne	Miss MARION TERRY

ACTS I & IV.	Morning-Room at Lord Windermere's, Carlton House Terrace	(*H. P. Hall*)
ACT II.	Drawing-Room at Lord Windermere's	(*Walter Hann*)
ACT III.	Lord Darlington's Rooms.	(*W. Harford*)

The Incidental Music by WALTER SLAUGHTER. The Furniture and Draperies by Messrs. FRANK GILES & Co., Kensington. The Dresses by Mesdames SAVAGE and PURDUE. The Wigs by Mr. C. H. Fox. The Etchings and Engravings in the corridors and vestibule kindly lent by Mr. I. P. MENDOZA, King Street, St. James's.

PROGRAMME OF MUSIC.

OVERTURE...	"Marco Spado"	*Auber*
NEW BALLAD...	"Stali"	*Walter Slaughter*
OVERTURE...	"Le Caid"	*Ambrose Thomas*
WALTZ	"Papillons Bleus"	*Waldteufel*
OVERTURE	"Il Seraglio"	*Mozart*
	"Toreador and Andalouse"	*Rubenstein*

Theaterzettel der Uraufführung am 20. Februar 1892

of Being Earnest. Sie enthalten ernsthafte Züge und zeigen einen Rahmen von Werten, innerhalb dessen sich die Komödie entfaltet. Mrs. Erlynne opfert ihre gesellschaftliche Karriere aus Mutterliebe, Mrs. Arbuthnot verzichtet aus Ehrgefühl auf finanzielle Sicherheit und gesellschaftlichen Aufstieg, Lady Chiltern beugt sich dem erfolgreichen Ehrgeiz ihres Gatten. Alle Stücke enden im geordneten Rahmen der viktorianischen Wertskala. Sie bildet Ausgangspunkt und Grenze für die Entlarvung gesellschaftlicher Scheinmoral. Es scheint, als habe sich Wilde noch gescheut, seinem frivolen Witz und Spott freien Lauf zu lassen, als stände das Gespenst der heftigen moralischen Kritik an seinem *The Picture of Dorian Gray* wie ein Schatten über diesen drei Dramen.

Am deutlichsten erscheint dieser Zwiespalt zwischen dem Spötter und dem Moralisten im ersten der drei Dramen, in *Lady Windermere's Fan.* Zwei gegensätzliche Personenkreise lassen sich schon von ihrer Sprache her unterscheiden, gruppiert um die beiden Antagonisten, Lady Windermere und die Duchess of Berwick. Jene jung, Idealistin, voller selbstgefälliger Moralvorstellungen; diese alt, Materialistin, von einer an Zynismus grenzenden Heuchelei. Sie führt den Gesellschaftsdialog, repräsentiert die Gesellschaft in Wesen und Sprache. Als Sprachrohr Wildeschen Witzes dient sie nur der Unterhaltung und Belustigung. Lady Windermere dagegen ist handlungsführend. Ihr Charakter wird als einziger etwas genauer gezeichnet und zu so etwas wie einer geistigen Entwicklung geführt. Das Bindeglied zwischen diesen beiden Sphären ist Mrs. Erlynne, jene geheimnisvolle angebliche Geliebte des Lord Windermere, die von der selbstgerechten Lady Windermere moralisch verurteilt wird. Sie ist die zentrale Figur des Dramas, die sich in beiden Personenkreisen mit gleicher Sicherheit bewegt und die Sprache beider beherrscht.

Aus dieser Konstellation ergibt sich ein Mangel des Dramas: die Sprache dieser beiden Personenkreise, des handlungsführenden und des unterhaltenden, ist zu verschieden, als daß sie durch eine Person glaubhaft überbrückt werden könnte. Die Sprache der Duchess of Berwick ist frivol, witzig, geistreich und größtenteils treffsicher hingeworfen; die Sprache der Lady Windermere dagegen, vor allem in ihren Monologen, ist langatmig, unnatürlich und melodramatisch. Ihr fehlt, was Wilde nur selten in seinen Werken auszudrücken vermochte, das ernste, überzeugende Engagement. Und das gleiche gilt für die ernsthafte Sprache der Mrs. Erlynne.

Dabei bildeten ihre Gefühle nach Wildes eigener Aussage einen Ausgangspunkt des Dramas. *Der psychologische Gedanke, der mich auf das Stück brachte, ist folgender. Eine Frau, die ein Kind gehabt, aber niemals die Leidenschaft der Mutterliebe gekannt hat (es gibt solche Frauen), sieht plötzlich, wie das Kind, das sie verlassen hat, in einen Abgrund stürzt. Da erwacht in ihr der Mutterinstinkt – das schrecklichste aller Gefühle –, etwas, das schwache Tiere und kleine Vögel besitzen. Sie stürzt herbei, opfert sich selbst, begeht Torheiten – und am folgenden Tag fühlt sie: «Diese Leidenschaft ist zu schrecklich. Sie ruiniert mein Leben. Ich will sie nicht noch einmal erleben. Ich leide zu sehr darunter. Ich will davon loskommen. Ich will keine Mutter mehr sein.»*[234] Es gelang Wilde jedoch nicht, diese Gefühle sprachlich glaubhaft darzustellen.

Das Drama zerbricht an dem Versuch, zwei gegensätzliche Sujets miteinander zu verbinden, das komisch-unterhaltende und das ernsthaft-belehrende. Wilde konnte noch nicht verwirklichen, was er selbst 1887 in einer Besprechung von Mr. Mahaffys neuem Buch konstatiert hatte: *Das Ziel der Gesellschaftskomödie, bei Menander nicht weniger als bei Sheridan, ist es, die Manieren der Zeit zu spiegeln und nicht die Moral zu reformieren . . .*[235]

Wilde war selbst noch zu sehr in der Welt viktorianischer Wertvorstellungen befangen und konnte sie nicht aus der Distanz schildern. Die Versuchung, gegen puritanisch gefärbte Engstirnigkeit und Heuchelei mit Hilfe einer Komödie zu Felde zu ziehen, war nach seinem Kampf mit den Kritikern von *The Picture of Dorian Gray* zu groß. Die Wiederholung bestimmter Themen läßt allerdings darauf schließen, daß es Wilde um mehr ging als um Belehrung des Publikums. Alle Dramen durchzieht der Gegensatz zwischen Schein und Sein. Kaum einer der Hauptcharaktere ist, was er scheint, und kaum einer wird von den anderen so gesehen, wie er ist. Das gilt für Mrs. Erlynne genauso wie für Lord Windermere, für Lady Windermere, die sich selbst verkennt, für Mrs. Arbuthnot, Lord Illingworth, Sir Robert Chiltern und Lady Chiltern. Sieht man davon ab, daß das Geheimnis- und Verwechslungsschema zum Repertoire der Gesellschaftskomödie gehört, so bleibt doch mit der von Wilde gewählten Form ein Thema, das auch in anderen seiner Werke anklingt.

Ferner taucht in allen drei Dramen die Gestalt des Außenseiters auf, der die Gesetze der Gesellschaft nicht akzeptiert, sondern sich dagegen auflehnt, sei es aus Liebe, wie Mrs. Erlynne oder Mrs. Arbuthnot, oder sei es aus idealistischem Machtdrang, wie Sir Robert Chiltern. Alle drei fühlen sich schuldig, leiden unter der vollzogenen oder angedrohten Ächtung durch die Gesellschaft und beugen sich letztlich doch ihren Gesetzen. Mrs. Erlynne versucht von der Gesellschaft wieder aufgenommen zu werden; Mrs. Arbuthnot wählt die Emigration und Chiltern den Verrat an sich selbst. Die Macht der Gesellschaft bleibt ungebrochen. Alle Stücke enden glücklich. Der einzelne fügt sich oder wandert aus. Die Auflehnung sollte Wildes eigenem Leben vorbehalten bleiben.

Im Aufbau ist *An Ideal Husband* den beiden ersten Dramen, vor allem *A Woman of No Importance*, deutlich überlegen. Der Konflikt, das Intrigenspiel ist klar und zügig entwickelt, die komischen Szenen sind organischer mit den ernsten Szenen verbunden als in *Lady Windermere's Fan*. Die Charaktere sind differenzierter gezeichnet, aber nicht so stark wiederum, wie Wilde es später selbst sah. Kurz vor dem Druck von *An Ideal Husband* schrieb er im März 1899 an Robert Ross: *Ich habe die Beschreibungen der* d r a m a t i s p e r s o n a e (in das Manuskript) *eingesetzt und gebe nicht gern physische Einzelheiten von Gestalten, deren Seele oder Geist* (*mind*) *oder Leidenschaften ich behandle. Bei mir lebt alles so sehr aus* W o r t e n, *daß mir die Haarfarbe des einzelnen unwichtig erscheint.*[236] Trotz dieser späteren Einfügungen, die eher in einen Roman gehören als in ein Drama, ist die Sprache dieses Dramas ausgefeilter und der ernste Dialog glaubwürdiger als in den beiden vorherigen Stücken.

Ein weiteres Merkmal unterscheidet es von diesen. Es enthält erstaunlich viele Äußerungen, die auf Wildes eigenes Leben gemünzt scheinen. *Es liest sich recht gut,* schrieb Wilde vor der Drucklegung an einen Freund, *und einige seiner Passagen scheinen prophetisch*

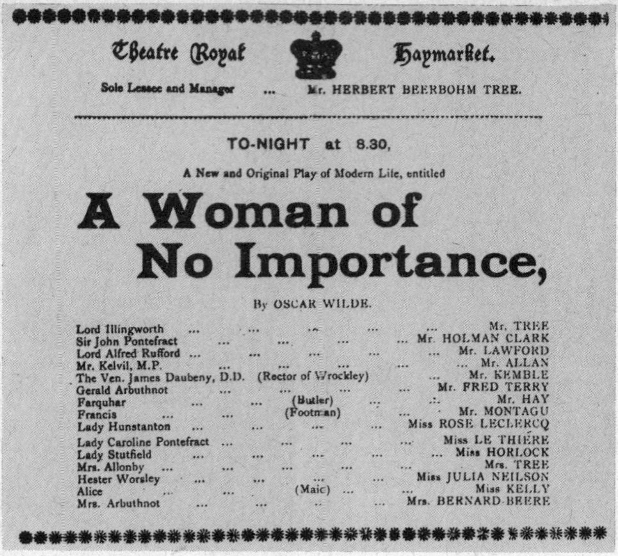

Theatre Royal Haymarket.

Sole Lessee and Manager ... Mr. HERBERT BEERBOHM TREE.

TO-NIGHT at 8.30,

A New and Original Play of Modern Life, entitled

A Woman of No Importance,

By OSCAR WILDE.

Lord Illingworth		Mr. TREE
Sir John Pontefract		Mr. HOLMAN CLARK
Lord Alfred Rufford		Mr. LAWFORD
Mr. Kelvil, M.P.		Mr. ALLAN
The Ven. James Daubeny, D.D.	(Rector of Wrockley)	Mr. KEMBLE
Gerald Arbuthnot		Mr. FRED TERRY
Farquhar	(Butler)	Mr. HAY
Francis	(Footman)	Mr. MONTAGU
Lady Hunstanton		Miss ROSE LECLERCQ
Lady Caroline Pontefract		Miss LE THIÈRE
Lady Stutfield		Miss HORLOCK
Mrs. Allonby		Mrs. TREE
Hester Worsley		Miss JULIA NEILSON
Alice	(Maid)	Miss KELLY
Mrs. Arbuthnot		Mrs. BERNARD-BEERE

Die Premiere am 19. April 1893

auf die kommende Tragödie zu weisen.[237] Es sind Formulierungen wie:

Ich hatte das doppelte Unglück, aus einem guten Hause und arm zu sein, zwei unverzeihliche Tatsachen heutzutage.

Ich wollte meinen Erfolg, als ich jung war. Die Jugend ist die Zeit für Erfolg.

Ich sage dir, daß es schreckliche Versuchungen gibt, denen zu erliegen man Kraft braucht, Kraft und Mut.

Früher oder später müssen wir alle für das bezahlen, was wir getan haben.

Es sind nicht die Vollkommenen, sondern die Unvollkommenen, die Liebe brauchen ... Allen Sünden, außer der Sünde gegen sich selbst, sollte die Liebe verzeihen.

Prophetisch klingen aber vor allem die drohenden Worte der Mrs. Cheveley, mit denen sie Sir Robert Chiltern vor dem Schicksal warnt, das ihn erwartet, wenn er eines Vergehens gegen die moralischen Gesetze der Gesellschaft überführt wird. *Denken Sie an die abscheuliche Freude, an das Entzücken, mit dem man Sie hinabzerren würde, an den Schmutz und Schlamm, in den man Sie werfen würde. Denken Sie an den Heuchler, wie er mit schmierigem Lächeln seinen Leitarti-*

kel verfaßt und seine gemeinen Plakate für die Öffentlichkeit zusammenstellt.

Es scheint, als habe Wilde geahnt, was ihm ein gutes Jahr später widerfahren sollte, wohin seine Auseinandersetzung mit der Gesellschaft trieb. Die Frage, wie weit Wilde überhaupt die Entwicklung des Konflikts durchschaute, wird sich wohl nie mit Sicherheit beantworten lassen. Pearson neigt dazu, Wildes Sinn für die Wirklichkeit gering einzuschätzen.[238] Doch besaß Wilde andererseits eine gewisse Gerissenheit, die in seinen Briefen immer wieder anklingt und die einen Blick für Realitäten voraussetzt. Außerdem war Wilde im wesentlichen ein Mann des Handelns, wie schon Yeats erkannt hatte. Er war ein Mann des öffentlichen Lebens, der es verstand, seine gesellschaftliche Stellung auszubauen und auszunutzen. Eine solche Lebenshaltung setzt ebenfalls einen Blick für Gegebenheiten voraus. So liegt es nahe, daß Wilde in der Zeit vor der Katastrophe das Kommende ahnte, aber nicht sehen wollte, daß er aus einer Überschätzung seiner selbst glaubte, seine Feinde in Schach halten zu können.

Die Zeit des Erfolgs wurde immer mehr eine Zeit der Extreme, eine Zeit exaltierter Lebensfreude wie extremer Melancholie. In seiner Autobiographie berichtet der irische Dichter Yeats über den Eindruck, den ein Schauspieler damals von Wilde gewann. «Er [Wilde]

Wildes dritter Bühnenerfolg, 3. Januar 1895

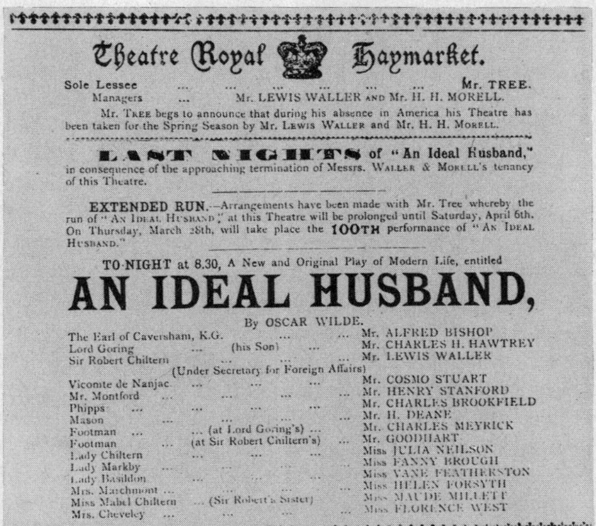
Theatre Royal Haymarket.

Sole Lessee ... ... Mr. TREE.
Managers ... Mr. LEWIS WALLER AND Mr. H. H. MORELL.

Mr. TREE begs to announce that during his absence in America his Theatre has been taken for the Spring Season by Mr. LEWIS WALLER and Mr. H. H. MORELL.

LAST NIGHTS of "An Ideal Husband," in consequence of the approaching termination of Messrs. WALLER & MORELL's tenancy of this Theatre.

EXTENDED RUN.—Arrangements have been made with Mr. Tree whereby the run of "AN IDEAL HUSBAND," at this Theatre will be prolonged until Saturday, April 6th. On Thursday, March 28th, will take place the **100TH** performance of "AN IDEAL HUSBAND."

TO-NIGHT at 8.30, A New and Original Play of Modern Life, entitled

AN IDEAL HUSBAND,

By OSCAR WILDE.

The Earl of Caversham, K.G.	Mr. ALFRED BISHOP
Lord Goring ... (his Son) ...	Mr. CHARLES H. HAWTREY
Sir Robert Chiltern ... ... (Under Secretary for Foreign Affairs)	Mr. LEWIS WALLER
Vicomte de Nanjac	Mr. COSMO STUART
Mr. Montford	Mr. HENRY STANFORD
Phipps	Mr. CHARLES BROOKFIELD
Mason	Mr. H. DEANE
Footman ... ... (at Lord Goring's) ...	Mr. CHARLES MEYRICK
Footman ... (at Sir Robert Chiltern's) ...	Mr. GOODHART
Lady Chiltern	Miss JULIA NEILSON
Lady Markby	Miss FANNY BROUGH
Lady Basildon	Miss VANE FEATHERSTON
Mrs. Marchmont	Miss HELEN FORSYTH
Miss Mabel Chiltern ... (Sir Robert's Sister)	Miss MAUDE MILLETT
Mrs. Cheveley	Miss FLORENCE WEST

steckt in tiefer Melancholie. Er sagt, daß er versucht, soviel des Lebens wie möglich hinwegzuschlafen, daß er sein Bett erst um zwei oder drei am Nachmittag verläßt, um den Rest des Tages im Café Royal zu verbingen.»[239] Das andere Extrem spiegeln die Briefe dieser Zeit, mit ihrem deutlich spürbaren, eruptiv-ekstatischen Tenor, sowie die letzte und brillanteste seiner Komödien, *The Importance of Being Earnest*.

Das Stück entstand größtenteils im Spätsommer und Herbst 1894 in dem englischen Badeort Worthing. Wilde liebte es, seinen Helden die Namen seiner jeweiligen Aufenthaltsorte zu geben, genauso wie er jeder seiner Komödien erst einen Arbeitstitel gab. *Lady Lancing* hieß der erste Titel von *The Importance of Being Earnest*, obwohl in der ursprünglichen Fassung keine Gestalt dieses Namens erscheint. In der ursprünglichen Fassung, die noch vier Akte umfaßte, wird auch noch nicht das Wortspiel angedeutet, das der Titel enthält. «Ernest» ist ein viktorianischer Vorname und das Homophon «earnest» (ernsthaft) die Beschreibung eines wesentlichen Zuges der viktorianischen Geisteshaltung.

In Samuel Butlers Roman «The Way of All Flesh» findet sich im 18. Kapitel folgende Stelle:

«Am folgenden Tage (es war im September 1835) sollte der Urheber all dieses Aufruhrs tatsächlich getauft werden. Theobald schlug vor, ihn nach dem alten Herrn Pontifex Georg zu nennen. Aber eigentümlicherweise überstimmte ihn Herr Pontifex zugunsten des Namens Ernest. Das Wort ‹earnest› kam gerade erst in Mode, und er dachte, daß der Besitz eines solchen Namens, zusammen mit der Tatsache, daß er mit dem Wasser des Flusses Jordan getauft worden war, einen beständigen Einfluß auf den Charakter des Knaben haben und ihn zum Guten wenden würde, während der kritischen Zeiten seines Lebens.»

Intellektuelle und moralische Ernsthaftigkeit war das Gebot der Zeit, das die viktorianische Gesellschaft aufgestellt hatte, als Abwehr gegen die drohenden Krisen der dreißiger Jahre. Thomas Carlyle, Dr. Arnold und die evangelistische Bewegung in der anglikanischen Kirche zählten zu den Verfechtern dieser Haltung, und das Bürgertum war die tragende Schicht. Diese Haltung der Ernsthaftigkeit verspottete Wildes *triviale Komödie für ernsthafte Leute*, wie sie im Untertitel hieß. Oberflächlich war ihr Sujet, frivol die dargestellte Lebenshaltung.

Bezeichnend für Wildes gespaltenes Verhältnis der Gesellschaft gegenüber, für seinen Wunsch, zu gefallen, und seine Neigung, zu verspotten, ist die Entstehung der Komödie. Ihre Geburt verdankt sie mehr der Geldnot Wildes als einer künstlerischen Entwicklung. Selbst nachdem Handlung und Form konzipiert waren, um einen

Irene Vanbrugh als Gwendolen Fairfax in «The Importance of Being Earnest»

Vorschuß von £ 150 zu rechtfertigen, führte Wilde diesen Plan nicht konsequent durch, sondern entwarf zwischendurch ein neues Szenar, von dem er meinte, daß es seinem Geldgeber, dem Schauspieler und Intendanten Sir George Alexander, besser gefallen würde.[240]

Dieses Szenar, das später Frank Harris für sein Drama «Mr. and Mrs. Daventry» benutzte, war im Stil der ernsten Teile seiner bisherigen Komödien. Obwohl sich Wilde bewußt war, daß die Qualität eines Dramas allein von der Qualität des Dialogs abhängt, schien er noch nicht erkannt zu haben, daß seine Stärke in dem frivol-geistvollen Gesellschaftsdialog lag, den er nur zögernd zu einer farcenhaften Komödie formte. Selbst als mehrere Wochen später der erste Entwurf fertig war und Wilde merkte, daß er ein Kunstwerk geschaffen hatte (*Das Beste, was ich je geschrieben habe*), schien er sich dennoch für seinen frivolen Ton entschuldigen zu müssen und unterschied das Stück deutlich von einer Komödie.[241] Die Abhängigkeit von seinem Publikum war stärker als sein künstlerischer Schaffensdrang.

Der Entstehungsprozeß der Komödie wiederum entsprach durchaus nicht der von Pearson verbreiteten Meinung, Wilde habe das Stück mit großer Leichtigkeit in drei Wochen hingeworfen und kaum eine Zeile gestrichen.[242] Die Manuskripte zeigen, daß Wilde reichlich verbesserte und daß er in den sieben Monaten der Entstehung ständig Veränderungen vornahm.[243] Selbst das Wortspiel des Titels, das zugleich im ersten Akt und am Ende der Bühnenfassung steht, ist später hinzugefügt worden. Mit der Kürzung der ursprünglichen vier Akte auf drei Akte schließlich, die er nur widerwillig auf Vorschlag von George Alexander vornahm, gewann das Stück an Intensität und wurde zu einem Feuerwerk brillanter Dialoge.

Dabei ist es nebensächlich, ob Wilde – wie sein Freund Robert Ross andeutet – für diese Komödie eine Sammlung eigener Bonmots

1892. Fotografie von W. und D. Downey, London

verwendete, die Ross früher einmal angelegt hatte.[244] Wilde scheute sich nicht, in seinen Werken brillante Formulierungen zu wiederholen. Wichtiger ist vielmehr, daß Wilde entgegen seiner eigenen Behauptung in der Kunst der Dialoge und Epigramme Fortschritte gemacht hat. *Nur mittelmäßige Menschen machen Fortschritte,* schrieb er an den Herausgeber der Zeitschrift «Pall Mall Gazette». *Ein Künstler bewegt sich in einem Kreis von Meisterwerken, von denen das erste nicht weniger vollkommen ist als das letzte.*[245] Ein Vergleich zwischen *Lady Windermere's Fan* und *The Importance of Being Earnest* beweist das Gegenteil. Während in der ersten Komödie noch häufig mit zu vielen Worten zu wenig gesagt wird und die Epigramme manchmal sogar noch entwickelt und erklärt werden, ist die Sprache in seiner letzten Komödie ausgefeilt und prägnant.

Die komische Wirkung basiert dabei im wesentlichen auf Überraschungseffekten. Wilde spielt nicht mit der Sprache, sondern mit den Erwartungen, die an die Sprache geknüpft werden. Sie enttäuscht er, indem er meist das Gegenteil von dem bringt, was erwartet wird, wie in dem bekannten Ausspruch über Lady Harbury, die ihren Mann verloren hat: *Ich habe noch keine Frau gesehen, die sich so verändert hat; sie sieht ganze zwanzig Jahre jünger aus* und *wie ich höre, ist ihr Haar vor Kummer ganz blond geworden.* Oder er nimmt ein Gesellschaftsklischee und stellt es auf den Kopf. *Wenige Eltern achten heutzutage auf das, was ihre Kinder sagen.* Häufig erscheint es sogar in der Form eines Sprichworts: *Ehescheidungen werden im Himmel geschlossen.* Die Steigerung führt dann zum Paradoxon: *In einer Ehe bedeuten drei Menschen Geselligkeit und zwei keine.* Auch das Wortspiel gehört dazu und andere Mittel der Komik, die durch die unerwartete Verbindung entfernter Dinge auf einen komischen Effekt zielen. So kommt es, daß das Stück amüsiert, aber nicht ergreift. Wilde erkannte dies, als er nach der Veröffentlichung des Dramas an Robert Ross schrieb: *Ich wünschte, es wäre als Kunstwerk noch wunderbarer – von höherer Ernsthaftigkeit beseelt –, aber es enthält einige amüsante Stellen, und ich finde Ton und Stimmung des Ganzen beschwingt und glücklich.*[246]

IM GEFÄNGNIS

Der Sturz Wildes kam genauso plötzlich wie überraschend. Am 3. Januar 1895 war die Premiere von *An Ideal Husband,* am 14. Februar folgte *The Importance of Being Earnest.* Am 1. März brachte Wilde selbst den Stein ins Rollen, und einen Monat später hatte die Lawine ihn verschüttet. Der Prozeß Wildes gegen Lord Queensberry, der am 3. April begann, endete zwei Tage später mit Queensberrys Freilassung und Wildes Verhaftung. Nach zwei Prozessen schließlich – in dem ersten Prozeß konnten sich die Geschworenen nicht einigen – wurde Wilde am 25. Mai für schuldig erklärt und zu zwei Jahren Freiheitsentzug mit Zwangsarbeit verurteilt. Dem Strafprozeß folgte wenig später das Konkursverfahren. Ähnlich wie bei seinem Vater war es eine von ihm selbst erhobene Verleumdungsklage, die Wilde gesellschaftlich, finanziell und menschlich ruinierte. Nur traf es den Sohn viel härter als früher den Vater, denn Wildes Sturz war tiefer. Er mußte zwei harte Jahre im Gefängnis verbringen, verlor seine Familie und seinen gesamten Besitz.

In einen Streit zwischen Vater und Sohn, zwischen dem Marquess of Queensberry und Lord Alfred Douglas, den die beiden seit längerer Zeit aus familiären und persönlichen Gründen mit wechselnder Intensität ausgetragen hatten, war Wilde einbezogen worden, was zur Folge hatte, daß Queensberry für Wilde schließlich in dessen Club eine offene Karte hinterließ, auf der er ihn (mit einem kleinen orthographischen Fehler) als «sondomite» bezeichnete.[247]

Wildes Reaktion war fatal. Ohne das Geld für einen Prozeß zu haben – Wilde steckte trotz seiner literarischen Erfolge mit £ 6000 tief in Schulden –, verklagte er Queensberry, nachdem er seinem Verteidiger, Sir Edward Clarke, einem angesehenen Rechtsanwalt, sein Ehrenwort gegeben hatte, daß die Anschuldigung grundlos sei.[248]

Die Reaktion der Öffentlichkeit war spontan. Die moralische Entrüstung schlug hohe Wellen, und die Haltung der britischen Presse, die über Wildes verächtliche Bemerkungen erbost war, bestätigte seine Worte in *The Soul of Man under Socialism*: *In England, wo der Journalismus – von einigen bekannten Fällen abgesehen – noch nicht zu solchen Auswüchsen von Brutalität geführt hat wie in Amerika* (wo dies eine Reaktion auslöste), *ist er noch ein bedeutender Faktor, eine wirklich beachtliche Macht. Die Tyrannei, die er über das Privatleben auszuüben droht, scheint mir ganz erstaunlich ... Über das Privatleben von Männern und Frauen sollte der Öffentlichkeit nichts erzählt werden. Es geht die Öffentlichkeit überhaupt nichts an ... Es gibt wahrscheinlich einige Journalisten, die ein reines Vergnügen darin finden, schreckliche Dinge zu veröffentlichen, und die, da sie arm sind, den Skandal als eine Art permanenter Einkommensquelle ansehen. Aber es gibt auch andere Journalisten, dessen bin ich sicher, Menschen von Bildung und Kultur, die ungern diese Dinge veröffentlichen, die wissen, daß es falsch ist, dies zu tun, und es nur*

Der Marquess of Queensberry, John Sholto Douglas

tun, weil die ungesunden Umstände, unter denen ihr Beruf ausgeübt wird, sie zwingt, die Öffentlichkeit mit dem zu versorgen, was die Öffentlichkeit wünscht, und die mit anderen Journalisten konkurrieren müssen, um diesen vulgären Geschmack der Öffentlichkeit so ausführlich und ergiebig wie möglich zu befriedigen.[249]

Ungeachtet der persönlichen Hintergründe des Streites nahm die Öffentlichkeit regen Anteil an dem Prozeß. Sie stand auf seiten des Vaters, der seinen Sohn vor dem verderblichen Einfluß eines Freundes zu schützen suchte, und verurteilte den Verdächtigen, noch ehe er verurteilt war, ohne zu erkennen, wie Wilde es später in einem Gnadengesuch formulierte, *daß derartige Vergehen eine Form von sexuellem Wahn darstellen und als solche nicht nur von der modernen Pathologie anerkannt werden, sondern von vielen modernen Gesetzgebern, vor allem in Frankreich, Österreich und Italien, wo die Gesetze gegen dieses Vergehen auf Grund der Erkenntnis aufge-*

hoben wurden, daß es Krankheiten sind, die ein Arzt heilen sollte, und nicht Verbrechen, die ein Richter zu verurteilen hat [250].

Die britische Öffentlichkeit jedoch war anderer Meinung. Richter Wills formulierte sie in seiner Urteilsbegründung.

«Oscar Wilde und Alfred Taylor, das Vergehen, dessen Sie für schuldig befunden wurden, ist so schlimm, daß man sich selbst stark beherrschen muß, um nicht – in Worten, die ich lieber nicht verwenden möchte – die Gefühle auszudrücken, die in der Brust eines jeden ehrlichen Mannes aufkommen müssen, der die Einzelheiten dieser zwei schrecklichen Prozesse gehört hat. Daß die Geschworenen in diesem Falle zu einem richtigen Ergebnis gekommen sind, darüber kann ich nicht die geringsten Zweifel hegen; und ich hoffe, daß diejenigen, die sich manchmal vorstellen, ein Richter urteile in Sachen des Anstandes und der Moral mit halbem Herzen, weil er darauf achtet, kein Vorurteil aufkommen zu lassen, ich hoffe, daß diejenigen einsehen werden, daß sich diese Haltung durchaus verträgt mit dem äußersten Gefühl der Empörung über die schreckliche Anklage, deren Sie für schuldig befunden wurden.

Es hat keinen Zweck, daß ich mich an Sie persönlich wende. Menschen, die solche Dinge tun können, in denen muß alles Schamgefühl tot sein, und folglich braucht man nicht zu glauben, sie beeinflussen zu können. Es ist der schlimmste Prozeß, den ich je geführt habe. Daß Sie, Taylor, eine Art männlichen Bordells geführt haben, darüber bestehen keine Zweifel, und daß Sie, Wilde, der Mittelpunkt eines Kreises ausgedehnter Korruption der abscheulichsten Art unter jungen Männern waren, steht ebenso zweifellos fest.

Es wird unter diesen Umständen von mir erwartet, daß ich das härteste Urteil fälle, welches das Gesetz zuläßt. Nach meiner Meinung ist es für einen Fall wie diesen völlig unzureichend. Das Urteil des Gerichtes lautet: jeder von Ihnen wird bei schwerer Arbeit für zwei Jahre inhaftiert.»[251]

Ich habe noch keinen Menschen mit einem ausgeprägten moralischen Urteil getroffen, schrieb Wilde nach seiner Entlassung, *der nicht herzlos, grausam, rachsüchtig und borniert war und dem es nicht völlig an dem geringsten Sinn für Menschlichkeit fehlte. Moralische Menschen, wie man sie nennt, sind einfach wilde Tiere. Ich hätte viel lieber fünfzig unnatürliche Laster als eine unnatürliche Tugend. Es ist die unnatürliche Tugend, welche die Welt für die Leidenden zu einer vorzeitigen Hölle macht.*[252]

Zusammen mit dem Menschen wurde der Künstler verdammt – eine Identifizierung, die bis heute noch das Urteil über Wilde verwirrt. Binnen kurzer Zeit wurden seine Theaterstücke abgesetzt und seine Bücher aus dem Handel gezogen. Sein Verleger distanzierte

Richter Wills im zweiten Prozeß gegen Wilde. Zeichnung von Spy für «Vanity Fair», 25. Juni 1896

sich öffentlich von ihm und seine Gläubiger erzwangen noch vor dem Beginn des ersten Prozesses die Versteigerung seines persönlichen Besitzes in seinem Haus in der Tite Street. Zwischen den beiden Prozessen mußte sich Wilde wie ein Geächteter bei Freunden versteckt halten, um Nachstellungen und Beleidigungen zu entgehen. Noch ein halbes Jahr nach seiner Verurteilung mußte er bei seiner Überführung nach Reading eine halbe Stunde lang auf einem Londoner Bahnhof heftigste Verhöhnungen über sich ergehen lassen.

Die Intensität des Hasses, mit dem die viktorianische Gesellschaft Wilde verfolgte, läßt vermuten, daß Wilde mehr Anlaß als Ursache dieser Verfolgung war. Tatsächlich stand Wilde nicht allein vor Gericht. Mit ihm angeklagt war Alfred Taylor, ein acht Jahre jüngerer, gebildeter Mann aus gutem Hause, der als einziger der Verdächtigten die Anklagebank dem Zeugenstand vorgezogen hatte. Die anderen sagten gegen die Angeklagten aus und entzogen sich dadurch nach englischem Recht der Verfolgung. Auch ohne sie hätte es nicht an Zeugen gemangelt. Wie Wilde sagte, hätte man sie in Piccadilly zusammenfegen können.[253] An seiner Schuld bestand kein Zweifel. *Meine Freunde müssen sich einmal mit der Tatsache vertraut machen, daß ... ich nicht als Unschuldiger im Gefängnis bin. Im Gegenteil, die Aufzählung meiner perversen Leidenschaften und abwegigen Romanzen würde so manchen scharlachroten Band füllen,* gestand er seinen Freunden in Briefen aus dem Gefängnis. *Wenn auch das besondere, vom Gesetz geltend gemachte Delikt nicht zu meinen perversen Leidenschaften zählte, so lagen schließlich doch Perversitäten vor, oder warum wäre ich sonst hier? Der Gedanke, daß ich anomalen Leidenschaften und perversen Gelüsten nachgegangen bin, mag für meine Freunde ein furchtbarer Schock sein, aber wenn sie in der Geschichte nachlesen, werden sie finden, daß ich nicht der erste Künstler bin, der diesen Fluch trägt, so wie ich auch nicht der letzte sein werde.*[254]

Aber diese Schuld im Sinne des Gesetzes erklärt noch nicht die Härte des Urteils. Und zwei Jahre Zwangsarbeit waren eine schwere Strafe, die durch schlechtes Essen und ein hartes Bett noch verschärft wurde. Das Ziel war, den Menschen körperlich und geistig zu zermürben, die Mittel bestanden aus Einzelhaft, verbunden mit verschiedenen Formen sinnloser und eintöniger Tätigkeit und mit einer völlig unzureichenden und unbekömmlichen Ernährung. Wie der Gefängnisdirektor von Pentonville vor einem Ausschuß damals aussagte, war es die härteste Strafe, der ein Verurteilter ausgesetzt sein konnte.[255] Drei Jahre später führte der Bericht dieses Gefängnisausschusses von 1895 zu einer Änderung des entsprechenden Gesetzes. Wilde schrieb damals aus Paris an die englische Zeitung «Daily Chronicle», stellte in seinem Brief noch einmal die Übel der englischen Gefängnisse zusammen und entwickelte Reformvorschläge.

Die notwendigen Reformen sind sehr einfach. Sie betreffen die körperlichen und seelischen Bedürfnisse eines jeden unglücklichen Gefangenen. Was die erstgenannten betrifft, so läßt das Gesetz in englischen Gefängnissen drei permanente Strafen zu:

1. Hunger
2. Schlaflosigkeit
3. Krankheit

Das Essen der Gefangenen ist völlig unzureichend, das meiste davon ekelerregend. Alles ist ungenügend. Jeder Gefangene leidet Tag und Nacht Hunger. Für jeden Gefangenen wird sorgfältig eine bestimmte Essensmenge Unze für Unze abgewogen. Gerade so viel, daß er zwar nicht leben, aber vegetieren kann. Ständig wird man von qualvollem Hunger gepeinigt.

Diese Ernährungsweise – das Essen besteht meist aus schwacher Hafergrütze, schlecht gebackenem Brot, Nierenfett und Wasser –

Oscar Wildes Zelle im Zuchthaus Reading

führt zu Krankheit in Form von ständigem Durchfall. Diese Krankheit, die schließlich bei den meisten Gefangenen chronisch wird, akzeptiert man in jedem Gefängnis als ständige Einrichtung.[256]

Wilde schildert dann die katastrophalen Folgen dieser Krankheit für den Gefangenen, der in einer unzureichend ventilierten Einzelzelle mit einem kleinen Blecheimer, der am Tage nur dreimal und nachts überhaupt nicht geleert werden darf, 23 Stunden am Tag ausharren muß. So schlecht wurde die Luft nach einer Nacht, *daß die Wärter, wenn sie morgens aus der frischen Luft kommen, um jede Zelle aufzuschließen und zu inspizieren, sich meist heftig übergeben müssen*[257]. Dazu kam das Bretterbett, das unweigerlich zur Schlaflosigkeit führte, die noch dann anhielt, wenn der Gefangene bei längerer Haft eine harte Matratze bekam.

Die seelischen und geistigen Nöte waren nicht weniger gering. *Das gegenwärtige Gefängnissystem scheint fast darauf zu zielen, die geistigen Fähigkeiten zu zermürben und zu vernichten ... Ohne Bücher, ohne allen menschlichen Kontakt, von jedem humanen und humanisierenden Einfluß isoliert, zu ewiger Stille verdammt, aller Bindung mit der Außenwelt beraubt, wie ein unverständiges Tier behandelt, bestialischer mißhandelt als die niedrigste Bestie, kann der Elende, der in einem englischen Gefängnis eingeschlossen ist, kaum dem Wahnsinn entrinnen.*[258]

Daß ein so sensibler und kultivierter Mensch wie Wilde, für den der Umgang mit dem Schönen Lebensziel geworden war, der keine Reglementierung in seinem Leben geduldet hatte, der den Umgang mit Menschen, die Konversation, brauchte wie der Fisch das Wasser, der mit allem zu spielen gewohnt war, stets eine Rolle bekleidete, nichts ernst zu nehmen gewillt war, für den die Wirklichkeit zu nüchtern war und die Kunst nicht künstlich genug sein konnte, daß ein solcher Mensch unter einem so barbarischen System besonders leiden mußte, ist offensichtlich.

Doch damit ist die bereits gestellte Frage nach dem Motiv noch nicht beantwortet. Pearson nennt in seiner Biographie die Böswilligkeit der Regierung, ohne es begründen zu können.[259] Bedenkt man, daß Wilde nach einem Gesetz verurteilt wurde, das erst zehn Jahre zuvor erlassen worden war und sich primär gegen den wachsenden Verfall der Sitten richtete (die Klausel über private Homosexualität war ein heftig umstrittener Zusatz), so erscheint Wildes Fall als Musterprozeß, mit dem zugleich die gesamte Verworfenheit der Zeit verurteilt werden sollte. Zudem verkörperte Wilde jenen irritierenden, spöttisch-arroganten Dandy, der bewußt im krassen Gegensatz zu den konservativen Kräften der Zeit stand, jenen Philistern, die sich durch *ihre schwerfällige Unzugänglichkeit für Ideen, ihre muffige*

Athman und André Gide. Ausschnitt aus einem Gemälde von Jacques-Émile Blanche

Anständigkeit, ihre langweilige Rechtsgläubigkeit, ihre Ehrfurcht vor billigem Erfolg, ihre ausschließliche Sorge um die grob materialistische Seite des Lebens, ihre lächerliche Selbsteinschätzung und Überheblichkeit auszeichneten.[260] Zwei konträre Geisteshaltungen standen sich gegenüber: die des Künstlers und die des Bürgers, wobei sich die letztere in der damaligen Zeit durch ein Gefühl der Unsicherheit und durch einen Zug zum Militanten besonders auszeichnete. Beide Wesenszüge erklärten den Fanatismus, mit dem Wilde verfolgt wurde. Nicht so sehr seiner Person galt die Verfolgung als dem Prinzip, das dahinterstand.

Dabei war die Prozeßführung fair; selbst die Verhaftung Wildes nach dem Freispruch Queensberrys war verzögert worden, um ihm die Möglichkeit zur Flucht ins Ausland zu geben, eine Möglichkeit, die sogar noch nach seinem ersten Prozeß bestand.[261] Doch nutzte Wilde die Gelegenheit nicht, wie sein Freund Alfred Douglas, der auf Anraten der Anwälte Wildes rechtzeitig das Land verließ. Sein Ehrenwort als Gentleman, an der Behauptung Queensberrys sei nichts

Wahres, das er seinem Verteidiger vor Aufnahme des Prozesses gab, läßt trotz aller Neigung Wildes, mit der Wahrheit zu spielen, darauf schließen, daß er glaubte, die Öffentlichkeit bluffen zu können. Die Rolle des Gentleman gebot ihm, Queensberry zu verklagen. Aus einer frivolen Überschätzung seiner selbst – *Ich glaubte, alles tun zu können, was ich wollte*[262] – fuhr er noch unmittelbar vor dem Skandal mit Douglas nach Algier, wo er Gide zum letztenmal traf, Gide, der ihn vier Jahre zuvor bei ihrem ersten Treffen aufrichtig bewundert hatte, der auch jetzt noch von Wildes Selbstsicherheit beeindruckt war, obwohl er den nachteiligen Einfluß Wildes auf sich bereits in sein Tagebuch unter dem 1. Januar 1892 eingetragen hatte: «Wilde hat mir, glaube ich, nur geschadet. Mit ihm hatte ich zu denken verlernt. Ich hatte zwar mehr vielfältige Empfindungen, aber ich konnte sie nicht mehr ordnen.»

Wilde entschloß sich, entgegen dem Rat seiner Freunde, die Rolle des Gentleman zu Ende zu spielen. *Ich entschied, daß es edler und schöner sei zu bleiben,* schrieb er kurz vor seiner Verurteilung an Douglas. *Wir hätten nicht zusammensein können. Ich wollte nicht Feigling oder Deserteur genannt werden. Ein falscher Name, eine Verkleidung, ein gejagtes Leben, all dies ist nichts für mich ...*[263] Doch gerade das stand ihm bevor.

Der übrige Teil dieses letzten Briefes an Douglas bestätigt mit seinem Bekenntnis ekstatischer Liebe, daß sich Wilde in eine Rolle hineingesteigert hatte. *Meine süße Rose, meine zarte Blume, meine Lilie aller Lilien, vielleicht werde ich im Gefängnis die Kraft der Liebe prüfen. Ich werde sehen, ob ich nicht durch die Intensität meiner Liebe für Dich die bitteren Wasser versüßen kann. Es hat Augenblicke gegeben, in denen ich eine Trennung für klüger hielt. Ach! Augenblicke der Schwäche und Torheit! Jetzt sehe ich, daß dies mein Leben verstümmelt, meine Kunst zerstört und die Saiten zerrissen hätte, die eine vollkommene Seele ausmachen. Selbst mit Schmutz beworfen, werde ich noch Dein Lob singen, aus tiefstem Abgrund werde ich Dich anrufen.*[264]

In *De Profundis,* jenem ausführlichen Brief, den Wilde gegen Ende seiner Gefängniszeit an Douglas schrieb, erklärte er die Notwendigkeit dieser Illusion. *Ich sagte mir selbst: «Um jeden Preis muß ich Liebe in meinem Herzen bewahren. Wenn ich ohne Liebe ins Gefängnis gehe, was wird dann aus meiner Seele?» Die Briefe, die ich zu jener Zeit an Dich aus Holloway* (dem Untersuchungsgefängnis) *schrieb, waren meine Versuche, die Liebe als die beherrschende Note meiner eigenen Natur zu bewahren.*[265] Nicht was er fühlte, hatte er ausgedrückt, sondern was er meinte, fühlen zu müssen.

Die gleiche Haltung beherrscht den ganzen Brief. *Es ist der wich-*

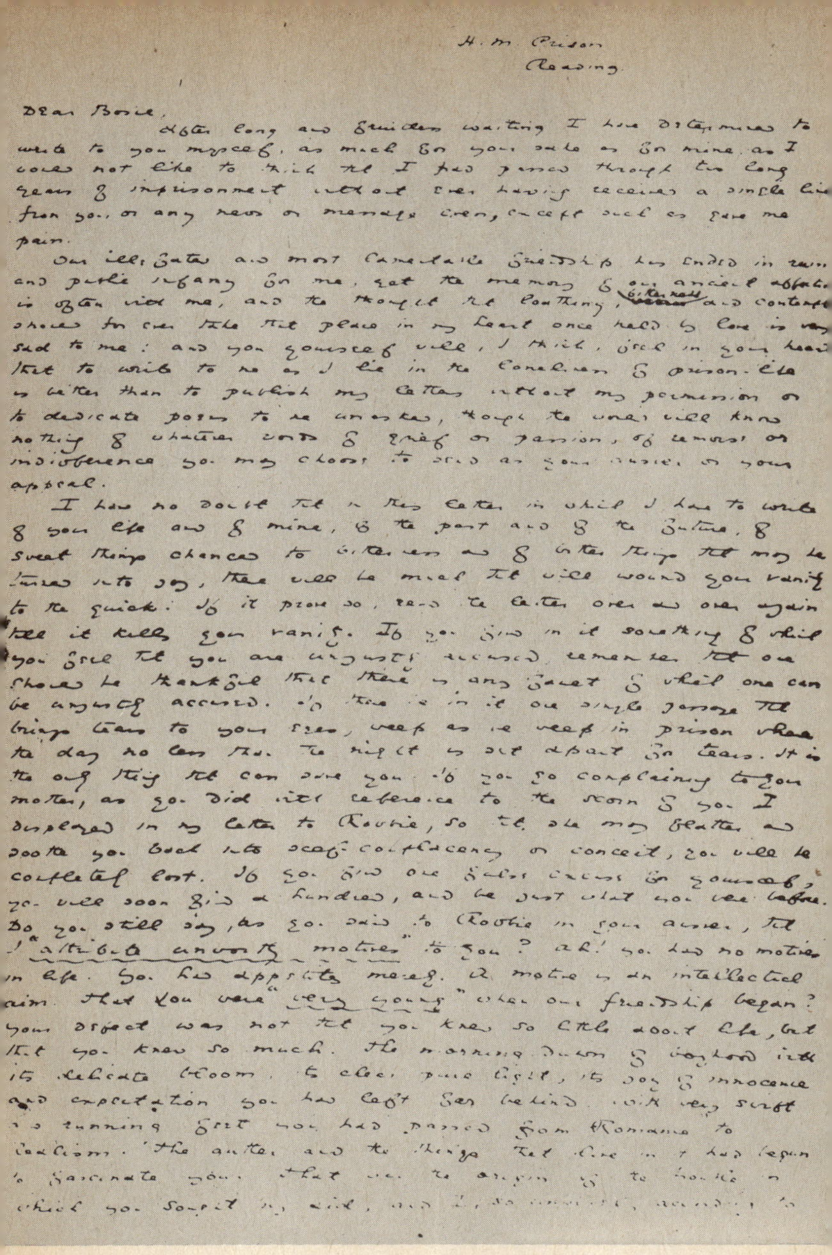
H. M. Prison
Reading.

Dear Bosie,
After long and fruitless waiting I have determined to write to you myself, as much for your sake as for mine, as I would not like to think that I had passed through two long years of imprisonment without ever having received a single line from you, or any news or message even, except such as gave me pain.

Our ill-fated and most lamentable friendship has ended in ruin and public infamy for me, yet the memory of our ancient affection is often with me, and the thought that loathing, bitterness and contempt should for ever take that place in my heart once held by love is very sad to me: and you yourself will, I think, feel in your heart that to write to me as I lie in the loneliness of prison-life is better than to publish my letters without my permission or to dedicate poems to me unasked, though the world will know nothing of whatever words of grief or passion, of remorse or indifference you may choose to send as your answer or your appeal.

I have no doubt that in this letter in which I have to write of your life and of mine, of the past and of the future, of sweet things changed to bitterness and of bitter things that may be turned into joy, there will be much that will wound your vanity to the quick. If it prove so, read the letter over and over again till it kills your vanity. If you find in it something of which you feel that you are unjustly accused, remember that one should be thankful that there is any fault of which one can be unjustly accused. If there be in it one single passage that brings tears to your eyes, weep as we weep in prison where the day no less than the night is set apart for tears. It is the only thing that can save you. If you go complaining to your mother, as you did with reference to the scorn of you I displayed in my letter to Robbie, so that she may flatter and soothe you back into self-complacency or conceit, you will be completely lost. If you find one false excuse for yourself, you will soon find a hundred, and be just what you were before. Do you still say, as you said to Robbie in your answer, that I "attribute unworthy motives" to you? Ah! you had no motives in life. You had appetites merely. A motive is an intellectual aim. That you were "very young" when our friendship began? Your defect was not that you knew so little about life, but that you knew so much. The morning dawn of boyhood with its delicate bloom, its clear pure light, its joy of innocence and expectation you had left far behind. With very swift and running feet you had passed from Romance to Realism. The gutter and the things that live in it had begun to fascinate you. That was the origin of the trouble in which you sought my aid, and I, so unwisely, according to

Die erste Seite der Niederschrift von «De Profundis», auf Gefängnispapier geschrieben. Trustees of the British Museum

Oscar Wilde und Lord Douglas

tigste Brief meines Lebens, schrieb er an einen Freund, *denn er wird letztlich von meiner künftigen geistigen Haltung dem Leben gegenüber handeln, von der Art, in der ich der Welt wieder zu begegnen wünsche, von der Entwicklung meines Charakters: von dem, was ich verloren habe, was ich gelernt habe und was ich zu erreichen hoffe ... mein ganzes Leben hängt davon ab.*[266] Eine ganz bestimmte Absicht führte zur Entstehung dieses Briefes, und die genauen Anweisungen zu seiner Verwaltung, Verwendung und Verbreitung, die Wilde seinem Freund Robert Ross gab, zeigen, daß er eine Funktion zu erfüllen hatte. Er sollte der Abrechnung mit Alfred Douglas und der Rechtfertigung Wildes vor seinen Freunden und der Welt dienen. *Eines Tages wird die Wahrheit ans Licht kommen müssen: nicht unbedingt zu meiner oder zu Douglas' Lebenszeit: aber ich bin nicht gewillt, für alle Zeiten an dem grotesken Pranger zu stehen, an den sie mich gebracht haben.*[267]

Es ist ein eigenartiges Dokument, dieser Brief, den Wilde an Alfred Douglas richtete und Robert Ross zur Abschrift übergab. Er beginnt mit heftigen Angriffen und Vorwürfen gegen Alfred Douglas und reicht von der Aufzählung seiner Laster bis zur Abrechnung dessen, was seine Freundschaft Wilde an Geld gekostet habe. Wilde erscheint als das hörige Opfer der frivolen Launen seines Freundes. *Die Grundlage eines Charakters ist seine Willenskraft, und meine Willenskraft wurde der Deinen vollkommen unterworfen.*[268]

Douglas wiederum wird als Werkzeug der Schicksalsmächte gesehen. Wilde dagegen erscheint als der verhinderte Künstler, der durch Douglas finanziell wie geistig ruiniert wurde. *Ich verwende keine Phrasen rhetorischer Übertreibung, sondern sage die reine Wahrheit, wenn ich Dich daran erinnere, daß ich während der gesamten Zeit, die wir zusammen waren, keine einzige Zeile schrieb.*[269] Kein Wort davon, daß die Zeit dieser Freundschaft zugleich die der größten literarischen Erfolge Wildes war. Kein Wort davon, daß seine abwegigen Neigungen sich nicht auf Douglas beschränkt hatten. *Tatsächlich war zu keiner Zeit meines Lebens auch nur irgend etwas von annähernd der gleichen Bedeutung für mich wie die Kunst,* ist eine Aussage, die dem Wunschbild Wildes entsprach, nicht aber der Realität.[270]

Es war das Wunschbild eines Künstlers, der sich in einem symbolischen Verhältnis zur Kunst und Kultur seiner Zeit sah, der von sich sagte, daß er Kunst zur Philosophie erhoben habe und Philosophie zur Kunst, daß er den Geist der Menschen und die Farbe der Dinge verändert habe, daß alles, was er gesagt oder getan habe, die Menschen in Staunen versetzt hätte, daß alles, was er berührt habe, schön im Sinne einer neuen Schönheit geworden sei; ein Künstler also, für den Kunst die höchste Realität und das Leben eine bloße Fiktion war, kurz, ein Mensch, dem die Götter fast alles gegeben hatten; jedoch zugleich ein Mensch, der sich in sinnlose und sinnliche Freuden hineinlocken ließ, der sich als flâneur, als Dandy, ja als Modegeck amüsierte, der sich mit minderwertigen Gestalten und kleinen Geistern umgab, der sein Genie vergeudete und aufgehört hatte, Herr über sich selbst zu sein. Ein Mensch also, so folgerte Wilde, dem nichts mehr übrig blieb als vollkommene Demut.

Von diesem Standpunkt des reumütigen Sünders aus – und Wilde schonte sich selbst nicht mit Vorwürfen – entwickelte er das Bild seiner Zukunft. Mit der Demut als Ausgangspunkt für ein neues Leben, eine Vita Nuova, gelte es, sich selbst zu verwirklichen, als Individualist zu entfalten und alles Leiden zu absorbieren. *Was vor mir liegt, ist meine Vergangenheit. Ich muß mich dazu bringen, sie mit anderen Augen zu sehen, muß die Welt dazu bringen, sie mit anderen Augen zu sehen, muß Gott dazu bringen, sie mit anderen Augen zu sehen. Dies kann ich nicht dadurch erreichen, daß ich sie ignoriere oder verniedliche oder lobe oder verneine. Ich kann es nur dadurch tun, daß ich sie als unvermeidlichen Teil der Entwicklung meines Lebens und meines Charakters akzeptiere.*[271]

Es ist ein eigenartiger Brief, von Widersprüchen genauso durchsetzt wie von Platitüden. Andererseits enthält er Einsichten, klar und eindringlich schlicht formuliert, die überhaupt nicht zu den Passagen passen, die durch ihren gekünstelten Stil abstoßen. Der Einsichtige steht neben dem Überheblichen, der Belehrende neben dem Demütigen.

DAS ENDE

Am 19. Mai 1897 wurde Wilde aus dem Gefängnis entlassen. Trotz verschiedener Gnadengesuche war ihm kein Tag der Strafe erlassen worden. Eine Vergünstigung allerdings gewährte man ihm: vor seiner Entlassung wurde er unbemerkt von Reading nach London übergeführt, um ihn vor der Presse und anderen Nachstellungen zu bewahren. Freunde holten ihn ab, bei Freunden kleidete er sich um und verließ am Abend – nach einem vergeblichen Versuch, in ein katholisches Retreat aufgenommen zu werden – ohne Aufsehen zusammen mit Freunden England, das er nie wiedersehen sollte.

Von Freunden wurde er am frühen Morgen in Dieppe empfangen, verbrachte mit ihnen die erste Woche und beendete seine Flucht schließlich in einem kleinen Hotel, wenige Kilometer von Dieppe entfernt, in Berneval-sur-Mer. «*Das Meer wäscht die Flecken und Wunden der Welt hinweg*», hatte Wilde in *De Profundis* aus Euripides zitiert.[272]

Die letzten Briefe aus dem Gefängnis zeugen von einer wachsenden Nervosität Wildes, einer inneren Unsicherheit, die sich in einer fast manischen Besessenheit nach Geld äußerte, einem Zug, der ihn die verbleibenden drei Jahre nicht verließ. Voller Mißtrauen stritt er sich mit den wenigen Freunden, die zu ihm gehalten hatten, und machte ihnen heftige, zum Teil völlig unberechtigte Vorwürfe über die Art, wie sie seine Angelegenheit zu regeln versucht hatten. Allerdings waren sie auch nicht ohne Schuld, sondern hatten, wenn auch mit bester Absicht, dazu beigetragen, daß sich die Kluft zwischen Wilde und seiner Frau verbreiterte.

Freunde: Robert Ross und Reginald Turner

Constance konnte ihren Mann zwar nicht verstehen, doch war sie stets gütig zu ihm gewesen und während seiner Haft aus Italien nach Reading gekommen, um ihm die Nachricht vom Tode seiner Mutter persönlich zu überbringen. Wilde lobte sie in den Gefängnisbriefen an seine Freunde, konnte es aber nicht verhindern, daß ihm die Vormundschaft für seine Kinder entzogen wurde. Obwohl sie sich nicht von ihm scheiden ließ, sah Wilde weder sie noch seine Kinder je wieder. Nur einmal wäre es fast soweit gekommen. *Der Brief meiner Frau kam zu spät. Ich mußte vier Monate vergeblich warten, und erst, als die Kinder auf die Schule zurückgeschickt worden waren, bat sie mich, zu ihr zu kommen – wo ich doch die Liebe meiner Kinder wollte. Das ist jetzt natürlich nicht mehr gut zu machen. In Fragen der Gefühle und ihrer romantischen Eigenschaften ist Unpünktlichkeit verhängnisvoll.*[273]

Am 7. April 1898 starb Constance Wilde in Genua im Alter von 40 Jahren. Obwohl verschiedene Telegramme den Schmerz Wildes ausdrückten, berichtete Robert Ross, der ihn daraufhin besuchte, daß Wilde den Tod seiner Frau überhaupt nicht mitempfunden habe.[274] Die innere Trennung war schon lange vorher vollzogen worden.

Weitaus mehr als von Gedanken an seine Familie fühlte sich Oscar Wilde in diesen letzten Jahren von dem Gedanken an finanzielle Misere verfolgt. Obwohl er eine regelmäßige Rente von seiner Frau und unregelmäßige Zuwendungen von seinen Freunden erhielt, befand er sich stets in Geldnot und verstand es, unter allen möglichen Vorwänden Geld zu borgen. So ließ er sich zum Beispiel von verschiedenen Personen noch dann Vorschuß für ein Theaterstück geben, als er wußte, daß er es nie schreiben würde. Es ist jenes Stück «Mr. and Mrs. Daventry», das Frank Harris schließlich unter Verwendung seines Szenars schrieb. Es kam zu verwickelten Transaktionen, mit endlosen Klagen, Mißverständnissen und Beschuldigungen. Der Grund war weniger Wildes Maßlosigkeit und Verschwendungssucht als die Tatsache, daß er seiner Natur entsprechend keinen äußeren Zwang, keine Beschränkung seiner Lebensweise dulden wollte. Das galt für seine materiellen Ansprüche genauso wie für die Wahl seiner Freunde.

Das Haus in Berneval-sur-Mer

Die drei Monate, die Wilde erst in einem Hotel, später in einem kleinen Haus in Berneval-sur-Mer verbrachte, standen noch ganz unter dem Einfluß jenes Wunschbildes von einem neuen Leben, das Wilde in *De Profundis* gezeichnet hatte. Und viele Anzeichen sprechen dafür, daß es ein Wunschbild war und keine gespielte Rolle.

Wildes Mitgefühl, schon immer ausgeprägt, hatte sich in Reading an verschiedenen Grausamkeiten des Gefängnissystems entzündet. Da war der Fall der Kinder, deren Freilassung er mit Hilfe eines befreundeten Wärters erkaufte, dann der Fall des Wärters selbst, dessen Menschlichkeit zu seiner Entlassung geführt hatte und für dessen Rehabilitation sich Wilde in einem Brief an die Tageszeitung «The Daily Chronicle» einsetzte, genauso wie er sich darüber empörte, daß ein geisteskranker Mitgefangener verprügelt worden war. Auch die kleinen Geldbeträge, die er einigen Mitgefangenen zu ihrer Entlassung schickte, um ihnen den Start zu erleichtern, bestätigen diesen Eindruck.

Wildes Freude am Helfen und seine fast kindliche Freude am Freudestiften trat stärker hervor als früher. *Ich weiß,* schrieb dieser Wilde an einen befreundeten Künstler, *Du wirst Dich darüber freuen, daß ich nicht als verbitterter und enttäuschter Mann aus dem Gefängnis entlassen wurde. Im Gegenteil: in vielerlei Hinsicht habe ich viel gewonnen. Ich schäme mich eigentlich nicht, im Gefängnis gewesen zu sein: ich war oft an schändlicheren Orten: aber ich schäme mich wirklich, ein Leben geführt zu haben, das eines Künstlers unwürdig war. Ich sage damit nicht, daß Messalina eine bessere Gefährtin ist als Sporus oder daß das eine vollkommen gut und das andere vollkommen schlecht ist: ich weiß nur, daß ein Leben des entscheidenden und vorsätzlichen Materialismus, eine Philosophie des Genusses und des Zynismus, ein Kult des sinnlichen und sinnlosen Wohlbehagens für einen Künstler schlecht sind: sie begrenzen die Phantasie und stumpfen die zarteren Empfindungen ab. Mein ganzes Leben, mein lieber Junge, war grundverkehrt. Ich habe nicht das Beste aus mir gemacht. Jetzt glaube ich, daß ich bei guter Gesundheit und mit der Freundschaft einiger guter, einfacher und netter Menschen wie Du und einer ruhigen Lebensführung, in der Abgeschlossenheit meiner Gedanken und der Unabhängigkeit von dem endlosen Hunger nach Vergnügen, die den Körper zerstören und die Seele gefangenhalten – nun, ich glaube, daß ich noch Dinge vollbringen kann, die Ihr alle leiden mögt. Ich habe natürlich viel verloren, aber dennoch, mein lieber Will, wenn ich alles aufzähle, was mir geblieben ist, die Sonne und das Meer dieser wunderschönen Welt; das Morgengrauen mit seinem dumpfen Gold und die Nächte, mit Silber behangen; viele Bücher und all die Blumen und einige gute Freunde;*

und ein Kopf und ein Körper, denen Gesundheit und Kraft nicht versagt sind – ich bin wirklich reich, wenn ich zusammenzähle, was ich noch besitze. Und was das Geld angeht, mein Geld hat mir schrecklich geschadet. Es hat mich ruiniert. Ich hoffe, daß ich gerade genug haben werde, um einfach leben und gut schreiben zu können.[275]

Es war das Wunschbild aus *De Profundis*. Aber die Wirklichkeit seiner Natur lehnte sich bald dagegen auf. Gleich nach der Abfahrt seiner Freunde klagte er: *Dies ist mein erster Tag allein und natürlich ein sehr unglücklicher. Ich beginne, das Schreckliche meiner Isolation zu erkennen, und bin den ganzen Tag aufsässigen und bitteren Herzens gewesen.*[276] Schon bald begann er, mit Alfred Douglas wieder Briefe zu wechseln, und obwohl er sich zuerst noch weigerte, ihn wiederzusehen, hielt er es nur drei Monate allein in Berneval-sur-Mer aus. Nach einem ersten Treffen in Rouen folgte er Douglas nach Neapel, trotz der Beschwörungen seiner Freunde, trotz der Empörung seiner Frau, deren Rente er nur unter der Bedingung erhalten hatte, daß er sich mit keinem seiner ehemaligen Freunde dieser Art wiedertreffen würde, vor allem nicht mit dem ihr verhaßten Alfred Douglas.

Meine Rückkehr zu Bosie war psychologisch unvermeidlich, schrieb er als Erklärung an Robert Ross, der ihm wie kein anderer geholfen hatte, ein neues Leben zu beginnen, *und wenn man von dem inneren Seelenleben mit seiner leidenschaftlichen Sehnsucht nach Selbstverwirklichung um jeden Preis absieht, hat die Welt sie mir aufgezwungen.*

Ich kann nicht ohne die Atmosphäre der Liebe leben: ich muß lieben und geliebt werden, ganz gleich, welchen Preis ich dafür zahle. Ich hätte mein ganzes Leben mit Dir verbringen können, aber Du hast andere Verpflichtungen – Verpflichtungen, denen ein so lieber Mensch wie Du sich nicht entziehen kann –, und alles, was Du mir geben konntest, war eine Woche der Gesellschaft. Reggie gab mir drei Tage und Rowland ein Sextett von Sonnen, aber der letzte Monat in Berneval war so einsam, daß ich am Rande des Selbstmordes stand. Die Welt verschließt mir ihren Zugang, und das Tor der Liebe liegt offen.[277]

Aber der Rausch jener ersten drei gemeinsamen Jahre war verflogen, und der Reiz des erneuten Zusammenseins dauerte nicht an. Es gelang Wilde lediglich, in dieser Zeit sein in Berneval begonnenes Gedicht *The Ballad of Reading Gaol* [*Die Ballade vom Zuchthaus zu Reading*] zu beenden und zu veröffentlichen.

Wilde in Rom auf dem Petersplatz, 1898

Die Ballade basiert auf einem tatsächlichen Ereignis, der Exekution eines Soldaten in Reading durch den Strang im Juli 1896, beschränkt sich jedoch nicht auf die künstlerische Gestaltung dieses Vorfalls, sondern nimmt ihn zum Anlaß, die Gefängnisreform voranzutreiben. *Das Gedicht leidet unter dem Nachteil einer unterschiedlichen stilistischen Zielsetzung,* erwiderte er der Kritik eines Freundes. *Einiges ist realistisch, einiges romantisch: einiges Poesie, einiges Propaganda. Ich empfinde das deutlich, aber als Ganzes halte ich das Produkt für interessant: daß es in mehr als einer Hinsicht interessant ist, muß vom künstlerischen Standpunkt aus bedauert werden.*[278]

Diese Absage an den Wilde des l'art pour l'art ist nicht nur als Zugeständnis an seine Freunde zu verstehen, die so etwas von ihm erwarteten. Es ist zugleich ein Versuch, seine tiefe Empörung über das unmenschliche Strafsystem, das zu reformieren er bereits im Gefängnis gelobt hatte, anders auszudrücken als nur durch Briefe an eine Tageszeitung. *Es ist ein neuer Stil für mich, voller Aktualität und Leben, mit seiner Unmittelbarkeit der Botschaft und Bedeutung.*[279]

Wilde erkannte die Schwierigkeit der künstlerischen Gestaltung eines solchen Sujets. *Tatsächlich ist es vom künstlerischen Standpunkt genauso schwierig, ein Gefängnis zu beschreiben, wie ein Wasserklosett. Wenn man das letztere in der Literatur zu beschreiben hätte, in Prosa oder in Versen, könnte man nur sagen, daß es gut oder schlecht mit Papier versorgt sei, sauber sei oder das Gegenteil. Der Schrecken eines Gefängnisses liegt darin, daß alles in sich so einfach und gewöhnlich ist, und so entwürdigend und abscheulich und abstoßend in seiner Auswirkung.*[280]

Wilde gelang es nicht, die Schwierigkeit völlig zu lösen, jedenfalls nicht in Verbindung mit der anderen Intention, das Strafsystem zu reformieren. Der fünfte Teil, der nach seiner eigenen Aussage diesem Zweck dient, hebt sich deutlich von der Ballade ab, die ihrerseits wiederum aus einem Konglomerat von Strophen verschiedener Intensität und unterschiedlicher Klangschönheit besteht. Der irische Dichter W. B. Yeats wählte 39 der 109 Strophen für das von ihm zusammengestellte «Oxford Book of Modern Verse» aus.

Die Anklänge an andere Gedichte, thematisch wie formal, sind zahlreich, doch läßt sich an keiner Stelle der Vorwurf des Plagiats machen. Das persönliche Engagement Wildes spricht so stark an, daß die Schwächen des Gedichts nicht auffallen.

Mit Ausnahme der Editionen seiner aufgeführten, aber noch nicht veröffentlichten beiden Dramen *An Ideal Husband* und *The Importance of Being Earnest* blieb *The Ballad of Reading Gaol* die einzige literarische Leistung Wildes in diesen letzten drei Jahren. Seine verschiedenen, schon in Reading geplanten Dramen blieben ungeschrieben. Es waren biblische Stoffe, wie Pharao, Isebel und Ahab, im Stile von *Salome* konzipiert, die er brillant zu erzählen verstand, aber nie niederschrieb. Schon in einem Brief aus Berneval-sur-Mer heißt es: *Ich bin nicht in der seelischen Verfassung, die Arbeit zu tun, die ich tun möchte, und ich werde es wahrscheinlich niemals sein. Die schöpferische Energie ist mir ausgetrieben worden.*[281] Und aus Paris kommt ein Jahr später die gleiche Klage. *Ich glaube nicht, daß ich je wieder schreiben werde. In mir ist etwas getötet worden. Ich habe kein Verlangen zu schreiben. Ich spüre keine Kraft mehr. Natürlich hat mich das erste Jahr im Gefängnis an Körper und Seele zerstört. Es hätte nicht anders sein können.*[282]

Diese Apologie Wildes verdient es, untersucht zu werden. Hat das Gefängnis den Künstler wie den Menschen Wilde zerbrochen oder haben der Skandal und die nachfolgende Isolation Wildes von der Gesellschaft nur die Voraussetzungen beseitigt, die den Künstler überhaupt erst zur Entfaltung brachten? Gewiß war Wildes künstlerisches Schaffen eng mit seinen gesellschaftlichen Ambitionen verbunden. Der junge Wilde zeigt dies genauso wie der Wilde aus der Zeit der literarischen Triumphe. Doch scheint Wilde die immanente Spannung zwischen seinem Leben und seinem Werk erkannt zu haben, als er zu Gide sagte: *«Voulez-vous savoir le grand drame de ma vie? C'est que j'ai mis mon génie dans ma vie; je n'ai mis que mon talent dans mes œuvres.»*[283] (*Möchten Sie wissen, worin die Tragödie meines Lebens besteht? Ich habe mein Genie auf mein Leben verwendet und auf meine Werke nur mein Talent.*) Diesen vielzitierten Ausspruch machte Wilde – wie Gide berichtet – auf der Höhe seines Ruhms, unmittelbar vor der Katastrophe. Er muß damals also schon gespürt haben, daß er auf sein Leben mehr verwendet hatte als auf seine literarischen Werke. Tatsächlich waren diese eine Art Nebenprodukt seines Lebens. Denn sein Hauptinteresse galt der Gestaltung seines Lebens als das eines Ästheten, der *in Fragen der Kunst oberster Arbiter des Stils* sein wollte und auf Wirkung in der Gesellschaft drängte.[284] Im Gegensatz zu Joseph Conrad, seinem Zeitgenossen, suchte Wilde nicht die mannigfaltige, dem sichtbaren Universum zugrunde liegende Wahrheit aufzuspüren, sondern eine Revolte gegen das Philistertum seiner Zeit auszulösen.[285] Seine Lebenshaltung war aus einer Reaktion gegen seine Zeit erwachsen, und doch blieb er dieser Zeit verhaftet. Dabei war Wilde ein Mensch der Gegensätze, in seiner Lehre wie in seinem Leben. Während er einerseits zur Erneuerung der Gesellschaft Selbstentfaltung und Ästhetizismus verkündete, erlag er andererseits seinen Leidenschaften. *Was mir das Paradoxon im Bereich des Denkens war, wurde für mich im*

Gedenktafel neben dem Eingang zum «Hôtel d'Alsace»,
Rue des Beaux-Arts, Paris

Reich der Leidenschaften die Perversion, bekannte er in *De Profundis.*[286] Wilde war ein Mensch, der über dem Genießen des Schönen das Gestalten des Schönen vernachlässigte. Er besaß nicht, was Hugo von Hofmannsthal als das Hauptmerkmal eines Ästheten hervorhob: «Ein Ästhet ist naturgemäß durch und durch voll Zucht.»[287]

Wennn man überhaupt einen äußeren Anlaß nennen kann, so war es nicht das Gefängnis, das Oscar Wilde, den Künstler, zerbrach, sondern der Skandal, der ihn isolierte. Denn ohne die Gesellschaft als Ansporn, Korrektiv und Spannungspol konnte der Künstler Wilde nicht existieren.

Nach der Trennung von Alfred Douglas reiste Wilde ruhelos auf dem Kontinent umher. Am 10. Oktober 1900 unterzog er sich einer Ohrenoperation. Am 30. November 1900 starb er im Hôtel d'Alsace in Paris. Kurz vor seinem Tode, aber noch bei vollem Bewußtsein, empfing er die katholische Taufe. Seine letzte Ruhestätte wurde der Friedhof Père-Lachaise in Paris. Sein Grab schmückt eine Skulptur Jacob Epsteins, die als Inschrift folgende Worte aus *The Ballad of Reading Gaol* trägt:

And alien tears will fill for him
Pity's long-broken urn
For his mourners will be outcast men,
And outcasts always mourn.

Und fremde Tränen werden für ihn
Des Mitleids lang zerbrochene Vase füllen,
Und seine Totenkläger werden Ausgestoßene sein,
Und Ausgestoßene klagen immer.

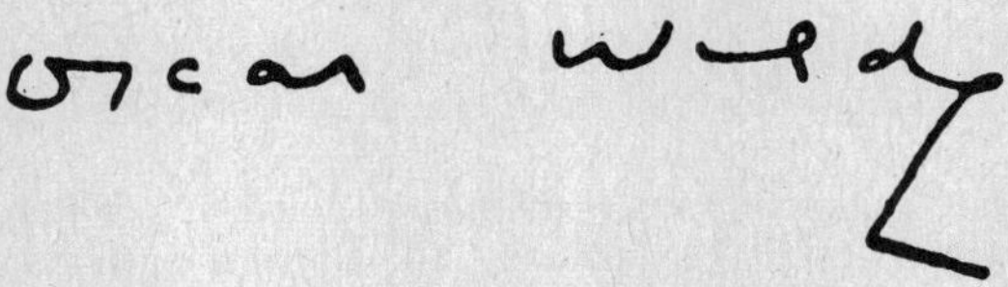

ANMERKUNGEN

Schlüssel zu den verwendeten Abkürzungen

Da die 1908 von Robert Ross edierte Gesamtausgabe der Werke Wildes in 14 Bänden nur schwer zugängig ist, wurde mit Ausnahme von zwei Sammelbänden, *Miscellanies* und *Reviews*, nach der einbändigen Ausgabe seiner Werke von G. F. Maine zitiert.

Works	=	*The Works of Oscar Wilde.* Ed. by G. F. MAINE. London 1948, 1963
Miscellanies	=	Oscar Wilde: *Miscellanies.* Ed. by R. Ross. London 1908
Reviews	=	Oscar Wilde: *Reviews.* Ed. by. R. Ross. London 1908
Letters	=	*The Letters of Oscar Wilde.* Ed. by RUPERT HART-DAVIS. London 1962, 1963 (Deutsche Ausgabe: «Oscar Wilde: Briefe» [Bd. 1: Briefe; Bd. 2: Anmerkungen]. Reinbek 1966 [Die Hinweise in eckigen Klammern verweisen auf die deutsche Übersetzung von Hedda Soellner.])
Holland	=	VYVYAN HOLLAND: «Son of Oscar Wilde». London 1954
Pearson	=	HESKETH PEARSON: «The Life of Oscar Wilde». London 1946, 1947
Lewis & Smith		LLOYD LEWIS and H. J. SMITH: «Oscar Wilde Discovers America». New York 1936

Zu den Übersetzungen der Werke Wildes wird auf die Bibliographie (S. 171 f) verwiesen.

Die Übersetzungen der poetischen Texte sollen keine Nachdichtungen sein, sondern nur Hilfen zum Verständnis. Alle Übersetzungen stammen vom Verfasser.

1 *Letters,* p. 304 [S. 322]

2 Zitiert nach LEWIS BROAD: «The Friendships and Follies of Oscar Wilde». London 1955, p. 24

3 Dies besonders bei Broad, a. a. O. Siehe aber auch Shaws «Memories of Oscar Wilde», zitiert bei FRANK HARRIS: «Life and Confessions of Oscar Wilde», vol. II. New York 1918.

4 *Letters,* p. 230 [S. 253]

5 *Letters,* p. 458 [S. 481]

6 Zitiert nach Pearson, p. 10

7 T. G. WILSON: «Victorian Doctor». London 1942, p. 324; Holland, p. 21

8 (1798–1845) Siehe B. FEHR: «Studien zu Oscar Wildes Gedichten» in: «Palaestra» 100 (1918), S. 26–27, der allerdings die Abhängigkeit Wildes von Hood zu stark betont. Vergleiche dazu die beiden Aufsätze von H. Richter in: «Englische Studien», Bde. 45 und 54.

9 *Letters,* p. 458 [S. 481]

10 *De Profundis; Letters,* p. 469 [S. 494–495]

11 *Letters,* p. 218 [S. 243]

12 *Letters,* p. 39 [S. 72]

13 Schlußwort zur Essaysammlung «The Renaissance». London 1910, p. 235.

14 Siehe John Morleys Besprechung von Swinburnes «Poems and Ballads» in der Zeitschrift

«Saturday Review» XXII, 4. August 1866, pp. 145–147.

15 Ruskin hatte sich abfällig über Whistlers impressionistische Bilder geäußert, was ihren Verkauf fast unmöglich machte und Whistler 1878 zu einem Prozeß bewegte, der ihn aber finanziell ruinierte. Siehe W. GAUNT: «The Aesthetic Adventure». London 1945, pp. 75–96.

16 Gaunt, a. a. O., p. 57

17 Holland, p. 252

18 *Letters*, pp. 31–32 [S. 63–64]

19 In den späten siebziger Jahren war diese Mode unter den Ästheten zu einer «Bewegung des blauen Porzellans» geworden, und 1880 veröffentlichte Andrew Lang, in Oxford Fellow zu Wildes Zeit, seine Sammlung «Ballades in Blue China».

20 *Letters*, p. 50 [S. 84]

21 *Letters*, p. 21 [S. 53]

22 *Letters*, p. 40 [S. 74]

23 *Letters*, pp. 12 und 31 [S. 43 und 62]

24 *Letters*, p. 31 [S. 62]

25 *Letters*, p. 52 [S. 86]

26 *Letters*, p. 39 [S. 72]

27 *Letters*, pp. 39–40 [S. 72–73]

28 *Letters*, p. 37 [S. 69]

29 *Letters*, p. 37 [S. 69]

30 *Letters*, p. 38 [S. 71]

31 *Letters*, p. 38 [S. 71]

32 *Letters*, p. 31 [S. 63]

33 W. W. WARD: «An Oxford Reminiscence» in: Holland, p. 250

34 *Letters*, p. 772 [S. 855]

35 *Letters*, p. 54 [S. 88]

36 *Letters*, pp. 24 und 36 [S. 56 und Anm. I, 123]

37 *Letters*, p. 54 [S. 88]

38 *Letters*, p. 475 [S. 502]

39 J. FOSTER: «Alumni Oxonienses». Oxford 1891, p. 1553

40 Pearson, p. 40, und *Miscellanies*, p. 180

41 *Letters*, p. 62 [S. 96]

42 *Letters*, pp. 65–66 [S. 99 und Anm. II, 13]. Zur ursprünglichen Fassung des Gedichts siehe S. MASON: «Bibliography of Oscar Wilde». London 1914, p. 202.

43 *A Woman of No Importance* in: *Works*, p. 445

44 *Miscellanies*, p. 24

45 *Miscellanies*, pp. 30–31

46 *Miscellanies*, p. 31

47 *Miscellanies*, p. 33

48 «Punch», 14. Februar 1880, p. 66, und JOHN GLOAG: «Victorian Comfort». London 1961, p. 47

49 *Miscellanies*, p. 243

50 *Miscellanies*, p. 276

51 ARTHUR RANSOME: «Oscar Wilde». London 1915, p. 46

52 Zitiert nach W. HAMILTON: «The Aesthetic Movement in England». London 1882, p. 102.

53 «Athenaeum», No. 2804

54 *Letters*, p. 78 [S. 109]

55 *Letters*, p. 77 [S. 109]

56 *Letters*, p. 71 [S. 104]

57 Zitiert nach *Letters*, p. 149, Anm. 1 [Anm. IV, 23]

58 *Letters*, p. 63 [S. 97]

59 *Letters*, p. 71 [S. 103]

60 Pearson, p. 58, Lewis & Smith, p. 7, und *Letters*, p. 85 [S. 115]

61 *Letters*, p. 88 [S. 118]

62 Die Worte werden, wie die meisten der Wildeschen Aussprüche, in den verschiedenen Quellen unterschiedlich wiedergegeben. Siehe Lewis & Smith, p. 35, und Pearson, p. 67. – Lewis & Smith, p. 33.

63 *Letters*, pp. 86–87 [S. 117]

64 *Letters*, p. 86 [S. 116]

65 Der Vortrag ist abgedruckt in *Miscellanies*, pp. 241–279.

66 Zitiert nach Hamilton, a. a. O., p. 110.

67 *Miscellanies*, p. 244

68 *Letters*, p. 96 [S. 124]
69 *Letters*, pp. 94 und 99 [S. 122 und 127]
70 *Letters*, p. 109 [S. 135–136]
71 *House Decoration* in: *Miscellanies*, pp. 281–290.
72 «The Letters of William Morris». Ed. by PHILIP HENDERSON. London 1950, p. 186
73 «The Letters of William Morris», a. a. O., p. 187
74 *Letters*, pp. 290–291 [S. 310–311]
75 «The Letters of William Morris», a. a. O., p. 148
76 Lewis & Smith, p. 276
77 *Letters*, p. 105 [S. 132]
78 Lewis & Smith, pp. 53–54 und 255. Pearson, pp. 68 und 77–78.
79 *Letters*, p. 100, Anm. 1 [Anm. III, 47]. Mr. Barnum war ein amerikanischer Zirkusdirektor, der mit seinem Elefanten Jumbo und schreiender Reklame durch Europa zog.
80 *Miscellanies*, p. 289
81 *Miscellanies*, p. 290
82 *Letters*, p. 96 [S. 124]
83 *Miscellanies*, p. 30
84 *Letters*, pp. 96–97 [Anm. III, 41]
85 *Letters*, p. 117 [S. 143–144]
86 *Letters*, p. 94 [S. 123]
87 *Letters*, p. 125 [S. 151]
88 *Letters*, p. 91 [S. 120–121]
89 Der Artikel ist abgedruckt in *Miscellanies*, pp. 77–82.
90 *Letters*, p. 135 [S. 163]
91 *Letters*, p. 671 [S. 743]
92 *Letters*, p. 119 [S. 145]
93 R. H. SHERARD: «Oscar Wilde». London 1905, p. 21
94 Edmond de Goncourt, Tagebuch-Eintragung vom 5. Mai 1883, zitiert nach *Letters*, p. 304, Anm. [Anm. V, 67].
95 *Letters*, p. 146 [S. 175]
96 *Letters*, p. 179 [S. 206–207]
97 *Letters*, p. 61 [S. 95]
98 *Letters*, pp. 147–148 [S. 177]
99 *Letters*, p. 184 [S. 212]
100 *Letters*, p. 155 [S. 184]
101 «The Bristol Times and Mirror» vom 16. Oktober 1884, zitiert nach *Letters*, p. 164, Anm. 1 [Anm. IV, 69]
102 *Letters*, pp. 161–163 [S. 189–192]
103 Eine Beschreibung des Hauses befindet sich in Holland, pp. 40–48.
104 *Letters*, p. 164 [S. 192]
105 *Letters*, p. 195 [S. 221]
106 *Letters*, p. 199 [S. 226]
107 *Letters*, p. 199 [S. 226–227]
108 *Letters*, p. 203 [S. 230]
109 *Letters*, p. 198 [S. 225]
110 *Letters*, p. 197 [S. 223–224]
111 *Letters*, p. 269 [S. 291]
112 *Letters*, p. 105 [S. 133]
113 *Miscellanies*, p. 65
114 *Miscellanies*, p. 66
115 J. M. WHISTLER: «The Gentle Art of Making Enemies», p. 164. Die Worte Whistlers sind dort falsch datiert: siehe Wildes Antwort.
116 *Letters*, p. 191 [S. 218]
117 *Letters*, pp. 253–254 [S. 273]
118 *Miscellanies*, p. 275
119 W. PATER: «Appreciations» (Essay über Coleridge). London 1910, pp. 105–106.
120 Siehe M. ARNOLDS Essay «On the Modern Element in Literature», T. CARLYLES «Heroes and Hero-Worship», Buch 5, und RUSKINS «Modern Painters» 3, Kap. 9, 10 und 16.
121 Der Essay ist enthalten in: *Works*, pp. 932–947.
122 Ransome, a. a. O., p. 121
123 *Letters*, p. 65, Anm. 3 [Anm. II, 13]
124 *Letters*, p. 113 [S. 140]
125 *Letters*, p. 60, Anm. 1 [Anm. II, 2]

126 *Letters*, p. 165 [S. 194]
127 *Letters*, pp. 153 und 155 [S. 182 und 184]
128 *Letters*, p. 154 [S. 183]
129 *Letters*, p. 154 [S. 183]
130 *Letters*, p. 153 [S. 182]
131 *Letters*, p. 159 [S. 187]
132 *Letters*, p. 177 [S. 204]
133 *Letters*, pp. 422 und 545 [S. 438 und 592]
134 Holland, pp. 52–53, und *Letters*, p. 422 [S. 438]
135 *Letters*, p. 554 [S. 603]
136 *Letters*, p. 569 [S. 620]
137 *Letters*, p. 617 [S. 679–680]
138 *Letters*, pp. 512–517 [S. 549–556]
139 *Letters*, p. 515, Anm. 1 [Anm. VI, 235]. Zu Humpty Dumpty siehe «The Oxford Dictionary of Nursery Rhymes». Ed. by I. and P. OPIE. Oxford 1951–1962, pp. 213–216.
140 *Letters*, p. 862 [S. 957]
141 *Letters*, p. 185 [S. 212]
142 «The Poetical Works of Lionel Johnson». London 1917, p. 111, und *Letters*, p. 255, Anm. [Anm. IV, 365]
143 Oscar Wilde: *The Picture of Dorian Gray* (Urfassung 1890). Hg. von W. EDENER. Nürnberg 1964, pp. 9–16.
144 *Letters*, p. 314 [S. 332]
145 *Works*, pp. 31–32, und *Letters*, p. 180 [S. 208]
146 *Letters*, p. 824 [S. 911]
147 *Letters*, p. 326 [S. 342]
148 *Letters*, pp. 336–337, 358 und 363 [S. 353, 372 und 377–378]
149 *Letters*, p. 336 [S. 353]
150 *Letters*, pp. 347–348 [S. 363]
151 *Letters*, pp. 346–347 [S. 361–362]
152 *Letters*, pp. 146–147 [S. 176–177]
153 *Letters*, p. 590 [S. 646] und G. B. SHAW: «Collected Letters, 1874–1897». Ed. by D. H. LAURENCE. London 1965, p. 668
154 *Miscellanies*, p. 256
155 *Miscellanies*, p. 294
156 Ruskins vernichtender Angriff auf Whistler in seinem Brief «Life Guards of New Life» vom 18. Juni 1877 erschien am 2. Juli 1877 in «Fors Clavigera», Wildes Artikel in der Juli-Nummer des «Dublin University Magazine» 1877. Wilde kannte sicherlich Ruskins Meinung, wenn nicht sogar den Inhalt des Briefes, denn er beschrieb Whistlers Farbsymphonien als «die am stärksten beschimpften Bilder der ganzen Ausstellung». Siehe *Miscellanies*, pp. 17–18.
157 *Miscellanies*, p. 27
158 *Miscellanies*, pp. 320–321
159 *Miscellanies*, pp. 65–66
160 Whistler, a. a. O., p. 164
161 *Works*, p. 958
162 *Works*, p. 1016
163 *Letters*, pp. 291–292 [S. 311]
164 *Letters*, p. 353 [S. 368]
165 *Works*, p. 931
166 *Works*, p. 912
167 *Works*, p. 919
168 *Works*, p. 930
169 *Works*, p. 915
170 *Works*, p. 913
171 *Works*, p. 918
172 *Works*, p. 917
173 *Letters*, pp. 290–293 [S. 310–313]
174 *Works*, pp. 916–917
175 *Works*, p. 909
176 *Works*, p. 909
177 *Works*, p. 909
178 *Works*, p. 925
179 *Works*, pp. 922 und 924
180 *Works*, p. 922
181 *Works*, p. 920
182 MATTHEW ARNOLD: «Essays in Criticism», 1st series. London 1907, p. 6

183 *Works*, p. 967
184 *Works*, p. 17
185 *Works*, pp. 966 und 968
186 *Works*, p. 984
187 *Works*, p. 988
188 *Works*, p. 991
189 *Works*, p. 997
190 *Works*, pp. 950, 970 und 977
191 *Works*, p. 934
192 *Works*, p. 981, und *Letters*, p. 119 [S. 145–146]
193 *The Model Millionaire* in: *Works*, p. 220
194 *Works*, p. 174
195 *Works*, p. 176
196 *Works*, p. 220
197 *Works*, p. 175
198 E. A. POE: «Complete Works». Ed. by J. A. HARRISON. New York 1902, vol. XI, pp. 106 und 108
199 *Works*, pp. 959 und 991
200 *Letters*, p. 218 [S. 243]
201 *Works*, p. 285
202 *Letters*, p. 257 [S. 277]
203 *Letters*, p. 221 [S. 246]
204 *Works*, p. 225
205 *Letters*, p. 483 [S. 512]
206 *Works*, p. 284
207 *Letters*, p. 313 [S. 331]
208 *Letters*, p. 471 [S. 497]
209 A. GIDE: «Oscar Wilde: A Study». Ed. by STUART MASON. Oxford 1905, p. 49
210 *Letters*, p. 255 [S. 274–275]
211 *Letters*, p. 260 [S. 281]
212 *Letters*, p. 263 [S. 284], und *Works*, p. 45
213 E. A. POE: «Complete Works». Ed. by J. A. HARRISON, a. a. O., vol. XI, p. 109
214 *Reviews*, p. 538
215 *Works*, p. 48; vgl. auch p. 403
216 *Works*, p. 114
217 *Letters*, p. 352 [S. 367]
218 *Works*, p. 29
219 *Works*, pp. 31–32
220 *Works*, pp. 32 und 159
221 *Letters*, p. 257 [S. 277]
222 *Letters*, p. 259 [S. 279–280]
223 *Letters*, p. 264 [S. 286]
224 Die Streichungen sind nachzulesen in Oscar Wilde: *The Picture of Dorian Gray* (Urfassung von 1890), a. a. O., pp. 6, 7, 17 und 19
225 *Letters*, p. 264 [S. 285–286]
226 *Works*, p. 946
227 Zur Entstehung von *Salome* s. *Letters*, pp. 305–306 [Anm. V, 70]
228 Siehe *Letters*, pp. 344 [Anm. V, 190] und 432 [S. 449]
229 In der Besprechung vom 23. Februar 1893.
230 *Letters*, p. 590 [S. 646]
231 *Letters*, p. 315 [S. 332–333]
232 *Letters*, pp. 399 und 588 [S. 414 und 644]
234 *Letters*, pp. 331–332 [S. 348]
235 «Pall Mall Gazette» vom 9. November 1887, abgedruckt in *Reviews*, p. 213.
236 *Letters*, p. 789 [S. 874]
237 *Letters*, p. 787 [S. 871]
238 Pearson, p. 393
239 W. B. YEATS: «Autobiographies». London 1955, p. 286
240 *Letters*, pp. 359–362 [S. 373–376]
241 *Letters*, pp. 364 und 368–369 [S. 379 und 383–384]
242 Pearson, p. 252
243 Siehe: *The Importance of Being Earnest: A Trivial Comedy for Serious People in Four Acts as Originally Written by Oscar Wilde*. New York 1956, 2 vols.
244 *Letters*, p. 862 [S. 957]
245 *Letters*, p. 372 [S. 387]
246 *Letters*, p. 783 [S. 867]
247 Im Gegensatz zum Deutschen bezeichnet das Wort Sodomit im Englischen nach 1. Moses 19, 4 einen Homosexuellen.
248 Die Einzelheiten der Prozesse

sind nachzulesen in «The Trials of Oscar Wilde». Ed. by H. Montgomery Hyde. London 1948.

249 *Works*, pp. 1033–1034

250 *Letters*, p. 402 [S. 416–417]

251 «The Trials of Oscar Wilde». Ed. by H. M. Hyde. London 1948, 1952, p. 339

252 *Letters*, p. 686 [S. 761]

253 *Letters*, p. 518 [S. 558]

254 *Letters*, pp. 515 und 518 [S. 554 und 558]

255 «Report of the Departmental Committee on Prisons» (1895), p. 38

256 *Letters*, pp. 722–726 [S. 798–803]

257 *Letters*, p. 723 [S. 799–800]

258 *Letters*, p. 724 [S. 800–801]

259 Pearson, p. 311

260 *Letters*, p. 485 [S. 515–516]

261 Siehe Vorwort von Sir Travers Humphreys in «The Trials of Oscar Wilde». Ed. by H. M. Hyde, a. a. O.

262 R. H. Sherard: «Oscar Wilde». London 1905, p. 120

263 *Letters*, p. 398 [S. 413]

264 *Letters*, p. 397 [S. 412–413]

265 *Letters*, p. 452 [S. 472–473]

266 *Letters*, p. 419 [S. 434]

267 *Letters*, p. 512 [S. 549–550]

268 *Letters*, p. 429 [S. 445]

269 *Letters*, p. 426 [S. 441]

270 *Letters*, p. 427 [S. 443]

271 *Letters*, p. 511 [S. 548–549]

272 *Letters*, p. 508 [S. 545] (Aus «Iphigenie in Tauris»).

273 *Letters*, p. 651 [S. 718]

274 *Letters*, pp. 729–730 [S. 807 und Anm. IX, 79]

275 *Letters*, pp. 604–605 [S. 663–664]

276 *Letters*, p. 576 [S. 630]

277 *Letters*, p. 644 [S. 711]

278 *Letters*, p. 654 [S. 723]

279 *Letters*, p. 630 [S. 693]

280 *Letters*, p. 655 [S. 723]

281 *Letters*, p. 636 [S. 701]

282 *Letters*, p. 760 [S. 841]

283 Gide, a. a. O., p. 49

284 *Letters*, p. 462 [S. 487]

285 Zu Joseph Conrads Definition von Kunst siehe sein Vorwort zu «The Nigger of the ‹Narcissus›».

286 *Letters*, p. 466 [S. 491]

287 Hugo von Hofmannsthal: «Gesammelte Werke». Frankfurt a. M. 1959, Prosa II, S. 118

ZEITTAFEL

1854	Am 16. Oktober wird Oscar Fingal O'Flahertie Wills Wilde als zweiter Sohn von William Wilde und seiner Ehefrau Jane Francesca, geb. Elgee, in der Westland Row 21 in Dublin geboren
1864–1871	Besuch der Portora Royal School, Enniskillen
1871–1874	Besuch des Trinity College, Dublin
1874	Beginn des Studiums am Magdalen College, Oxford
1875	Erste Italien-Reise
1876	Tod des Vaters Sir William Wilde
1877	Griechenland- und Italien-Reise
1878	Wilde erhält den Newdigate-Preis für das Gedicht *Ravenna* Abschlußexamen mit Auszeichnung, Bachelor of Arts
1879	Wilde zieht nach London
1881	Veröffentlichung der *Poems*
1882	Vortragsreise durch die USA und Kanada
1883	Nach einem mehrmonatigen Aufenthalt in Paris Rückkehr nach London Kurzer Besuch New Yorks zur Aufführung von *Vera* Beginn der Vortragsreisen durch England Verlobung mit Constance Lloyd
1884	Am 29. Mai heiratet Wilde Constance Lloyd Hochzeitsreise nach Paris und Dieppe
1885	Geburt von Cyril Wilde
1886	Beginn der Freundschaft mit Robert Ross Geburt von Vyvyan Wilde
1887–1889	Herausgeber von «Woman's World»
1888	*The Happy Prince and Other Tales* erscheint
1889	*The Portrait of Mr. W. H.* erscheint in «Blackwood's Magazine»
1890	*The Picture of Dorian Gray* erscheint in der Zeitschrift «Lippincott's Magazine»
1891	Beginn der Freundschaft mit Lord Alfred Douglas *The Duchess of Padua* wird in New York unter dem Titel *Guido Ferranti* aufgeführt *The Soul of Man Under Socialism* erscheint in der Zeitschrift «Fortnigthly Review» *The Picture of Dorian Gray* erscheint als Buch Die Essaysammlung *Intentions* erscheint *Lord Arthur Savile's Crime and Other Stories* erscheint *A House of Pomegranates* erscheint Im November/Dezember schreibt Wilde in Paris *Salome*
1892	*Lady Windermere's Fan* uraufgeführt *Salome* wird vom Theaterzensor, dem Lordkämmerer, verboten Wilde fährt zur Kur nach Bad Homburg
1893	*Salome* erscheint auf französisch *A Woman of No Importance* uraufgeführt Wilde mietet Zimmer im St. James's Place Nr. 10 und 11 *Lady Windermere's Fan* veröffentlicht

1894 *Salome* erscheint auf englisch, von Aubrey Beardsley illustriert
Florenz-Reise zusammen mit Douglas
The Sphinx veröffentlicht
A Woman of No Importance veröffentlicht
Aufenthalt in Brighton zusammen mit Douglas

1895 *An Ideal Husband* uraufgeführt
Algier-Reise zusammen mit Douglas
The Importance of Being Earnest uraufgeführt
Auf Grund einer beleidigenden Karte Queensberrys erwirkt Wilde dessen Verhaftung
Wilde reist mit Douglas nach Monte Carlo
Der Verleumdungsprozeß gegen Queensberry endet mit dessen Freispruch und Wildes Verhaftung
Nach zwei Strafprozessen wird Wilde zu zwei Jahren Freiheitsentzug mit Zwangsarbeit verurteilt
Von dem Gefängnis in Pentonville wird Wilde erst nach Wandsworth und dann nach Reading übergeführt
Dazwischen liegen die beiden Konkursverfahren

1896 Tod von Lady Wilde
Salome wird in Paris uraufgeführt

1897 Vor seiner Entlassung wird Wilde nach Pentonville übergeführt
Nach seiner Entlassung am 19. Mai fährt Wilde nach Dieppe und von dort nach Berneval-sur-Mer
Nach einem ersten Wiedersehen mit Douglas in Rouen fährt Wilde über Paris nach Neapel, wo er sich mit Douglas trifft

1898 Rückkehr nach Paris
The Ballad of Reading Gaol veröffentlicht
Tod von Constance Wilde
Verschiedene Reisen durch Frankreich

1899 *The Importance of Being Earnest* veröffentlicht
Verschiedene Reisen durch Frankreich und die Schweiz
An Ideal Husband veröffentlicht

1900 Italien-Reise nach Palermo und Rom
Nach einer Operation in Paris stirbt Wilde am 30. November im Hôtel d'Alsace

ZEUGNISSE

George Bernard Shaw

Soweit ich feststellen kann, bin ich der einzige Mensch in London, der sich nicht hinsetzen und auf Anhieb ein Oscar Wilde-Stück schreiben kann. Die Tatsache, daß seine Stücke, obwohl sie offensichtlich einträglich sind, unter diesen Umständen einzigartig bleiben, spricht für die Enthaltsamkeit unserer Schreiberlinge. In gewisser Hinsicht ist Mr. Wilde für mich der einzig wahre Schauspielautor [playwright]. Er spielt mit allem: mit Geist, mit Philosophie, mit Drama, mit Schauspielern und Publikum, mit dem ganzen Theater.

Aus «Two New Plays». 1895

Nun war es mir, genau wie Whistler und Beardsley, klar, daß Oscar nicht mehr von Malerei verstand, als jemand von seiner Allgemeinbildung und mit seinen Möglichkeiten so nebenbei auflesen kann. Er konnte geistreich über Kunst plaudern, wie ich über Maschinenbau; aber das nützt nichts, wenn es darum geht, die Aufmerksamkeit und das Interesse von Menschen zu erregen und zu fesseln, die Musik und Malerei wirklich lieben. So kam es, daß Oscar von vornherein benachteiligt war und den Ruf der Oberflächlichkeit und Unaufrichtigkeit erwarb, den er nie loswerden konnte, bis es zu spät war.

Aus einem Brief an Frank Harris. 1918

William Butler Yeats

Meine erste Begegnung mit Oscar Wilde löste Erstaunen aus. Ich hatte noch nie zuvor einen Menschen in vollkommenen Sätzen sprechen hören, als ob er sie alle des Nachts geschrieben hätte, doch wirkten sie ganz spontan ... Ich merkte auch, daß der Eindruck der Künstlichkeit, über den – wie mir scheint – alle Zuhörer Wildes berichtet haben, aus der abgerundeten Vollkommenheit seiner Sätze herrührte und von der Bedächtigkeit, die sie erst ermöglichte ... Ich meine auch, daß er wegen all des halb-zivilisierten Blutes in seinen Adern nicht die seßhafte Mühe schöpferischer Kunst ertragen konnte [could not endure the sedentary toil of creative art] und deshalb ein Mann des Handelns blieb, der nur des unmittelbaren Eindrucks willen jeden Trick übertrieb, den er von seinen Meistern gelernt hatte, indem er ihre Staffelei-Entwürfe in Landschaftsgemälde verwandelte.

Aus «The Trembling of the Veil». 1922

James Joyce

Hier berühren wir den Puls der Kunst Wildes – die Sünde. Er redete sich selbst ein, daß er einem geknechteten Volk die frohe Botschaft des Neo-Paganismus verkünde. Seine eigenen charakteristischen Eigenschaften, die Eigenschaften vielleicht sogar seiner Rasse – Scharfsinn, Großzügigkeit und ein geschlechtsloser Intellekt –, stellte er in den Dienst einer Schönheitslehre, die, nach seiner Meinung, das Goldene Zeitalter und den Frohsinn jener Jugendzeit der Erde zurückbringen sollten. Aber wenn irgendeine Wahrheit seinen subjektiven Interpretationen von Aristoteles innewohnt, seinen ruhelosen Gedanken, die sich eher sophistisch als syllogistisch entwickeln, seiner Anpassung an Naturen, die ihm so fremd sind wie der Delinquent dem Demütigen, den Kern bildet die Wahrheit, die die Seele des Katholizismus ausmacht: daß der Mensch das göttliche Herz nicht erreichen kann, es sei denn durch jenes Gefühl der Trennung und des Verlustes, das man Sünde nennt.

Aus «Oscar Wilde: The Poet of ‹Salome›». 1909

Hugo von Hofmannsthal

Ein Ästhet! Damit ist gar nichts gesagt. Walter Pater war ein Ästhet, ein Mensch, der vom Genießen und Nachschaffen der Schönheit lebte, und er war dem Leben gegenüber voll Scheu und Zurückhaltung, voll Zucht. Ein Ästhet ist naturgemäß durch und durch voll Zucht. Oscar Wilde aber war voll Unzucht, voll tragischer Unzucht. Sein Ästhetismus war etwas wie ein Krampf. Die Edelsteine, in denen er vorgab, mit Lust zu wühlen, waren wie gebrochene Augen, die erstarrt waren, weil sie den Anblick des Lebens nicht ertragen hatten. Er fühlte unaufhörlich die Drohung des Lebens auf sich. Das tragische Grauen umlagerte ihn fortwährend. Unablässig forderte er das Leben heraus. Er insultierte die Wirklichkeit. Und er fühlte, wie das Leben sich duckte, ihn aus dem Dunkel anzuspringen.

Aus «Sebastian Melmoth»

André Gide

Sicher bin ich in meinem kleinen Buch über Wilde seinem Werk nicht ganz gerecht geworden und habe zu voreilig, das heißt: ohne es genügend zu kennen, die Nase gerümpft. Ich bewundere, wenn ich daran zurückdenke, den guten Willen, mit dem Wilde mir zuhörte, als ich, in Algier, seinen Stücken den Prozeß machte (sehr unverschämt, wie mir heute vorkommt). Keinerlei Ungeduld im Ton seiner Erwiderungen, nicht einmal Proteste.

Aus seinem Tagebuch: 29. Juni 1913

Edmund Wilson

Aber die Perversität Wildes – womit ich nicht nur seine sexuelle Abnormität meine – war genauso Bestandteil seines Denkens wie seines Gefühlslebens. Die Stärke seines Geistes rührt von dort her. Er sah sich selbst, wie er in *De Profundis* schrieb, als *einen von denen, die für Ausnahmen geschaffen sind und nicht für Gesetze.* Es war Wildes besondere Gabe, in seinen Schriften, diesem Impuls in einer Form Ausdruck zu verleihen, die gleichzeitig betört und verwirrt; aber diese Perversität war zugleich die Triebfeder der Tragödie von Wildes Karriere, die in gewisser Weise sehr viel eindrucksvoller war als alles, was er je geschrieben hat, oder vielmehr, die seinem Werk ein Gewicht verleiht, das es sonst nicht hätte.

Aus «Oscar Wilde: ‹One Must Always Seek What Is Most Tragic›». 1946

Jorge Luis Borges

Nachdem ich im Laufe der Jahre Wilde gelesen und wiedergelesen habe, bin ich auf eine Tatsache aufmerksam geworden, die seine Lobredner, so scheint es, nicht einmal geahnt haben: die nachprüfbare und elementare Tatsache nämlich, daß Wilde fast immer recht hat.

Aus «Das Eine und die Vielen»

Der Ästhet . . .

Er sammelt Wertpapiere wie Kunstgegenstände und wählt sie dementsprechend kritisch aus; niemals gibt er sie aus der Hand, etwa ins Bankdepot oder gar in Girosammelverwahrung, er will sie zu Hause betrachten. Ein gelungenes Guillochen-Ornament auf einem Pfandbrief kann ihn begeistern. Liebt er Rot, kauft er keine blauen Aktien.

Das DIN-Format der Wertpapiere stört ihn, am liebsten möchte er es beschneiden. Mit Wonne setzt er deshalb die Schere an Zins- und Dividendenbögen. Er nennt das seinen goldenen Schnitt.

Er liebt den vollen Klang des wertvollen Papieres, wenn es, zwischen zwei Fingern gehalten, in der Luft gerüttelt wird. Das kakophonische Geschrei an Börsen dagegen stößt ihn ab. Er braucht die Börse ohnehin nicht, da er nur druckfrische Ersterwerbsstücke kauft, junge Aktien, neu emittierte Pfandbriefe.

Bisweilen sammelt er Wertpapiere nach Motiven und sortiert sie nach ihren Abbildungen: Landschaften, Gebäude, Erfinder. Er korrespondiert mit den Graveuren aller Wertpapierdruckereien, um sich über Neuerscheinungen zu informieren. Und dann sitzt er abends in seinem Louis-seize, nippt an einem Chablis und zeigt seinem Freund das Pfandbriefalbum.

BIBLIOGRAPHIE

Die Bibliographie verzeichnet von den Werken Wildes neben den größeren Gesamtausgaben nur die Erstauflagen der Einzelwerke und eine Auswahl der deutschen Übersetzungen. Von der Sekundärliteratur werden die Bücher über Wilde, wichtige Aufsätze und einige Abschnitte in umfassenden Zeitdarstellungen aufgeführt. – Stand der Bibliographie: Dezember 1967.

1. Bibliographien, Kataloge

MASON, STUART [d. i. Christopher S. Millard]: Bibliography of Oscar Wilde. With a note by ROBERT ROSS. London 1914. XXXIX, 605 S. mit Abb., Taf. – Neuausg.: Introduced by TIMOTHY D'ARCH SMITH. London 1967 [Werke Wildes.]

RIEGE, HELMUT: Bibliographie der Werke Oscar Wildes. In: Oscar Wilde, Briefe. Hg. von RUPERT HART-DAVIS. Bd. 2. Reinbek bei Hamburg 1966. S. 321–371

SAIX, GUILLOT DE: Bibliographie. In: Le Chant du Cygne. Contes parlés d'Oscar Wilde. Recueillis et rédigés par GUILLOT DE SAIX. Paris 1942. S. 311–339 [Literatur über Wilde.]

Oscar Wilde and his literary circle. A catalog of manuscripts and letters in the William Andrews Clark Memorial Library compiled by JOHN CHARLES FINZI. Berkeley, Los Angeles 1957. XXXIV, 242 S.

2. Werke

I. Gesamtausgaben

[Complete works. Ed. by ROBERT ROSS.] 14 Bde. London (Methuen and Co.), [Bd. 14:] Paris (Charles Carrington) 1908
Veränd. Neuausg. 12 Bde. London (Methuen and Co.) 1909 – 4 Erg.-Bde. Paris (Charles Carrington) 1910; London (John Lane) 1913; London (Methuen and Co.) 1919–1920

[Works.] 11 Bde. Leipzig (Tauchnitz) 1908–1911 (Collection of British authors)

The complete works. 12 Bde. Garden City, New York (Doubleday, Page and Co.) 1923

The works. London (Collins) 1931

The works. New collected edition. Ed., with an introduction, by G. F. MAINE. London (Collins) 1948

The works. London (Spring Books) 1963

Complete works. With an introduction by VYVYAN HOLLAND. New ed. London (Collins) 1966

Sämtliche Werke in deutscher Sprache. 10 Bde. Wien (Wiener Verlag) 1906–1908

Werke in zwölf Bänden. Ausgabe des Wiener Verlag, neu hg. 12 Bde. Berlin (Globus Verlag) 1918
[Bd. 11 und 12: Das Leben Oscar Wildes, von R. H. SHERARD.]

Werke in fünf Bänden. 5 Bde. Berlin (Deutsche Bibliothek) 1922

Werke in zwei Bänden. Hg. und eingel. von Arnold Zweig. 2 Bde. Berlin (Th. Knaur Nf.) 1930 – Neuaufl.: Mit einer Einl. von Wolfgang Goetz. 1937

II. Einzelne Werke

a) Gedichte

Poems London (David Bogue) 1881

The poems. London (Methuen and Co.) 1908 – Veränd. Neuausg. 1909

Gedichte. Übers. von Otto Hauser und Felix Dörmann. Wien (Wiener Verlag) 1906 (Sämtliche Werke. Bd. 1)

Gedichte. Übers. von Gisela Etzel. Leipzig (Insel-Verlag) 1907

Dichtungen. (Die Sphinx; die Ballade vom Zuchthaus zu Reading.) Übers. von Felix Paul Greve und Eduard Thorn. Minden (J. C. C. Bruns) 1920

The Ballad of Reading Gaol. By C. 3. 3. [Anonym.] London (Leonard Smithers) 1898 – Veränd. Fassung: Second edition. 1898 – Erste Ausg. unter Hinzufügung von Wildes Namen: Seventh edition. 1899

Die Ballade vom Zuchthause zu Reading. Übers. von Wilhelm Schölermann. Leipzig (Insel-Verlag) 1903

Ballade vom Zuchthause zu Reading. Übers. von O. A. Schröder. Leipzig (Hesse und Becker) 1906

Die Ballade vom Zuchthaus zu Reading. Übers. von Walther Unus. Leipzig (Reclam) 1907 (Reclams Universal-Bibliothek. 4864)

Ballade des Zuchthauses zu Reading. Nachdichtung von Arthur Holitscher. Berlin (A. Juncker) 1916

Die Ballade von Reading Gaol. Nachdichtung von Felix Grafe. Berlin (Hyperionverlag) 1917

Die Ballade vom Zuchthaus zu Reading. Übers. von Albrecht Schaeffer. Leipzig (Insel-Verlag) 1917 (Insel-Bücherei. 220) – 51.–60. Tsd. Wiesbaden 1950

Die Ballade vom Zuchthaus zu Reading. Nachdichtung von Horst Schade. Zürich (Oprecht) 1948

b) Theaterstücke

Vera; or, The Nihilists. A drama in four acts. London (Ranken and Co.) 1880 – Veränd. Fassung: A drama in a prologue and four acts. New York 1882 [Privatdruck]

Vera oder die Nihilisten. Ein Drama in einem Vorspiel und vier Akten. Übers. von Alfred Neumann. Wien (Wiener Verlag) 1908 (Sämtliche Werke. Bd. 7)

The Duchess of Padua. A tragedy of the XVI. century. New York 1883 [Privatdruck]

Die Herzogin von Padua. Eine Tragödie aus dem 16. Jahrhundert. Übers. von Max Meyerfeld. Berlin (Egon Fleischel und Co.) 1904

Salomé. Drame en un acte. Paris (Librairie de l'Art Indépendant) 1893

Salome. A tragedy in one act. Transl. by LORD ALFRED DOUGLAS. London (Elkin Mathews and John Lane) 1894

Salome. Newly transl. by VYVYAN HOLLAND. London (Folio Society) 1957

Salome. Drama in einem Aufzuge. Übers. von ISIDORE LEO PAVIA und HERMANN FRH. VON TESCHENBERG. Leipzig (Max Spohr) 1903

Salome. Tragödie in einem Akt. Übers. von HEDWIG LACHMANN. Leipzig (Insel-Verlag) 1903 – 61.–67. Tsd. Frankfurt a. M. 1966 (Insel-Bücherei. 247)

Salome. Tragödie in einem Akt. Übers. von CURT MORECK. Hannover (H. Böhme) 1919

Lady Windermere's Fan. A play about a good woman. London (Elkin Mathews and John Lane) 1893

Lady Windermere's Fächer. Das Drama eines guten Weibes. Übers. von ISIDORE LEO PAVIA und HERMANN FRH. VON TESCHENBERG. Leipzig (Max Spohr) 1902

Lady Windermeres Fächer. Ein Schauspiel, das von einem guten Weibe handelt. Übers. von ALFRED BRIEGER. In: Lady Windermeres Fächer. Eine Frau ohne Bedeutung. Wien (Wiener Verlag) 1908 (Sämtliche Werke. Bd. 9)

Lady Windermeres Fächer. Übers. und bearb. von CARL HAGEMANN. In: Vier Komödien. Wiesbaden (Verlag Der Greif) 1947

Lady Windermeres Fächer. Komödie in vier Akten. Übers. von KUNO EPPLE. Stuttgart (Reclam) 1965 (Reclams Universal-Bibliothek. 8981)

A Woman of No Importance. London (John Lane) 1894

Eine Frau ohne Bedeutung. Übers. von ISIDORE LEO PAVIA und HERMANN FRH. VON TESCHENBERG. Leipzig (Max Spohr) 1902

Eine Frau ohne Bedeutung. Übers. von FELIX PAUL GREVE. In: Lady Windermeres Fächer. Eine Frau ohne Bedeutung. Wien (Wiener Verlag) 1908 (Sämtliche Werke. Bd. 9)

Eine Frau ohne Bedeutung. Übers. und bearb. von CARL HAGEMANN. In: Vier Komödien. Wiesbaden (Verlag Der Greif) 1947

Eine Frau ohne Bedeutung. Schauspiel. Übers. von FRANZ BECKER. Düsseldorf (Renaissance-Verlag) 1947

Eine Frau ohne Bedeutung. Komödie in vier Akten. Übers. von KUNO EPPLE. Stuttgart (Reclam) 1967 (Reclams Universal-Bibliothek. 8780)

The Importance of Being Earnest. A trivial comedy for serious people. London (Leonard Smithers and Co.) 1899

The Importance of Being Earnest. The original four-act version. With an explanatory foreword by VYVYAN HOLLAND. London (Methuen and Co.) 1957

Ernst sein! Eine triviale Komödie für seriöse Leute. Übers. von HERMANN FRH. VON TESCHENBERG. Leipzig (Max Spohr) 1903

Bunbury. Eine triviale Komödie für ernsthafte Leute. Übers. von FELIX PAUL GREVE. Minden (J. C. C. Bruns) 1903

Bunbury. Übers. und bearb. von CARL HAGEMANN. In: Vier Komödien. Wiesbaden (Verlag Der Greif) 1947

Bunbury. Eine triviale Komödie für ernsthafte Leute. Übers. von FRANZ BLEI. Revidiert und ergänzt von KUNO EPPLE. Stuttgart (Reclam) 1961 (Reclams Universal-Bibliothek. 8498)

An Ideal Husband. London (Leonard Smithers and Co.) 1899
Ein idealer Gatte. Übers. von ISIDORE LEO PAVIA und HERMANN FRH. VON TESCHENBERG. Leipzig (Max Spohr) 1903
Ein idealer Gatte. Schauspiel in vier Akten. Übers. von ALFRED NEUMANN. In: Ein idealer Gatte. Bunbury. Wien (Wiener Verlag) 1908 (Sämtliche Werke. Bd. 10)
Ein idealer Gatte. Übers. und bearb. von CARL HAGEMANN. In: Vier Komödien. Wiesbaden (Verlag Der Greif) 1947
Ein idealer Gatte. Komödie in vier Akten. Übers. von KUNO EPPLE. Stuttgart (Reclam) 1963 (Reclams Universal-Bibliothek. 8641)
A Florentine Tragedy. [Fragment.] Boston, London (J. W. Luce and Co.) 1908
Eine florentinische Tragödie. Übers. von MAX MEYERFELD. Berlin (S. Fischer) 1907
La Sainte Courtisane; or, The Woman Covered with Jewels. [Fragment.] In: Miscellanies. London (Methuen and Co.) 1908
Die heilige Buhlerin oder das Weib mit den Edelsteinen. Übers. von MAX MEYERFELD. Berlin (K. Voegels Verlag) 1921

c) Märchen und Erzählungen

The Happy Prince and other tales. London (David Nutt) 1888
[Enthält: The Happy Prince – The Nightingale and the Rose – The Selfish Giant – The Devoted Friend – The Remarkable Rocket]
Lord Arthur Savile's Crime and other stories. London (James R. Osgood, Mc Ilvaine and Co.) 1891
[Enthält: Lord Arthur Savile's Crime – The Canterville Ghost – The Sphinx Without a Secret – The Model Millionaire]
A House of Pomegranates. London (James R. Osgood, Mc Ilvaine and Co.) 1891
[Enthält: The Young King – The Birthday of the Infanta – The Fisherman and his Soul – The Star-Child]
Lord Arthur Savile's Crime and other prose stories. London (Methuen and Co.) 1908
[Enthält außer den Erzählungen der Ausgabe von 1891: The Portrait of Mr. W. H. – Poems in Prose (The Artist; The Doer of Good; The Disciple; The Master; The House of Judgement; The Teacher of Wisdom) – The Rise of Historical Criticism]
The Portrait of Mr. W. H. The greatly enlarged version prepared by the author after the appearance of the story in 1889, but not published. Ed. with an introduction by VYVYAN HOLLAND. London (Methuen and Co.) 1958

Der glückliche Prinz und andere Erzählungen. Übers. von JOHANNES GAULKE. Leipzig (Max Spohr) 1903
Der glückliche Prinz. Moderne Märchen. Übers. von ELSE OTTEN. Leipzig (Hermann Seemann Nf.) 1903
Das Bildnis des Mr. W. H. Lord Arthur Saviles Verbrechen. Übers. von FELIX PAUL GREVE. Minden (J. C. C. Bruns) 1904

Der glückliche Prinz. Übers. von RUDOLPH LOTHAR. Wien (Wiener Verlag) 1906 (Sämtliche Werke. Bd. 3)

Ein Haus aus Äpfeln der Granate. Übers. von FRIEDA UHL. Wien (Wiener Verlag) 1906 (Sämtliche Werke. Bd. 4)

Die Erzählungen und Märchen. Übers. von FELIX PAUL GREVE und FRANZ BLEI. Leipzig (Insel-Verlag) 1910

Erzählungen und Märchen. Übers. von HUGO REICHENBACH. Leipzig (Hesse und Becker) 1918

Erzählungen und Märchen. Übers. von CARL HARTZ. Berlin (Paul Franke) 1926

Der glückliche Prinz und andere Märchen. Übers. von ERNST SANDER. Leipzig (Reclam) 1928

Märchen und Erzählungen. Übers. von GERTRUD LIEBL-WILLIMANN. Basel (Haldimann Verlag) 1945

Das Gespenst von Canterville und andere Geschichten. Übers. von CURT MORECK. Braunschweig (Schlösser Verlag) 1947

Märchen. Übers. von CURT MORECK. Braunschweig (Schlösser Verlag) 1948

Das Haus zu den Granatäpfeln. Übers. von KATRIN MARYDITH. Wiesbaden (Verlag Der Greif) 1952 – Lizenzausg. u. d. T.: Märchen. München (Goldmann) 1956 (Goldmanns gelbe Taschenbücher. 398)

Märchen und Erzählungen. Übers. von JOSEF THANNER. München (Winkler-Verlag) 1955

Sämtliche Märchen und Erzählungen. Übers. von ALICE SEIFFERT. Leipzig (Dieterich'sche Verlagsbuchhandlung) 1959 (Sammlung Dieterich. 221) – Lizenzausg. Bremen (Carl Schünemann) 1965
[Enthält: Der glückliche Prinz – Die Nachtigall und die Rose – Der eigensüchtige Riese – Der opferwillige Freund – Die ungewöhnliche Rakete – Der junge König – Der Geburtstag der Infantin – Der Fischer und seine Seele – Das Sternenkind – Lord Arthur Saviles Verbrechen – Das Gespenst von Canterville – Die Sphinx ohne Geheimnis – Der Millionär – Das Bildnis des Mr. W. H. – Gedichte in Prosa (Der Künstler; Der Heilbringer; Der Schüler; Der Meister; Das Haus des Gerichts; Der Lehrer der Weisheit)]

Les Songes Merveilleux du Dormeur Éveillé. Le Chant du Cygne. Contes parlés d'Oscar Wilde. Recueillis et rédigés par GUILLOT DE SAIX. Paris (Mercure de France) 1942

Herberge der Träume. Gesammelt und hg. von GUILLOT DE SAIX. Übers. von WOLFHART KLEE. München (Winkler-Verlag) 1955

d) Roman

The Picture of Dorian Gray. London (Ward, Lock and Co.) 1891

The Picture of Dorian Gray. (Urfassung 1890.) Kritische Neuausgabe mit einer Einf. von WILFRIED EDENER. Nürnberg (Hans Carl) 1964 (Erlanger Beiträge zur Sprach- und Kunstwissenschaft. 18)

Dorian Gray. Übers. von JOHANNES GAULKE. Leipzig (Max Spohr) 1901 –

Neuausg. u. d. T.: Das Bildnis des Dorian Gray. Frankfurt a. M., Berlin (Ullstein) 1966 (Ullstein-Bücher. 568)

Das Bildnis Dorian Grays. Übers. von FELIX PAUL GREVE. Minden (J. C. C. Bruns) 1903

Das Bildnis des Dorian Gray . Übers. von W. FRED [d. i. ALFRED WECHSLER]. Wien (Wiener Verlag) 1906 (Sämtliche Werke. Bd. 2)

Das Bildnis des Dorian Gray. Übers. von HEDWIG LACHMANN und GUSTAV LANDAUER. Leipzig (Insel-Verlag) 1907

Das Bildnis des Dorian Gray. Übers. von MARGARETE PREISS. Leipzig (Reclam) 1908 – Neuausg.: Neubearb. von ULLA HENGST. Berlin (Verlag Volk und Welt) 1958

Das Bildnis des Dorian Gray. Übers. von HUGO REICHENBACH. Leipzig (Hesse und Becker) 1914 – Neuausg.: Bearb. von WOLFRAM GRAMOWSKI. Köln (Agrippina-Verlag) 1955

Das Bildnis des Dorian Gray. Übers. von ERNST SANDER. Berlin (Rothgießer und Possekel) 1924 – Neuausg. München (Goldmann) 1961 (Goldmanns gelbe Taschenbücher. 743)

Das Bildnis des Dorian Gray. Übers. von RODERICH FRH. VON OMPTEDA. Wiesbaden (Limes Verlag) 1947

Das Bildnis des Dorian Gray. Übers. von BOTHO HENNING ELSTER. Düsseldorf (Deutscher Bücherbund) 1950

Das Bildnis des Dorian Gray. Übers. von OTTO SCHUMANN. Wilhelmshaven (Hera-Verlag) 1951

Das Bildnis des Dorian Gray. Übers. von CHRISTINE HOEPPENER. Berlin, München, Wien (Herbig) 1967

e) Essayistische Schriften und Kritiken

Intentions. London (James R. Osgood, Mc Ilvaine and Co.) 1891
[Enthält: The Decay of Lying – Pen, Pencil, and Poison – The Critic as Artist – The Truth of Masks]

The Soul of Man Under Socialism. London (Arthur L. Humphreys) 1895 [Privatdruck]

Miscellanies. London (Methuen and Co.) 1908

Reviews. London (Methuen and Co.) 1908

Fingerzeige. Übers. von FELIX PAUL GREVE. Minden (J. C. C. Bruns) 1903 – 2. veränd. Aufl. 1906
[Enthält: Der Verfall der Lüge – Stift, Gift, Schrifttum – Kritik als Kunst – Die Wahrheit der Masken]

Intentionen. Übers. von IDA und ARTHUR ROESSLER. Leipzig (Friedrich Rothbarth) 1904

Der Sozialismus und die Seele des Menschen. Aus dem Zuchthaus zu Reading. Ästhetisches Manifest. Übers. von HEDWIG LACHMANN und GUSTAV LANDAUER. Berlin (Karl Schnabel) 1904 – Veränd. Aufl. 1928

Betrachtungen. Wien (Wiener Verlag) 1906 (Sämtliche Werke. Bd. 5)

Ziele. Übers. von PAUL WERTHEIMER. Wien (Wiener Verlag) 1906 (Sämtliche Werke. Bd. 6)

Ästhetisches und Polemisches. Übers. von MAX MEYERFELD. Berlin (S. Fischer) 1909

Oscar Wilde: De Profundis. London (Methuen and Co.) 1905 – Erw. Ausg. 1908 – Angeblich vollständ. Ausg.: Being the first complete and accurate version of «Epistola: in Carcere et Vinculis». With an introduction by VYVYAN HOLLAND. 1949 – Erster vollständ. Abdruck in: The letters of Oscar Wilde. Ed. by RUPERT HART-DAVIS. London (Rupert Hart-Davis) 1962

Oscar Wilde: De profundis. Aufzeichnungen und Briefe aus dem Zuchthaus in Reading. Übers. von MAX MEYERFELD. Berlin (S. Fischer) 1905 – Erw. Ausg. 1909 – Angeblich vollständ. Ausg.: Epistola. In carcere et vinculis. Übers. von MAX MEYERFELD. 1925 – Erste vollständ. Übers. in: Oscar Wilde, Briefe. Hg. von RUPERT HART-DAVIS. Übers. von HEDDA SOELLNER. Bd. 1. Reinbek bei Hamburg (Rowohlt) 1966

Oscar Wilde: Letzte Briefe. Übers. von MAX MEYERFELD. Berlin (S. Fischer) 1925. 173 S.

The letters of Oscar Wilde. Ed. by RUPERT HART-DAVIS. London, New York 1962. XXV, 958 S., 31 Taf.

Vgl. hierzu H. MONTGOMERY HYDE: Oscar Wilde as a letter writer. In: Quarterly review 300 (1962), S. 279–290

Oscar Wilde: Briefe. Hg. von RUPERT HART-DAVIS. Übers. von HEDDA SOELLNER. Bd. 1: Briefe. Bd. 2: Anmerkungen. Für die deutsche Ausgabe bearb. und ergänzt von PETER FUNKE. Reinbek bei Hamburg (Rowohlt) 1966. 975 S., 30 Taf.; 413 S.

SHERARD, ROBERT HARBOROUGH: Oscar Wilde. The story of an unhappy friendship. London 1902. 277 S., 6 Taf., 2 Faks. [Privatdruck] – 2. Aufl. 1905. 270 S., 6 Taf., 2 Faks. – Dt.: Oscar Wilde. Die Geschichte einer unglücklichen Freundschaft. Minden 1903. VI, 222 S., 6 Taf., 2 Faks. – 6.–8. Tsd. Leipzig 1928. 232 S., 6 Taf., 2 Faks.

GIDE, ANDRÉ: In memoriam. Oscar Wilde. In: Gide, Prétextes. Réflexions sur quelques points de littérature et de morale. Paris 1903. S. 265–304 – Neuaufl. 1947. S. 221–252 – Wiederabdruck in: Gide, Œuvres complètes. Édition établie par L. MARTIN-CHAUFFIER. Bd. 3. Paris 1933. S. 471–503 – Dt. in: In memoriam Oscar Wilde. Hg. von FRANZ BLEI. Leipzig 1904. S. 1–28

GIDE, ANDRÉ: Oscar Wilde. In memoriam (souvenirs); le «De profundis». Paris 1910. 75 S. – Engl.: Oscar Wilde. In memoriam (reminiscences); De Profundis. New York 1949. XII, 50 S. – Erw. Ausg. mit Auszügen aus den Tagebüchern und «Si le grain ne meurt»: Oscar Wilde. London 1951. 96 S.

ROSS, ROBERT: Wildes letzte Tage. In: Nord und Süd 131 (1909), S. 313–328

INGLEBY, LEONARD CRESSWELL: Oscar Wilde. Some reminiscences. London 1912. 176 S. mit Abb.

BIRNBAUM, MARTIN: Oscar Wilde. Fragments and memories. New York 1914. 28 S. – Neuausg. London 1920. 35 S. – Franz.: Oscar Wilde. Fragments et souvenirs. In: Revue de Paris 37, IV (1930), S. 155–171

Douglas, Lord Alfred: Oscar Wilde and myself. London 1914. 320 S., 14 Taf. – Dt.: Freundschaft mit Oscar Wilde. Mit einem Vorwort von Franz Blei. Leipzig 1929. VIII, 272 S., 8 Taf.

The autobiography of Lord Alfred Douglas. London 1929. VII, 340 S.

Douglas, Lord Alfred: Oscar Wilde. A summing-up. London 1940. 143 S. – Neuausg.: With an introduction by Derek Hudson. London 1962. 126 S.

Housman, Laurence: Écho de Paris. A study from life. London 1923. 60 S. – Dt.: Gespräche mit Oscar Wilde. Ein Zusammentreffen in Paris. Berlin 1925. 100 S.

Le Gallienne, Richard: The romantic '90s. Garden City, New York 1926. 279 S. mit Faks. [Über Wilde: S. 242–270] – Neuausg.: Introduction by H. Montgomery Hyde. London 1951. XXXIV, 162 S. mit Faks., Taf. [Über Wilde: S. 140–157]

Leverson, Ada: Reminiscences of the author. In: Oscar Wilde, Letters to the Sphinx. London 1930

Rothenstein, William: Men and memories. Recollections, 1872–1900. London 1931. XII, 390 S., 48 Taf.

Oscar Wilde. Recollections by Jean Paul Raymond and Charles Ricketts. London 1932. 60 S. [J. P. Raymond ist ein von Ricketts fingierter Autor.]

Blair, David Oswald Hunter: Oscar Wilde as I knew him. In: Dublin review 203 (1938), S. 90–105

Robert Ross, friend of friends. Letters to Robert Ross, art critic and writer, together with extracts from his published articles. Ed. by Margery Ross. London 1952. 367 S., Taf., Faks.

The story of Oscar Wilde's life and experience in Reading Gaol by his warder. With a tribute by Rose Freeman-Ishill. Berkeley Heights 1963. 21 S.

Yeats, William Butler: Souvenirs sur Wilde. (Traduction de Pierre Leyris.) Nouvelle nouvelle revue française 14, II (1966), S. 72–85

Holland, Vyvyan: Oscar Wilde. A pictorial biography. London, New York 1960. 144 S. mit zahlr. Abb.

4. Gesamtdarstellungen und Biographien

Hagemann, Carl: Oscar Wilde. Studien zur modernen Weltliteratur. Minden 1904. 216 S. – Umgearb. und erw. Ausg.: Oscar Wilde. Sein Leben und sein Werk. Stuttgart 1925. 243 S.

Sherard, Robert Harborough: The life of Oscar Wilde. London 1906. XV, 470 S., 25 Taf. – Dt.: Das Leben Oscar Wildes. 2 Bde. Wien 1908. 247; 215 S., 26 Taf. – Neuausg. Berlin 1918 (Wilde, Sämtliche Werke. Bd. 11. 12)

Ingleby, Leonard Cresswell: Oscar Wilde. London, New York 1907. VII, 400 S.

Hopkins, Robert Thurston: Oscar Wilde. A study of the man and his works. With an introduction by Sir T. Marchant Williams. London 1913. 171 S.

Sherard, Robert Harborough: The real Oscar Wilde. To be used as a

supplement to, and an illustration of «The life of Oscar Wilde». London 1916. XVI, 431 S.
Vgl. hierzu ERNST BENDZ in: Englische Studien 50 (1916/17), S. 309–319
HARRIS, FRANK: Oscar Wilde. His life and confessions. 2 Bde. New York 1916 – Neuausg.: Together with memories of Oscar Wilde by BERNARD SHAW. 1918 – Dt.: Oscar Wilde. Eine Lebensbeichte. Berlin 1923. 465 S., 3 Taf.
Vgl. hierzu FRANK HARRIS und LORD ALFRED DOUGLAS: New preface to «The life and confessions of Oscar Wilde». London 1925. 55 S. – Dt.: Neue Vorrede zu: Oscar Wilde, «Eine Lebensbeichte». Berlin 1928. 64 S.
Vgl. außerdem HUGH KINGSMILL: Frank Harris. London 1932. 254 S. – Neuausg. 1949. 176 S.
ARONSTEIN, PHILIPP: Oscar Wilde. Sein Leben und Lebenswerk. In: Oscar Wilde, Werke in fünf Bänden. Bd. 1. Berlin 1922. S. 7–132 – Einzelausg. Berlin 1922. 134 S. (Deutsche Bibliothek)
CHOISY, LOUIS-FRÉDÉRIC: Oscar Wilde. Paris 1927. VI, 240 S.
LEMONNIER, LÉON: La vie d'Oscar Wilde. Paris 1931. 252 S. (Collection Les essais critiques. 24)
RENIER, GUSTAAF JOHANNES: Oscar Wilde. London 1933. VII, 164 S. – Hamburg 1934. V, 164 S. (Albatross modern continental library. 221)
ZANCO, AURELIO: Oscar Wilde. Genova 1934. 235 S.
BRASOL, BORIS: Oscar Wilde. The man, the artist. London 1938. 425 S., Taf. – M. d. Untertitel: The man, the artist, the martyr. New York 1938. XVIII, 402 S.
FRANZERO, CARLO MARIA: Vita di Oscar Wilde. Firenze 1938. 274 S.
HARRIS, FRANK: Oscar Wilde. With a preface by BERNARD SHAW. London 1938. LII, 378 S. – Neuausg.: Oscar Wilde. Including My memories of Oscar Wilde by GEORGE BERNARD SHAW and an introductory note by LYLE BLAIR. East Lansing 1959. IX, 358 S.
LEMONNIER, LÉON: Oscar Wilde. Paris 1938. 263 S. (Grands écrivains étrangers)
WINWAR, FRANCES: Oscar Wilde and the yellow 'nineties. New York, London 1940. VII, 381 S., 15 Taf. – Neuausg. New York 1958. 375 S.
PEARSON, HESKETH: The life of Oscar Wilde. London 1946. VIII, 389 S., 16 Taf. – U. d. T.: Oscar Wilde. His life and wit. New York 1946. VII, 345 S., Taf. – Dt.: Oscar Wilde. Sein Leben und Werk. Bern 1947. 383 S., Taf.
MERLE, ROBERT: Oscar Wilde. Paris 1948. 518 S.
WOODCOCK, GEORGE: The paradox of Oscar Wilde. London 1949. 239 S., Taf. – New York 1950. 250 S.
ERVINE, ST. JOHN: Oscar Wilde. A present time appraisal. London 1951. 336 S. – New York 1952
BROAD, LEWIS: The friendships and follies of Oscar Wilde. London 1954. 264 S., Taf. – New York 1955. XI, 302 S., 13 Taf.
MERLE, ROBERT: Oscar Wilde ou la «destinée» de l'homosexuel. Paris 1955. 213 S.
MERLE, ROBERT: Oscar Wilde. Paris 1957. 122 S. (Classiques du XIXe siècle. 4)

5. Würdigungen

Greve, Felix Paul: Oscar Wilde. Berlin 1903. 46 S. – 2. Aufl. 1907. 57 S. (Moderne Essays zur Kunst, Litteratur, Wissenschaft. 29) – Wiederabdruck in: Porträts. Hg. und eingel. von Adalbert Luntowski [d. i. Adalbert Reinwald]. Berlin 1911. S. 12–51

In memoriam Oscar Wilde. Hg. von Franz Blei. Leipzig 1904. 98 S. – Vermehrte 2. Ausg. 1905. 124 S. [Enthält Erinnerungen und Würdigungen von André Gide, Ernest La Jeunesse, Arthur Symons und Franz Blei.] – Engl.: Recollections of Oscar Wilde. Boston, London 1906. 99 S.

Gide, André: Le «De profundis» d'Oscar Wilde. In: L'Ermitage, 15. 8. 1905 – Wiederabdruck in: Gide, Œuvres complètes. Édition établie par L. Martin-Chauffier. Bd. 4. Paris 1933. S. 455–473
Weiterer Abdruck und engl. Übers. siehe unter «Lebenszeugnisse».

Lachmann, Hedwig: Oscar Wilde. Berlin, Leipzig 1905. 91 S. mit Abb. (Die Dichtung. 34)

Hahn, Johann F.: Oskar [sic!] Wilde. München-Schwabing 1906. 31 S.

Feuchtwanger, Lion: Heinrich Heine und Oscar Wilde. Eine psychologische Studie. In: Der Spiegel 1908, Nr. 12 – Wiederabdruck in: Feuchtwanger, Centum opuscula. Eine Auswahl. Zusammengestellt und hg. von Wolfgang Berndt. Rudolstadt 1956. S. 20–33

Wood, Alice I. Perry: Oscar Wilde as a critic. In: North American review 202 (1915), S. 899–909

Bendz, Ernst: Oscar Wilde. A retrospect. Gothenburg, Vienna 1921. 123 S.

Powys, John Cowper: Oscar Wilde. In: Powys, Suspended judgments. Essays on books and sensations. New York 1923. S. 399–422

Shanks, Edward: Oscar Wilde. In: London Mercury 10 (1924), S. 278–287

Maurois, André: De Ruskin à Wilde. In: Maurois, Études anglaises. Paris 1927. S. 209–250

Braybrooke, Patrick: Oscar Wilde. A study. London 1930. 150 S., Taf. («Studies» library. 2)

Devoe, Alan: The portrait of Mr. O. W. New York 1930. 32 S.

Chauvet, Paul: Oscar Wilde. In: Chauvet, Sept essais de littérature anglaise. Paris 1931. S. 79–113

Braybrooke, Patrick: Oscar Wilde: A consideration. In: Essays by divers hands. Being the Transactions of the Royal Society of Literature of the United Kingdom. NS. Vol. 11. Ed. by Sir Henry Imbert-Terry. London 1932. S. 21–40

Sherard, Robert Harborough: Oscar Wilde, twice defended from André Gide's wicked lies and Frank Harris's cruel libels, to which is added a reply to George Bernard Shaw, a refutation of Dr. G. J. Renier's statements, a letter to the author from Lord Alfred Douglas, an interview with Bernard Shaw by Hugh Kingsmill. Chicago 1934. 75 S.

Sherard, Robert Harborough: Bernard Shaw, Frank Harris and Oscar Wilde. With a preface by Lord Alfred Douglas and an addition chapter by Hugh Kingsmill. London 1937. 319 S.

Lavrin, Janko: On Oscar Wilde. In: Lavrin, Aspects of modernism from Wilde to Pirandello. London 1935

O'SULLIVAN, VINCENT: Aspects of Wilde. London 1936. 231 S. – New York 1936. VI, 213 S.
FLAKE, OTTO: Versuch über Oscar Wilde. München 1946. 83 S., 9 Taf.
LEROY, GAYLORD C.: Oscar Wilde. In: LeRoy, Perplexed prophets. Six nineteenth-century British authors. Philadelphia 1953. S. 148–167
LAVER, JAMES: Oscar Wilde. London 1954. 36 S. (Writers and their work. 53)
WEST, ALICK: Oscar Wilde. In: West, The mountain in the sunlight. Studies in conflict and unity. London 1958. S. 123–153
JOYCE, JAMES: Oscar Wilde: The poet of «Salome». [1909.] In: Joyce, The critical writings. Ed by ELLSWORTH MASON and RICHARD ELLMANN. London 1959. S. 201–205
WOODWARD, A. G.: Oscar Wilde. In: English studies in Africa 2 (1959), S. 218–231
LOESER, NORBERT: Friedrich Nietzsche en Oscar Wilde. In: Loeser, Nietzsche en Wilde en andere essays. Amsterdam 1960. S. 133–182
JULLIAN, PHILIPPE: Un conteur fin de siècle. In: Revue des deux mondes 1961, IV, S. 361–372
KRANZ, GISBERT: Der Dandy und sein Untergang. Oscar Wildes Gestalt und Weg. In: Stimmen der Zeit 171 (1962/63), S. 263–274
ELLMANN, RICHARD: Romantic pantomime in Oscar Wilde. In: Partisan review 30 (1963), S. 342–355
ANDRÉ, ROBERT: Oscar Wilde et lucifer. In: Nouvelle nouvelle revue française 14, I (1966), S. 1072–1077

6. Einzeldarstellungen und Untersuchungen

a) Zur Biographie

BYRNE, PATRICK: The Wildes of Merrion Square. The family of Oscar Wilde. London 1953. 224 S.
BRÉMONT, ANNA COMTESSE DE: Oscar Wilde and his mother. A memoir. London 1911. 199 S.
WILSON, THOMAS GEORGE: Victorian doctor. Being the life of Sir William Wilde. London 1942. 338 S., Abb.
WYNDHAM, HORACE: Speranza. A biography of Lady Wilde. London, New York 1951. XI, 247 S.
HOLLAND, VYVYAN G.: Son of Oscar Wilde. London 1954. 272 S. – New York 1954. 237 S.
MERLE, ROBERT: La jeunesse d'Oscar Wilde. In: Revue de Paris 61 (1954), Nr. 11, S. 55–70
SYMONS, ALPHONES JAMES ALBERT: Wilde at Oxford. In: Horizon 3 (1941), S. 253–264; 336–348
LEWIS, LLOYD, und HENRY JUSTIN SMITH: Oscar Wilde discovers America. (1882.) New York 1936. XIV, 462 S. mit zahlr. Abb., Taf. – Neuaufl. 1967
SNIDER, ROSE: Oscar Wilde's progress down east. In: New England quarterly 13 (1940), S. 7–23
SOUFFRIN, EILEEN: La rencontre de Wilde et de Mallarmé. In: Revue de littérature comparée 33 (1959), S. 529–535

Pearson, Hesketh: The man Whistler. London 1952. X, 198 S. mit Abb.
Freeman, William: The life of Lord Alfred Douglas. London 1948. 320 S. mit Abb.
Croft-Cooke, Rupert: Bosie. The story of Lord Alfred Douglas, his friends and enemies. London 1963. 414 S. mit Abb. – Indianapolis, New York 1964
Queensberry, Marquess of: Oscar Wilde and the black Douglas. In collaboration with Percy Colson. London 1949. 181 S.
Davray, Henry-D.: Oscar Wilde. La tragédie finale. Suivi des épisodes et souvenirs et des apocryphes. Paris 1928. 237 S.
[Mason, Stuart:] Oscar Wilde: three times tried. London 1912. XI, 484 S. (Famous Old Bailey Trials of the XIX. century)
The trials of Oscar Wilde. Ed. with an introduction by H. Montgomery Hyde. With a foreword by Travers Humphreys. London 1948. 384 S., Taf. (Notable British trials series. 70) – U. d. T.: The three trials of Oscar Wilde. New York 1956. VII, 384 S. – Rev. Neuausg. u. d. T.: Oscar Wilde. Harmondsworth 1962. 328 S. (Famous trials series)
Merle, Robert: Le procès d'Oscar Wilde. In: Les temps modernes 6 (1950/51), S. 1206–1224
Kaul, F. K.: Der Prozeß gegen Oscar Wilde. April/Mai 1895. In: Die Weltbühne 16 (1961), S. 463–467; 504–507
Austin, Arthur D.: Regina v. Queensbury. In: University review (Kansas City) 32 (1966), S. 179–186
Merle, Robert: Oscar Wilde en prison. In: Les temps modernes 10 (1954/55), S. 613–636
Hyde, H. Montgomery: Oscar Wilde: the aftermath. London, New York 1963. XXI, 221 S., 17 Taf.

b) Allgemeines zur Persönlichkeit und zum Werk

Weiss, Ernst: Psychologische Streifzüge über Oscar Wilde. Leipzig 1908. XX, 183 S.
Kenilworth, Walter Winston: A study of Oscar Wilde. New York 1912. 139 S.
Ransome, Arthur: Oscar Wilde. A critical study. London 1912. 212 S.
Richter, Helene: Oscar Wildes künstlerische Persönlichkeit. In: Englische Studien 45 (1912), S. 201–257
Jackson, Holbrook: The eighteen nineties. A review of art and ideas at the close of the nineteenth century. London 1913. 368 S., zahlr. Taf. – New York 1914 – Neuausg. London 1931. 304 S., zahlr. Taf. (The Life and Letters series. 17) [Darin: Oscar Wilde, S. 72–90] – Harmondsworth 1939. 279 S. (Pelican books. A 58)
Bock, Eduard J.: Walter Pater's Einfluß auf Oscar Wilde. Bonn 1913. V, 82 S. (Bonner Studien zur englischen Philologie. 8)
Bendz, Ernst: The influence of Pater and Matthew Arnold in the prose-writings of Oscar Wilde. Gothenburg 1914. 114 S.
Lück, Karl: Das französische Fremdwort bei Oscar Wilde als stilistisches Kunstmittel. Diss. Greifswald 1927. 209 S., Taf.
Mainsard, Joseph: L'esthétisme de Pater et de Wilde. In: Études 194 (1928), S. 525–552

SYMONS, ARTHUR: A study of Oscar Wilde. London 1930. 88 S.
EICHBAUM, GERDA: Die persönlichen und literarischen Beziehungen zwischen Oscar Wilde und James Mac Neill Whistler. In: Englische Studien 65 (1930/31), S. 217–252
ROSENBLATT, LOUISE: L'idée de l'art pour l'art dans la littérature anglaise pendant la période victorienne. Paris 1931. 328 S. (Bibliothèque de la Revue de littérature comparée. 70) [Darin: La fin de siècle, Oscar Wilde et ses contemporains, S. 243–293]
FARMER, ALBERT J.: Le mouvement esthétique et «décadent» en Angleterre (1873–1900). Paris 1931. IX, 413 S. (Bibliothèque de la Revue de littérature comparée. 75) [Darin: Oscar Wilde, S. 121–252]
BAUMANN, FRITZ K.: Oscar Wilde als Kritiker der Literatur. Diss. Zürich 1933. 106 S.
SCHNAPP, LUISE: Oscar Wilde und die Bibel. In: Germanisch-romanische Monatsschrift 21 (1933), S. 360–373
SCHWARTZ, H. S.: The influence of Dumas on Oscar Wilde. In: French review 7 (1933/34), S. 5–25
IHRIG, ERWIN: Das Paradoxon bei Oscar Wilde. Diss. Marburg 1934. V, 60 S.
MÜLLER, ELISABETH: Oscar Wilde. Wesen und Stil. Diss. Zürich 1934. VI, 139 S.
SCHIRMANN, ELISABETH: Die literarischen Strömungen im Werke Oscar Wildes. Greifswald 1934. VII, 118 S. (Greifswalder Beiträge zur Literatur- und Stilforschung. 4)
CHARBONNIER, J.: L'intellectualisme d'Oscar Wilde. In: Revue anglo-américaine 12 (1935), S. 508–519
ULLMANN, STEFAN VON: Synästhesien in den dichterischen Werken von Oscar Wilde. In: Englische Studien 72 (1937/38), S. 245–256
HARTLEY, KELVER: Oscar Wilde. L'influence française dans son œuvre. Diss. Paris 1938. 296 S.
HICKS, GRANVILLE: Figures of transition. A study of British literature at the end of the nineteenth century. New York 1939. XIV, 326 S. [Darin: Oscar Wilde and the cult of art, S. 217–260]
NETHERCOT, ARTHUR H.: Oscar Wilde and the devil's advocate. In: Publications of the Modern Language Association 59 (1944), S. 833–850
NETHERCOT, ARTHUR H.: Oscar Wilde on his subdividing himself. In: Publications of the Modern Language Association 60 (1945), S. 616–617
RODITI, EDOUARD: Oscar Wilde's poetry as art history. In: Poetry 67 (1946), S. 322–337
RODITI, EDOUARD: Oscar Wilde. Norfolk/Conn. 1947. VI, 256 S. (The makers of modern literature) – Dt.: Oscar Wilde. Dichter und Dandy. München 1947. 199 S.
OSWALD, VICTOR A.: Oscar Wilde, Stefan George, Heliogabalus. In: Modern language quarterly 10 (1949), S. 517–525
SCHÖN, EDUARD: Französische Einflüsse in Oscar Wildes Werken. Diss. Hamburg 1949. 144 Bll. [Masch.]
RISSE, URSULA: Kunstanschauung und Kunstschaffen bei Oscar Wilde. Diss. Freiburg i. B. 1951. 227 Bll. [Masch.]

Grabig, Liselotte: Gesellschaftsschilderung und Gesellschaftskritik bei Oscar Wilde. Diss. Halle 1954. 116 Bll. [Masch.]

Ojala, Aatos: Aestheticism and Oscar Wilde. Part I: Life and letters. Part II: Literary style. Helsinki 1954–1955. 231; 270 S. (Annales Academiæ Scientiarum Fennicæ. Ser. B. 90,2; 93,2)

Glur, Guido: Kunstlehre und Kunstanschauung des Georgekreises und die Aesthetik Oscar Wildes. Bern 1957. 112 S. (Sprache und Dichtung. NF. 3)

Dainotti, Maria Teresa: Oscar Wilde e il suo problema religioso. Modena 1958. 195 S. (Biografie di contemporanei)

Schrickx, W.: On Giordano Bruno, Wilde and Yeats. In: English studies. Presented to R. W. Zandvoort on the occasion of his seventieth birthday. Amsterdam 1964. (A supplement to English studies, vol 45). S. 257–264

Breugelmans, R.: Stefan George and Oscar Wilde. A confrontation. In: Proceedings of the Pacific Northwest Conference on foreign languages 15 (1964), S. 40–59; 17 (1966), S. 60–74

Willoughby, Leonard Ashley: Oscar Wilde and Goethe. The life of art and the art of life. In: Publications of the English Goethe Society NS. 35 (1965), S. 1–37

San Juan, Epifanio: The art of Oscar Wilde. Princeton 1967. IX, 238 S.

c) Zu einzelnen Werken

Fehr, Bernhard: Studien zu Oscar Wilde's Gedichten. Berlin 1918. XII, 216 S. (Palaestra. 100)

Richter, Helene: Oscar Wildes Persönlichkeit in seinen Gedichten. In: Englische Studien 54 (1920), S. 201–276

Eichbaum, Gerda: Die impressionistischen Frühgedichte Oscar Wildes unter besonderer Berücksichtigung des Einflusses von James Mac Neill Whistler. In: Die neueren Sprachen 40 (1932), S. 398–407

Fehr, Bernhard: Oscar Wildes «The Harlot's House». Eine kritisch-ästhetische Untersuchung. In: Archiv für das Studium der neueren Sprachen und Literaturen 134 (1916), S. 59–75

Thomas, J. D.: The composition of Wilde's «The Harlot's House». In: Modern language notes 65 (1950), S. 485–488

Stamm, Rudolf: W. B. Yeats und Oscar Wildes «Ballad of Reading Gaol». In: Studies in English language and literature. Presented to Karl Brunner on the occasion of his seventieth birthday. Ed. by Siegfried Korninger. Wien, Stuttgart 1957. (Wiener Beiträge zur englischen Philologie. 65) S. 210–219

Greve, Felix Paul: Oscar Wilde und das Drama. Ein Essay. In: Oscar Wilde, Vera oder die Nihilisten. Wien 1908. (Wilde, Sämtliche Werke. Bd. 7) S. 5–102

Snider, Rose: Satire in the comedies of Congreve, Sheridan, Wilde, and Coward. Orono 1937. X, 135 S. (University of Maine studies. Ser. 2, 42)

Agate, James E.: Oscar Wilde and the theatre. London 1947. 23 S. mit Abb. (The masque. 3)

Ganz, Arthur: The divided self in the society comedies of Oscar Wilde. In: Modern drama 3 (1960/61), S. 16–23

Freedman, Morris: The modern tragicomedy of Wilde and O'Casey. In: College English 25 (1963/64), S. 518–527
Gregor, Ian: Comedy and Oscar Wilde. In: Sewanee review 74 (1966), S. 501–521
Schwartz, Grace Horowitz: The plays of Oscar Wilde. New York 1966. 117 S. (Monarch notes and study guides. 881/883)
Brass, Friedrich Karl: Oscar Wildes Salome. Eine kritische Quellenstudie. Diss. Münster 1913. V, 115 S.
Bendz, Ernst: A propos de la «Salomé» d'Oscar Wilde. In: Englische Studien 51 (1917/18), S. 48–70
Zaic, Franz: Zur Dramatisierung des Salome-Stoffes in England. In: Anglia 78 (1960), S. 341–352
Zagona, Helen Grace: Oscar Wilde's «Salome»: Sensationalism and enigma. In: Zagona, The legend of Salome and the principle of art for art's sake. Geneva, Paris 1960. S. 121–132
Peckham, Morse: What did Lady Windermere learn? In: College English 18 (1956/57), S. 11–14
Bentley, Eric: The playwright as thinker. A study of drama in modern times. New York 1946. X, 382 S. [Darin über «The Importance of Being Earnest»: S. 172–177.]
Dickson, Sarah Augusta: «The Importance of Being Earnest» by Oscar Wilde. Introduction. New York 1955. 26 S.
Reinert, Otto: Satiric strategy in «The Importance of Being Earnest». In: College English 18 (1956/57), S. 14–18
Foster, Richard: Wilde as parodist: A second look at «The Importance of Being Earnest». In: College English 18 (1956/57), S. 18–23
Partridge, E. B.: The Importance of Not Being Earnest. In: Bucknell review 9 (1958), S. 143–158
Zaic, Franz: Zu Anouilhs Bearbeitung von Oscar Wildes «The Importance of Being Earnest». In: Die Neueren Sprachen NF. 1959, S. 210–224
Toliver, Harold E.: Wilde and importance of «sincere and studied triviality». In: Modern drama 5 (1962/63), S. 389–399
Zaic, Franz: Oscar Wilde: «The Importance of Being Earnest». In: Das moderne englische Drama. Interpretationen ... hg. von Horst Oppel. Berlin 1963. S. 44–61
Ganz, Arthur: The meaning of «The Importance of Being Earnest». In: Modern drama 6 (1963/64), S. 42–52
Saix, Guillot de: Oscar Wilde et le théâtre. Jézabel. Drame inédit en un acte. (Essai de reconstitution de la dernière pièce imaginée et racontée par Oscar Wilde.) In: Mercure de France 279 (1937), S. 513–549
Saix, Guillot de: «Une tragédie de femme» par Oscar Wilde. In: Mercure de France 286 (1938), S. 597–603
Sims, George: Who wrote «For Love of the King»? Oscar Wilde or Mrs. Chan Toon? In: Book collector 7 (1958), S. 269–277

Herzog, Alice: Die Märchen Oscar Wildes. Diss. Zürich 1930. 109 S.
Fischer, Walther: Über eine angebliche Quelle von Oscar Wildes Erzählung «The Canterville Ghost». In: Neophilologus 10 (1924), S. 42–49

FISCHER, WALTHER: «The Poisonous Book» in Oscar Wildes «Dorian Gray». In: Englische Studien 51 (1917/18), S. 37–47

FEHR, BERNHARD: Das gelbe Buch in Oscar Wildes «Dorian Gray». In: Englische Studien 55 (1921), S. 237–256

COOK, H. LUCIUS: French sources of Wilde's «Picture of Dorian Gray». In: Romanic review 19 (1928), S. 25–34

STREHLER, MARGUERITE: Der Dekadenzgedanke im «Yellow Book» und «Savoy». Diss. Zürich 1932. VIII, 191 S., 6 Taf.

MAURER, OSCAR JR.: A Philistine source for «Dorian Gray»? In: Philological quarterly 26 (1947), S. 84–86

SPIVEY, TED R.: Damnation and salvation in «The Picture of Dorian Gray». In: Boston University studies in English 4 (1960), S. 162–170

GOETSCH, PAUL: Bemerkungen zur Urfassung von Wildes «The Picture of Dorian Gray». In: Die Neueren Sprachen 65 (1966), S. 324–332

NICHOLAS, BRIAN: Two nineteenth-century utopias: The influence of Renan's «L'Avenir de la Science» on Wilde's «The Soul of Man under Socialism». In: Modern language review 59 (1964), S. 361–370

THOMAS, J. D.: «The Soul of Man under Socialism»: An essay in context. In: Rice University studies 51 (1965), Nr. 1, S. 83–95

SCHIFF, HILDA: Nature and art in Oscar Wilde's «The Decay of Lying». In: Essays and studies NS. 18 (1965), S. 83–102

MIGDAL, SEYMOUR: The poseur and the critic in some essays of Oscar Wilde. In: Dalhousie review 47 (1967), S. 65–70

d) Zur Wirkung

Art and morality. A defence of «The Picture of Dorian Gray». Ed. by STUART MASON. London 1908. 160 S. – Erw. Neuausg.: Art and morality. A record of the discussion which followed the publication of «Dorian Gray». Ed. by STUART MASON. New rev. ed. London 1912. 328 S.

HORODISCH, ABRAHAM: Oscar Wilde's Ballad of Reading Gaol. A bibliographical study. New York 1954. 126 S. mit Abb.

BENDZ, ERNST: George Bernard Shaw: Oscar Wilde in memoriam. In: Neuphilologische Mitteilungen 22 (1921), S. 26–41

MEYERFELD, MAX: Oscar Wilde in Deutschland. In: Das litterarische Echo 5 (1902/03), Sp. 458–462

DEFIEBER, RUDOLF: Oscar Wilde. Der Mann und sein Werk im Spiegel der deutschen Kritik und sein Einfluß auf die deutsche Literatur. Diss. Heidelberg 1934. 132 S.

SELLO, GOTTFRIED: Heckels Holzschnitte zu Wildes «Zuchthausballade». In: Philobiblon 7 (1963), S. 244–255 mit 6 Abb.

BREUGELMANS, R.: De weerklank van Oscar Wilde in Nederland en Vlaanderen (1880–1960). In: Studia Germanica Gandensia 3 (1961), S. 53–144

NAMENREGISTER

Die kursiv gesetzten Zahlen bezeichnen die Abbildungen

QUELLENNACHWEIS DER ABBILDUNGEN

Radio Times Hulton Picture Library, London: Umschlag-Vorderseite, 21, 38, 40, 56, 72, 75, 88, 120, 135, 136, 139, 148, 154, 158 / Aus: Oscar Wilde Discovers America. By Lloyd Lewis and Henry Justin Smith (Harcourt, Brace and Company, New York 1936): 6 / Irish Tourist Board: 9 / Aus: Hesketh Pearson, The Life of Oscar Wilde. Pinguin Books, Ltd., Harmondsworth, Middle Essex, 1960: 10 / Aus: Vyvyan Holland, Oscar Wilde. A Pictorial Biography (Thames and Hudson, London 1960). Mit freundlicher Genehmigung des Autors und des Verlages: 11, 12, 14, 17, 20, 29, 33, 39, 42, 48/49, 50, 52, 55, 58, 65, 77, 84, 86, 112, 116, 124, 128, 129, 132, 133, 141, 151, 152, 159 / British Museum, London: 18/19, 147 / Archiv für Kunst und Geschichte: 23, 28, 61, 97 / Staatsbibliothek Berlin, Bildarchiv [Handke]: 24, 30, 69, 94 / Slg. Sir John Lane: 26 / Slg. Yvan Christ, Paris: 44 / National Magazine Company: 47 / Aus: Poems by Oscar Wilde, London: David Bogne (London 1881): 51 / Metropolitan Museum of Art, Alfred Stieglitz Collection: 53 / Aus: Oscar Wilde; The Aftermath. By H. Montgomery Hyde (Methusen and Co. Ltd., London 1963): 68, 143 / Österr. National-Bibliothek: 70 / Aus: Sylnic's Home Journal (1881): 74 / Paddington Public Library: 85 / Ullstein Bilderdienst: 91, 127 / Victoria and Albert Museum, London: 103 / Rowohlt Archiv: 126, 145, Umschlag-Rückseite

Französische Literatur

FRANCE, ANATOLE Die rote Lilie [153]

LE SAGE Die Geschichte des Gil Blas von Santillana [127]

TOCQUEVILLE, ALEXIS DE Der alte Staat und die Revolution [234]

Griechische Literatur und Philosophie

AISCHYLOS Tragödien und Fragmente [213]

HELIODOR Aithiopika – Die Abenteuer der schönen Chariklea. Ein griechischer Liebesroman [120]

HIPPOKRATES Schriften / Die Anfänge der abendländischen Medizin [108]

HOMER Die Odyssee / Übersetzt in deutsche Prosa von Wolfgang Schadewaldt [29]

PLATON Sämtliche Werke / Herausgegeben von Walter F. Otto, Ernesto Grassi, Gert Plamböck – Band I: Apologie, Kriton, Protagoras, Ion, Hippias II, Charmides, Laches, Euthyphron, Gorgias, Briefe [1] – Band II: Menon, Hippias I, Euthydemos, Menexenos, Kratylos, Lysis, Symposion [14] – Band III: Phaidon, Politeia [27] – Band IV: Phaidros, Parmenides, Theaitetos, Sophistes [39] – Band V: Politikos, Philebos, Timaios, Kritias [47] – Band VI: Nomoi [54]

Italienische Literatur und Philosophie

BRUNO, GIORDANO Heroische Leidenschaften und individuelles Leben [16]

CELLINI, BENVENUTO – sein Leben von ihm selbst geschrieben / Übersetzt und herausgegeben von Goethe [22]

GOLDONI, CARLO Herren im Haus / Viel Lärm in Chiozza. Zwei Komödien [132]

Östliche Literatur und Philosophie

AUROBINDO, SRI Der integrale Yoga [24]

Römische Literatur

CAESAR, C. JULIUS Der Gallische Krieg [175]

CICERO Über die Gesetze [239]

HORAZ Episteln / Lateinisch und Deutsch [144]

MARC AUREL Wege zu sich selbst [181]

SALLUST Die Verschwörung des Catilina / Lateinisch und Deutsch [165]

Spanische Literatur

GRACIAN, BALTASAR Criticón oder Über die allgemeinen Laster des Menschen [2]

Philosophie des Humanismus und der Renaissance

DER UTOPISCHE STAAT – THOMAS MORUS, Utopia / **TOMMASO CAMPANELLA,** Sonnenstaat / **FRANCIS BACON,** Neu-Atlantis / Herausgegeben von Klaus J. Heinisch [68]

Philosophie der Neuzeit

MARX, KARL Texte zu Methode und Praxis I: Jugendschriften 1835–1841 [194] – II: Pariser Manuskripte 1844 [209] – III: Der Mensch in Arbeit und Kooperation. Aus den Grundrissen der Kritik der politischen Ökonomie 1857/58 [218]

Texte des Sozialismus und Anarchismus

BLANQUI, LOUIS-AUGUSTE – Schriften zur Revolution. Nationalökonomie und Sozialkritik. Hg.: Arno Münster [267]

BUCHARIN, NIKOLAJ IWANOWITSCH – Ökonomik der Transformationsperiode. Hg.: Günter Hillmann [261]

Die Frühsozialisten 1789–1848 II. Hg.: Michael Vester [280]

Die Rätebewegung I u. II. Hg.: Günter Hillmann [277 u. 269]

Die russische Arbeiteropposition. Die Gewerkschaften in der Revolution. Hg.: Gottfried Mergner [291]

ENGELS, FRIEDRICH – Studienausgabe 1.–4. Hg.: Hartmut Mehringer und Gottfried Mergner [292, 293, 295 u. 296]

DEBATTE UM ENGELS 1, Weltanschauung, Naturerkenntnis, Erkenntnistheorie. Hg.: Hartmut Mehringer und Gottfried Mergner [294]

DEBATTE UM ENGELS 2, Philosophie der Tat, Emanzipation, Utopie [297]

Gruppe Internationale Kommunisten Hollands. Grundprinzipien kommunistischer Produktion und Verteilung. Intelligenz im Klassenkampf und andere Schriften. Hg.: Gottfried Mergner [285]

KROPOTKIN, PETER Worte eines Rebellen. Hg.: Dieter Marc Schneider [290]

LASSALLE, FERDINAND – Arbeiterlesebuch und andere Studientexte. Hg.: Wolf Schäfer [289]

LENIN, WLADIMIR ILJITSCH – Für und wider die Bürokratie. Schriften und Briefe 1917–1923. Hg.: Günter Hillmann [246]

LUXEMBURG, ROSA – Schriften zur Theorie der Spontaneität. Hg.: Susanne Hillmann [249]
– Einführung in die Nationalökonomie. Hg. Karl Held [268]

Pariser Kommune 1871 I. Texte von Bakunin, Kropotkin und Lavrov. **II.** Texte von Marx, Engels, Lenin und Trotzki. Hg.: Dieter Marc Schneider [286 u. 287]

PROUDHON, PIERRE-JOSEPH – Bekenntnisse eines Revolutionärs, um zur Geschichtsschreibung der Februarrevolution beizutragen. Hg.: Günter Hillmann [243]

RÜHLE, OTTO – Schriften. Perspektiven einer Revolution in hochindustrialisierten Ländern. Hg.: Gottfried Mergner [255]
– Baupläne für eine neue Gesellschaft. Hg.: Henry Jacoby [288]

STALIN, JOSEF W. – Schriften zur Ideologie der Bürokratisierung. Hg.: Günter Hillmann [258]

TROTZKI, LEO – Schriften zur revolutionären Organisation. Hg.: Hartmut Mehringer [270]
– **Stalin.** Hg.: Hartmut Mehringer. Band I [283]; Band II [284]

WEITLING, WILHELM – Das Evangelium des armen Sünders / Die Menschheit, wie sie ist und wie sie sein sollte. Hg.: Wolf Schäfer [274]